HEYNE <

*Das Buch*

Jeder Traum scheint ganz persönlich und vollkommen individuell zu sein. Dennoch gibt es gemeinsame Traumthemen, die alle Menschen berühren und deren Symbole in ein und dieselbe Richtung weisen. Geordnet nach Themenbereichen wie »Wege und Reisen«, »Abenteuer und Gipfelerlebnisse« oder »Liebe, Lust und Zärtlichkeit« erschließt dieser praktische Ratgeber die häufigsten Traumsymbole und ihre Bedeutung und bietet damit eine unverzichtbare Hilfe für das Verständnis unserer Träume.

Ein ebenso kompetentes wie zuverlässiges Nachschlagewerk, das einen unmittelbaren Zugang zu unserem Nachtbewusstsein ermöglicht und das zeigt, wie man seine Träume kreativ nutzen kann – für eine bewusste Lebensgestaltung, zur Lösung von Alltagsproblemen und für mehr Lebensfreude.

*Der Autor*

Klausbernd Vollmar, Diplom-Psychologe und Autor, ist einer der bekanntesten Traumexperten im deutschsprachigen Raum. Seine Bücher sind in mehr als zehn Sprachen übersetzt worden. Vollmar ist Mitbegründer der Internetfirma TraumOnline, die umfangreich über das Thema Traum und Symbolik informiert und Beratungen und Seminare anbietet. Seit 1982 lebt Klausbernd Vollmar in Norfolk/England.

KLAUSBERND VOLLMAR

# Das Buch der Traumdeutung

WILHELM HEYNE VERLAG
MÜNCHEN

FSC
Mix
Produktgruppe aus vorbildlich
bewirtschafteten Wäldern und
anderen kontrollierten Herkünften

Zert.-Nr. SGS-COC-1940
www.fsc.org


Verlagsgruppe Random House
FSC-DEU-0100
Das für dieses Buch verwendete FSC-zertifizierte
Papier München Super liefert Mochenwangen Papier.

Taschenbucherstausgabe 5/2006

Printed in Germany 2006
Umschlaggestaltung: HildenDesign, München
Umschlagmotiv: © Images.com/CORBIS
Herstellung: Helga Schörnig
Druck und Bindung: GGP Media GmbH, Pößneck
ISBN-10: 3-453-70051-1
ISBN-13: 978-3-453-70051-2

http://www.heyne.de

# Inhalt



*Eine genaue Übersicht über die behandelten Traumthemen finden Sie auf der nächsten Seite . . .*

# *Übersicht:*
## Die häufigsten Traum-Symbole nach Themengebieten

# Einleitung

In den letzten Jahren hielt ich viele Vorträge über den kreativen Umgang mit nächtlichen Träumen und das bewußte Träumen. Wie üblich, konnten in diesen Vorträgen Fragen gestellt werden. Aus den zahlreichen Gesprächen sowie aus meiner therapeutischen Arbeit ist das vorliegende Traumbuch entstanden.

*»Ich erwachte eines Nachts aus einem wunderlichen Traum,*
*Eine Stimme schien zu mir zu sprechen,*
*Fern wie ein unterirdischer Strom –*
*Und ich stand auf: Was willst du von mir?«*
Arnulf Överland

Wer wach lebt, dem steht sehr viel mehr Energie zur Verfügung als demjenigen, der unbewußt lebt. Das unbewußte Leben kostet uns sehr viel Energie, die wir wesentlich besser nutzen können. Lassen Sie mich das an einem Beispiel verdeutlichen: Wenn Sie immer wieder unbewußt bei Kritik vom Partner in einen Streit geraten, wird sich dieses unproduktive Beziehungsverhalten auch in Ihren nächtlichen Träumen abbilden. Da werden Sie vielleicht kläffende Hunde sehen, die Sie beißen wollen, wie es einer Klientin von mir in einem wiederkehrenden Traum geschah. Wenn Ihnen durch die Deutung des Traums bewußt wird, daß Sie der kläffende Hund in diesen Streits sind, dann können Sie diese unfruchtbare Situation verändern. Sie »schliddern« nicht mehr automatisch in solche Streitsituationen, sondern Sie können sich entscheiden, anders und somit produktiver zu handeln. Für dieses produktive Handeln steht Ihnen jetzt die Energie zur Verfügung, die Sie zuvor in Ihren Streitigkeiten vergeudet haben.

Immer wenn man etwas verdrängt, kostet es sehr viel Energie, das Verdrängte wirklich verdrängt zu halten. Schaut man sich das Verdrängte wie in der Traumarbeit an, kann man für sein Verhalten Verantwortung übernehmen und bewußt handeln, wie es einer oder einem für richtig erscheint.

# Vom kreativen Umgang mit Träumen

**Traumerinnerung: Flüchtig und kostbar**

Die meisten Träume vergessen wir. Es sind nur wenige Träume, die wir erinnern. Aber es genügt auch, nur einen Traum jede Nacht zu erinnern, da die Träume einer Nacht die Tendenz zeigen, das gleiche Thema zu bearbeiten. Je mehr Träume wir aus einer Nacht erinnern, um so leichter sind sie als Variation auf ein Thema zu interpretieren.

**Traumserien in einer Nacht**

Inhaltlich gesehen ist es jedoch oftmals unerheblich, ob wir nur einen oder ob wir fünf Träume aus einer Nacht erinnern. Wenn wir beispielsweise von Problemen in unserer Beziehung träumen, dann wird der letzte Traum am Morgen eine Art Resümee der davorliegenden Träume dieser Nacht bieten. Und es ist wahrscheinlich dieser letzte Traum, den wir erinnern. Sind wir jedoch in der Traumerinnerung geschult, daß wir zum Beispiel drei Träume aus dieser Nacht erinnern, wird der Inhalt der Träume – Beziehungsprobleme – kein anderer. Allerdings wird dieser Inhalt genauer zu fassen sein. Es ist wie bei einem Hologramm: Alle Träume einer Nacht stellen das Ganze dar. Jeder einzelne Traum einen Teil. Jeder Teil spiegelt jedoch die Struktur des Ganzen wider. Je größer der Teil, um so genauer wird das Ganze widergespiegelt. Und da der letzte Traum am Morgen den größten Teil darstellt, spiegelt er auch das Ganze am klarsten wieder. Aus diesem Grunde genügt es vollständig, den letzten Traum zu erinnern, und es ist meistens unnötig, Anstrengungen zu unternehmen, sich alle seine nächtlichen Träume zurückzuholen. Das ist zwar möglich, bringt aber im Vergleich zum notwendigen Aufwand wenig an Informationszuwachs.

Die Frage stellt sich natürlich, was geschieht, wenn man am Morgen überhaupt keinen Traum erinnert.

## Den Träumen nachspüren

**Auch ein nicht-erinnerter Traum wirkt**

Jeder Traum wirkt, ob er erinnert wird oder nicht. Allerdings wirkt ein nicht erinnerter Traum schwächer, weil wir nicht bewußt mit ihm umgehen können. Wenn Sie beispielsweise morgens aufwachen und sich keines Traums erinnern, sich den ganzen Tag jedoch in Ihnen unerklärlicherweise niedergeschlagen fühlen, dann hängt das zumeist mit einem nicht erinnerten Traum zusammen, der unterhalb Ihrer Bewußtseinsschwelle wirkt. Da er unterbewußt wirkt, ist Ihnen nicht möglich, dieses Gefühl aufzulösen, es sei denn, Sie würden versuchen, diesen Traum in Ihre Erinnerung zu holen und zu bearbeiten.

Nicht erinnerte Träume beeinflussen uns also in einer Weise, die wir nicht oder nur schwer zu ändern vermögen. Auch wenn uns nicht klar ist, was uns da beeinflußt, ist dieser Einfluß des vergessenen Traums auf die Psyche dennoch stark. Da die Elemente des vergessenen Traums jedoch für Sie unzugänglich sind, sind Sie zunächst Opfer seiner Wirkung. Es ist allerdings möglich, durch die folgende Übung Traumbilder aus dem Unterbewußten ins Bewußte zu holen.

**Praxistip**

Übung

*Haben Sie das Gefühl, daß vergessene Träume Ihre Stimmung beeinflussen, dann legen Sie sich hin, entspannen sich tief und schließen Ihre Augen. Versuchen Sie sich nun so genau wie möglich an*

**Übung zur Traumwiederholung**

*die Situation zu erinnern, wie Sie gestern abend ins Bett gegangen sind. Wenn Ihnen das deutlich ist, stellen Sie sich vor, wie Sie eingeschlafen sind.*

*Erinnern Sie sich noch, auf welcher Seite Sie eingeschlafen sind?*

*Was waren Ihre letzten Gedanken und Gefühle vor dem Einschlafen?*

*Ist Ihnen auch das deutlich geworden, stellen Sie sich genau vor, wie Sie am Morgen aufgewacht sind.*

*Auf welcher Seite sind Sie aufgewacht?*

*Was waren Ihre ersten Gedanken und Gefühle beim Aufwachen?*

*Wenn Ihnen das alles klar ist, dann stellt sich normalerweise eine Erinnerung an den betreffenden Traum ein.*

*Manchmal ist es nicht deutlich, ob Sie sich wirklich erinnern, oder ob es sich hierbei um eine Phantasie handelt. Das spielt jedoch keine allzu große Rolle, wenn Sie weiterhin sorgsam auf Ihre Gefühle und Gedanken achten.*

## Die Kunst der Erinnerung

Diese Übung versetzt Sie in die Lage, auch flüchtige Träume zu betrachten und damit die emotionale Wirkung zu verändern. Einen Traum, den wir verstanden haben, wirkt nämlich nicht mehr emotional zwingend auf uns. Er wirkt zwar noch auf uns, aber seine Wirkung ist die der Einsicht. Er gibt uns den Hinweis, wie wir selbst aktiv werden können, und Aktivität ist der Schlüssel zu einer anderen Stimmung. Es ist nämlich die Passivität, zu der uns ein nicht erinnerter Traum verdammt, die uns niedergeschlagen werden läßt.

**Der verstandene Traum**

Außerdem nehmen wir unsere Träume solange als ein ungeordnetes und bedeutungsloses Durcheinander nur schemenhaft wahr, wie wir uns nicht bemühen, sie genau zu erinnern und zu verstehen. Wenn wir unsere Träume zu verstehen beginnen, teilen sie sich auch dem Träumer eindeutiger und klarer mit. Mir scheint es sogar, daß sich erst dann unsere Träume klar mitteilen, wenn wir auch bereit sind, uns in Frage zu stellen und zu ändern.

**Erinnerte Träume wollen gelebt und umgesetzt werden!**

Der erinnerte Traum verlangt also stets nach Aktivität im alltäglichen Leben des Träumers, der nicht erinnerte Traum wirkt sozusagen aus dem Hintergrund heraus, und da wir diesen Wirkungsmechanismus nicht verstehen, erscheint uns unsere Situation als ein Chaos, dem wir hilflos ausgeliefert sind. Erinnerte Träume verlangen nach praktischen Konsequenzen. Sie geben uns Hilfestellungen, unser Leben produktiv zu gestalten und dahingehend zu verändern, daß wir werden, was wir sind. Der nicht-erinnerte Traum will uns das Gleiche vermitteln, aber wir können nicht aktiv und bewußt auf ihn reagieren. Das ist wahrscheinlich letztlich die Ursache, warum mangelnde Traumerinnerung einen auf die Dauer launisch oder niedergeschlagen macht.

**Traumerinnerung ist erlernbar!**

Ob man seine Träume erinnert oder nicht, ist jedoch nicht vom Schicksal abhängig, sondern erlernbar. Die Traumerinnerung ist eine der kreativsten Möglichkeiten, die Bewegungen des Geistes und des Bewußtseins zu studieren.

Gehen Sie immer davon aus, daß Ihr Traum eine wichtige Bedeutung für Sie trägt – sonst würde sich Ihr Unbewußtes nicht die Mühe der Traumproduktion machen. Verfallen Sie niemals dem Fehler, Ihren Träumen vorzuwerfen, sie seien sinnlos, nur weil zur Zeit Ihr Gefühl oder Ihr Verstand nicht aufnahmefähig genug ist, Ihre Träume zu erfassen.

**Achtsamkeit hilft**

Eine solche Einstellung erschwert jede Traumerinnerung, wenn sie diese nicht ganz vertreibt.

Allerdings muß auch betont werden, daß wir in zyklischen Phasen träumen: Zu gewissen Zeiten fällt uns unsere Traumerinnerung leicht, zu anderen Zeiten erinnern wir nur schwerlich einen

Traum. Alle Lebensvorgänge verlaufen in Zyklen und so auch unsere Traumerinnerung. Der geübte Träumer erinnert jedoch täglich zumindest einen seiner Träume, da sich die Traumerinnerung automatisiert, wenn man sie über einen längeren Zeitraum regelmäßig geübt hat. In diesem Fall wirkt kein Zyklus mehr auf unsere Traumerinnerung.

**Den eigenen Rhythmus finden**

## Kreatives Einschlafen

**Wie Sie besser einschlafen und besser träumen**

- Gehen Sie mit einem klaren Kopf ins Bett. Begeben Sie sich ohne allzu starken Alkoholgenuß und den Gebrauch anderer Drogen ins Bett. Vermeiden Sie unbedingt Schlafmittel, da diese Ihrem Schlafrhythmus und besonders die REM-Phasen tiefgreifend stören. (Außerdem führen die meisten Schlafmittel relativ schnell zumindest zu einer psychischen Abhängigkeit von ihnen.)
- Gehen Sie nicht zu müde ins Bett.
- Machen Sie einen Vertrag oder eine Verabredung mit sich selbst, daß Sie Ihre Träume so klar wie möglich wahrnehmen und erinnern. Sie können hierzu auch eine Affirmation benutzen.
- Nehmen Sie sich vor, Ihre Träume genau und bewußt zu betrachten.
- Nehmen Sie sich vor, bei jedem Aufwachen Ihre Träume stichwortartig zu notieren.
- Legen Sie sich Ihr Traumtagebuch und einen Stift ans Bett. (Oder nehmen Sie einen Cassettenrecorder mit einer aufnahmebereiten Cassette, falls Sie lieber sprachlich als schriftlich Ihre Träume aufzeichnen.) Das ist ein Ritual, welches die Traumerinnerung sehr begünstigt.
- Entspannen Sie sich vor dem Einschlafen. Beherrschen Sie Tiefenentspannungstechniken wie das Autogene Training nach Johann Heinrich Schultz oder die Progressive Muskelentspan-

**Entspannung ...**

nung nach Jakobsohn, wenden Sie diese vor dem Einschlafen an. Sie können sich aber auch einfach vorstellen, daß *Sie tiefer und tiefer in Ihre Matratze sinken und mit jedem Einatmen tiefe Entspannung einatmen und mit jedem Ausatmen all Ihre Spannungen ausatmen.* Es hilft dem ruhigen Schlaf und der Traumerinnerung sehr,

**... und Kurzmassage**

wenn Sie sich vor dem Einschlafen massieren oder massieren lassen. Das braucht keine Ganzkörpermassage zu sein, auch eine Hand- oder Fußmassage kann sehr effektiv sein.

- Gehen Sie den vergangenen Tag vom Aufwachen bis jetzt (kurz vor dem Einschlafen) genau durch, und betrachten Sie alles bewußt, ohne es zu bewerten. Am Schluß können Sie die Erfahrungen des Tages symbolisch in ein Couvert packen, das Sie unter Ihr Kopfkissen legen, – oder in einen Luftballon, den Sie wegfliegen lassen.

**Tip**

- Sie können Kräuter wie Rosmarin, Thymian und/oder Lavendel in Ihrem Schlafzimmer aufhängen oder als getrocknete Kräuter in ein Kräuterkissen stecken, das Sie neben Ihr Kopfkissen legen. Das reinigt nicht nur die Atmosphäre in Ihrem Schlafzimmer, sondern scheint auch die Fähigkeit zur Konzentration auf die nächtlichen Träume und deren Erinnerung zu steigern.

**Einschlafrituale**

Sie brauchen nicht alle die hier aufgeführten Übungen zu berücksichtigen – dann kommen Sie vor lauter Übungen vielleicht nicht mehr zum Einschlafen. Wichtig ist jedoch, mit verschiedenen Übungen und Haltungen einmal Erfahrungen gemacht zu haben, auf daß Sie sich das für Sie angemessene Einschlafritual zusammenstellen können. Wenn Sie dieses Einschlafritual einmal für sich gefunden haben, dann bleiben Sie dabei, und Sie werden sehen, daß es um so stärker wirkt, desto länger Sie es durchführen. Alle

Träumer, die ich kenne, die mit solch einem Einschlafritual sich in die Welt der Träume begeben, können leicht und mühelos Ihre Träume erinnern.

## Findiges Aufwachen

**Aufwachgewohnheiten kultivieren**

Neben dem Einschlafen ist die Art des Aufwachens für die Traumerinnerung sehr wichtig. Wenn man nur schwer seine Träume erinnert, dann sollte man zuerst einmal schauen, ob man »Fehler« beim Aufwachen macht, die leicht zu beheben sind. Probleme mit der Traumerinnerung liegen meiner Erfahrung nach bis zu siebzig Prozent an ungeschickten Aufwachgewohnheiten.

**Erinnerungsspur nicht unterbrechen**

- Um einen Traum erinnern zu können, ist es notwendig, daß er nach dem Aufwachen eine Erinnerungsspur bilden kann, die dann ins Langzeitgedächtnis aufgenommen wird. Daraus ergeben sich folgende Konsequenzen für das morgendliche Aufwachen:
- Lassen Sie sich durch einen Intervallton-Wecker (nicht von einem Radiowecker) wecken oder versuchen Sie Ihre innere Uhr zu aktivieren. Das Piepsen eines Intervallton-Weckers birgt nur wenig Information und verdrängt deswegen nicht die Bildung einer Erinnerungsspur des nächtlichen Traums. Falls Sie jedoch täglich zur gleichen Zeit aufwachen müssen, können Sie sich daraufhin programmieren, daß Sie von alleine, ohne Hilfsmittel zu dieser Zeit aufwachen.
- Bleiben Sie nach dem Aufwachen noch zwei bis drei Minuten möglichst ruhig im Bett liegen, und versuchen Sie sich an Ihre Träume zu erinnern.
- Bewegen Sie sich nicht plötzlich oder schnell nach dem Aufwachen, da dies Ihre Traumerinnerung empfindlich stört. Das liegt daran, daß

**Allmähliche Erinnerung**

eine plötzliche Bewegung ebenfalls die sich bildende Gedächtnisspur der nächtlichen Träume stört. Wenn Sie also nach dem Aufwachen sogleich auf die Toilette gehen oder unter die Dusche, verringert dies Ihre Erinnerung an die nächtlichen Träume.

Da die Lage im Bett als ein Schlüssel zur Traumerinnerung fungiert, können Sie sich *vorsichtig* wieder in die Lage bringen, in der Sie geschlafen haben. Jeder Mensch hat eine bevorzugte Schlafposition im Bett. In dieser Lage können Sie die Träume leichter und vollständiger erinnern.

**Wieder in die bevorzugte Schlafposition**

- Haben Sie nicht zu große Erwartungen an Ihre Träume. Ein Traum braucht keineswegs immer wie ein ausführlicher Film oder ein Drama zu sein. Manche Träume sind sehr kurz und erzählen keine Geschichte. Wenn Sie stets ausführliche Träume erwarten, entgehen Ihnen oft die »kleinen Träume«, die genauso wichtig sein können wie die großen Träume.

**Merken, ohne zu bewerten**

- Lassen Sie Ihre Gefühle, Ideen, Stimmungen und Bilder und Phantasiefetzen, die Ihnen bei der allmählichen Traumerinnerung einfallen, ohne Bewertung in sich aufsteigen – ohne sogleich nach Deutung und Erklärung zu fragen. Formulieren Sie Ihre Traumerinnerung auch skizzenhaft und zunächst »ohne Punkt und Komma«, das heißt, ohne vorgegebene Logik.

**Alternative zu Notizen: Auf Cassette sprechen**

- Schreiben Sie Ihren Traum erst dann nieder, oder, wenn Sie sich einen Cassettenrecorder neben das Bett stellen, sprechen Sie ihn erst dann auf Cassette, wenn Sie ihn sich zumindest einmal vollständig verdeutlicht haben. Sonst kann es leicht geschehen, daß Sie zu schreiben beginnen und plötzlich kein Bild mehr davon haben, wie der Traum genau aussah und wie er sich fortsetzte.
- Wenn Sie in der Nacht aufwachen und einen Traum ganz klar im Gedächtnis haben, schreiben Sie ihn in Stichworten auf. Auch wenn Ihnen

der Traum noch so klar erscheint, Sie würden ihn sonst am Morgen sicherlich vergessen haben.

Es gibt noch einen anderen Trick, solche Träume wieder zu erinnern: Vergegenwärtigen Sie sich den Traum fünf- bis sechsmal, während Sie in der Nacht wach sind. Damit haben Sie eine gute Voraussetzung geschaffen, diesen Traum auch noch am Morgen zu erinnern. Eine zwei- oder dreimalige Rekapitulation des Traums genügt nicht, auch wenn Sie in der Nacht ein anderes Gefühl haben mögen.

**Wachwerden in der Nacht**

- Beschreiben Sie Ihre Träume und erzählen Sie von ihnen bei Ihren Freunden und Bekannten. Das hilft zur Erzeugung einer stabilen Traumerinnerung. Wenn man sich mit seinen Träumen in welcher Weise auch immer beschäftigt, lassen sie sich nicht nur leichter erinnern, sondern sie teilen sich auch zunehmend klar und verständlicher mit.

**über Träume reden**

Wenn Sie auf die hier beschriebene Weise einschlafen und aufwachen, sollte es Ihnen nicht schwerfallen, Ihre nächtlichen Träume zu erinnern. Gelingt es Ihnen dennoch nach einigen Wochen und Monaten nicht, dann sollten Sie sich mit einem in der Traumarbeit erfahrenen Freund oder Psychotherapeuten unterhalten. Es ist eine innere Abwehr gegen die Welten des Unbewußten zu vermuten, die meist ohne großen Aufwand aufgedeckt und aufgearbeitet werden kann. Nach dieser Aufarbeitung fließen Ihnen wieder Ihre Träume zu, und Sie werden damit kreativer und sicherer Ihr Leben führen können, da Ihre innere Stimme wieder zu Ihnen durch Ihre nächtlichen Träume spricht.

**So kommen und bleiben Sie im Fluß**

Falls Sie keinen Vertrauten haben und auch keinen Psychotherapeuten aufsuchen wollen, können Sie mit Hilfe der Tagtraumtechnik Ihre Traumerinnerung aktivieren.

Folgende Übung würde ich in diesem Fall empfehlen:

**Traumerinnerung trainieren**

Übung:
*Sie legen sich hin und schließen Ihre Augen. Atmen Sie tief und regelmäßig und lassen Sie alle Bilder, Gedanken und Phantasien hochsteigen, die hochsteigen möchten. Schauen Sie sich diese an, ohne Sie zu bewerten, einzugreifen und zu verändern. Kommen Sie nach zehn Minuten bis einer Viertelstunde wieder langsam in den Wachzustand zurück und sinnen Sie darüber nach, was Sie erlebt haben und wie Sie sich jetzt fühlen.*

Kommentar
Wenn Sie diese Übung regelmäßig zwei- bis dreimal pro Woche durchführen, werden Sie bald in der Lage sein, Ihre nächtlichen Träume zu erinnern, da Sie mit dieser Übung die Traumerinnerung einüben und sich für sie öffnen.

## So behalten Sie Ihre Träume

**Unentbehrliches Hilfsmittel: Traumtagebuch**

Eine der Grundvoraussetzungen für die systematische Traumarbeit ist das Führen eines Traumtagebuchs. Ohne diese Bemühung werden wir schwieriger einen Zugang zu unseren Träumen finden. Der Vorteil beim Führen eines Traumtagebuchs liegt darin, daß man seine Träume aufschreiben muß. Das bedeutet, daß man seine Träume in das Medium der Sprache überträgt. Immer wenn wir in unterschiedlichen Medien etwas ausdrücken, ist das mit einem Erkenntniszuwachs verbunden. Wenn wir den Traum aus unserer Erinnerung hervorholen, um ihn sprachlich auszudrücken, werden wir gezwungen, unseren Traum der Logik der Sprache folgend auszudrücken. Dabei werden uns erst diejenigen Stellen klar, an denen der Traum unlogisch verknüpft und wo er von einem Bild zum anderen Bild springt. Behalten wir unseren Traum nur im Gedächtnis und sagen ihn uns bestenfalls zwei- bis dreimal vor, bemerken wir Sprünge und unlogische Verknüpfungen im Traum oft gar nicht.

**Träume zeigen Entwicklungen**

Das Traumtagebuch ist aber auch deswegen wichtig, weil es uns die Möglichkeit gibt, neue mit alten Träumen zu vergleichen. Sonst würden sich unaufgeschriebene Erinnerungen an Träume sehr schnell und fatalerweise völlig unmerklich verändern, wenn wir nicht den entsprechenden Traum ganz vergessen.

Das Traumtagebuch hilft uns so, unseren Traum so weit wie möglich zu erfassen und vor dem Vergessen zu bewahren.

**Veränderungen in der Traumsymbolik**

Manchmal möchte man gerne betrachten, ob man sich denn wirklich nach all seinen Bemühungen in einem bestimmten Zeitraum verändert hat. Das ist im Grunde nur mit Hilfe des Traumtagebuchs möglich. Träumte man vorher beispielsweise oft von Verkehrsmitteln und jetzt von Häusern, dann drückt die Veränderung der Traumsymbolik auch eine innere Wandlung aus.

Mich schockiert es häufig, wenn ich in meinen Traumtagebüchern von vor fünf Jahren herumblättere: Ich meine mich seit dieser Zeit enorm verändert zu haben. Allerdings sagen mir meine Träume etwas anderes: Damals wie heute finde ich Symbole aus dem gleichen Bereich, die die meisten meiner Träume charakterisieren. Irgendwie stehen wohl noch die gleichen Problemen wie von vor fünf Jahren bei mir an. Man macht sich oft etwas vor, wie schnell und grundlegend man sich verändert; der Traum rückt übertriebene Ansprüche wieder zurecht.

# Tips und Tricks zum Traumtagebuch

Ein Traumtagebuch ist idealerweise ein kleineres Buch, das man überall mit hinnehmen kann. In dieses Buch schreibt man nur seine Träume auf und nichts anderes. Das ist wichtig, denn unser Traumtagebuch soll uns unbedingt an unsere Träume und an sonst nichts anderes erinnern.

**Schreiben Sie jede Erinnerung auf!**

Wie wird ein Traum sinnvoll dokumentiert? Wichtig ist, alle Erinnerungen an die nächtlichen Bilder aufzuschreiben, auch wenn man noch so sehr meint, daß diese unwesentlich seien. Traumfragmente können genauso wesentlich wie jeder voll erinnerte Traum sein. Meistens erinnern wir unsere Träume bruchstückhaft.

Jeder Traum wird so niedergeschrieben, wie man ihn erinnert. Dabei sollte die Reihenfolge belassen werden, in der man die einzelnen Episoden erinnert, auch wenn man hinterher meint, sie hätten in einer anderen Reihenfolge stattgefunden.

**Träume zuerst ohne Deutung notieren**

Es ist sinnvoll, nur den Traum niederzuschreiben und diese Niederschrift des Traumgeschehens auf keinen Fall mit einer Interpretation oder Deutung zu verbinden. Schreiben Sie also so wertungsfrei und objektiv wie möglich Ihre Traum nieder. Es genügen Stichworte.

Nachdem der Traum niedergeschrieben wurde, versehen Sie ihn mit einer Überschrift, die Ihnen spontan einfällt, und die den Traum gut charakterisiert. Ferner gehört noch zu jedem Traumtagebucheintrag ein Datum. Nehmen Sie stets das Datum des Morgens der auf die Nacht folgte, in der Sie Ihren Traum hatten. Das Datum ist sehr wesentlich, da oftmals Träume mit Alltagsereignissen verbunden sind. Über das Datum können Sie solche Verbindungen herausfinden. Voraussagende Träume sind nur dann als solche anzuerkennen, wenn sie anhand des Datums überprüfbar sind.

**Träume datieren**

Wie Sie schon an diesem Beispiel sahen, empfiehlt es sich, neben dem Traumtagebuch auch ein gewöhnliches Tagebuch zu führen.

Das Datum des Traums gibt Ihnen ferner als Frau Hinweise über die Korrelation von bestimmten Träumen zu Ihrer Zyklusphase. Wer astrologisch interessiert ist, der findet womöglich interessante Verbindungen zwischen dem Geschehen in seinen Träumen und bestimmten Planetenstellungen und Transiten heraus.

**So nutzen Sie Ihre Träume**

Wenn Sie sich nach einer gewissen Zeit Ihr Traumtagebuch immer wieder durchlesen, wird Ihnen das helfen, Ihre Träume zunehmend besser zu verstehen. Dabei können Sie einfach nach den Überschriften vorgehen und schauen, welche Themen Sie in welchen Zeiten geträumt haben. Gestalten Sie also Ihre Traumüberschriften so aussagekräftig wie möglich.

**Grundfragen der Interpretation**

Nach der Dokumentation des Traums sollte dessen Interpretation folgen, die ebenfalls nur in Stichworten niedergeschrieben werden braucht. Es hat sich bewährt, wenn man zuerst ein paar Stichworte aufschreibt, die einem spontan zu dem Traum einfallen.

- Was fällt Ihnen zu der Erscheinung Ihres Traum-Ich auf (falls Sie überhaupt in diesem Traum vorkommen)?
- Wie verhalten sich die anderen Traumpersonen im Traum (falls welche vorhanden sind)?
- Welches war das vorherrschende Gefühl im Traum, welches Gefühl entstand nach dem Traum (als Sie aufgewacht sind)?
- Gab es im Traum eine besondere Aufgabe zu lösen?
- Woran erinnert Sie die Traumsituation, die Verhaltensweise des Traum-Ich oder anderer Traumpersonen?

Hiernach lassen Sie den Traum ruhen und die Beschäftigung mit ihm wirken. Bevor Sie die folgende Nacht wieder einschlafen, können Sie sich Ihre Notizen zu diesem Traum noch einmal durchlesen, wodurch Sie nicht nur häufig auf neue Ideen kommen, sondern auch die Wahrscheinlichkeit erhöhen, daß neue Träume auf Ihren vorigen Traum Bezug nehmen.

**Beispiel: Traum-Notiz und Kurzinterpretation**

Ein typischer Eintrag eines Traums könnte wie folgt aussehen (realer Traum einer Klientin, 24 Jahre alt, ledig):

Der Turm München, 17.7.95
Ich fahre mit Fahrstuhl auf hohen Betonturm. Fahrstuhlkabine zuerst beängstigend. Als ich oben bin, sehe ich unten einen Mann, der hinfällt.

*Die Angst fällt mit zunehmender Höhe ab, ich werde mutiger, schaue ohne Probleme hinunter – im Gegensatz zum Alltagsleben (Höhenangst). Der Fall des Mannes irritiert mich, macht mich verwirrt und traurig. Ich habe das Gefühl, irgendwie an dem Fall Schuld zu sein. Hinweis darauf, daß ich meinen Freund vor einer Woche verlassen habe? Ich habe doch ein ungutes Gefühl – meine, der kommt ohne mich nicht zurecht. Aufpassen, daß ich selbst nicht falle (Hochmut kommt vor dem Fall!). Ich stelle mich zu hoch über andere Leute, will immer den Überblick haben und mein kleines Ich da unten fällt.*

Es empfiehlt sich wie hier, den eigentlichen Traum und dessen Deutung voneinander abzusetzen. Das kann leicht im Traumtagebuch mit verschiedenfarbigen Stiften geschehen.

# Deutungshilfen nutzen

**Handbuch der Traum-Symbole**

Wenn Ihnen nun gar nichts oder nur sehr wenig zu Ihren Träumen einfällt, dann können Sie ein Lexikon der Traumsymbole zu Hilfe nehmen. Das hilft deswegen, da man oftmals in bezug auf seine eigenen Träume »betriebsblind« ist. Bei einem Lexikon oder Handbuch der Traumsymbole sollten Sie darauf achten, daß zu den meisten Traumsymbolen mehrere Bedeutungen angegeben werden. Die Symbolbedeutung bildet gleichsam ein Feld. Man kann sich das so vorstellen, daß dieses Bedeutungsfeld sich zwischen zwei oder auch manchmal mehreren Polen aufspannt. Nehmen wir das verbreitete Traumsymbol der Rose. Der eine Bedeutungspol dieses Symbols der Rose hängt u.a. mit Schönheit, Liebe und Selbstentfaltung zusammen, der andere Bedeutungspol mit den Dornen, die einschneidende Erfahrungen, Leid, aber auch Erkenntnis symbolisieren. So kann man sagen, daß die Rose ein großes Bedeutungsfeld (nicht nur) zwischen Liebe und Leid umfaßt. Ähnlich verhält es sich bei fast allen Traumsymbolen.

**Traumsymbol Rose**

**Achtung, blinde Flecken**

Worüber wir träumen, stellt mitunter einen schwarzen Fleck dar, etwas, das wir normalerweise nicht sehen. So können wir bisweilen in unseren Träumen mit diesen Bildern nichts anfangen, weil sie uns fremd erscheinen. Auch in diesem Fall hilft uns oftmals ein Blick in ein Lexikon der Traumsymbole weiter.

**Beispiel einer Deutung**

Wenn nun zu dem eben angeführten Traum das *Handbuch der Traum-Symbole* konsultiert wird (Literaturangabe, S. 200 in diesem Buch), kommen wir zu folgenden Ideen:

*Turm*: Wir finden die Spannung zwischen Macht und Hemmung angesprochen. Die Macht kommt aus dem Überblick und der sicheren Distanz zum Geschehen und wurde auch von der Träumerin gesehen. Auf die Hemmung wurde sie erst durch das

Lexikon aufmerksam. Sie hatte diese zwar unbewußt erfaßt, indem sie die Angst im Fahrstuhl bemerkte, aber mit zunehmender Macht durch die Distanz von der Ebene, auf der der Mann fällt, verliert sie die Angst. Das erinnert sie an die Trennung von ihrem Freund. Mit der Entfernung zu ihm fallen ihre Hemmungen ab. Sie fühlt sich freier und nicht mehr eingesperrt in ihre Beziehung.

Ferner gibt das Handbuch der Traum-Symbole an, daß der Turm im Frauentraum auf sexuelle Hemmungen verweist. Das macht ihr klar, was sie sich nie vorher zu sehen getraut hat, daß sie sich mit ihm sexuell gehemmt fühlt. Sie fühlt sich sexuell ausgenutzt vom ihm.

**Fortsetzung der Beispiel-Deutung**

*fallen*: Mit »*. . . sich fallen lassen*« findet die Träumerin einen Eintrag, der sie blitzartig an ihre Sexualität denken läßt. Nach dieser Hingabe sehnt sie sich, aber zumindest mit dem Mann ist sie ihr nicht möglich. Dieser Eintrag erinnert sie aber auch daran, daß sie ihren Freund hat fallen lassen. Sie weiß, daß er unter dieser Trennung leidet, war nicht letztendlich er der Gehemmte? »*Man träumt oft vom Fallen, wenn man am Übergang zu einem neuen Lebensabschnitt steht*«, findet sie gleich als nächsten Satz. Ohne den Freund, mit dem sie über drei Jahre zusammen war, fühlt sie sich schon sehr viel anders. Der neue Lebensabschnitt ist womöglich die Phase des Alleinlebens, auf die sie sich freut, vor der sie aber auch Angst hat.

Die Trauminterpretation geht noch sehr viel weiter, streift die Vaterbeziehung der Träumerin, ihre Entjungferung, die Situationen, in denen sie sich eingesperrt oder eingeengt gefühlt hat. Das auszuführen, würde hier jedoch zu weit führen.

Es zeigt sich deutlich an diesem typischen Beispiel, daß ein geeignetes Traumsymbollexikon zu einer tieferen Sicht des Traums führen kann. Wichtig ist, wie die Träumerin in unserem Beispiel, zu den Eintragungen im Handbuch der Traumsymbole zu assoziieren. Durch ihre eigene Beschäftigung mit dem Traum zuvor hat sie sich dafür geöffnet, daß sie die Eintragungen des Symbollexikons spontan persönlich füllen kann. Dieses Vorgehen, das ich mit dieser Klientin an vielen Träumen eingeübt hatte, kann ich jedem empfehlen. Es bringt sehr schnell die Deutung zu einer Tiefe, die erstaunlich ist. Diese Tiefe kann man nur durch einen Außenimpuls bekommen. Dieser Außenimpuls mag wie in diesem Fall ein Lexikon der Traumsymbole sein, es kann ein Freund oder eine Freundin, eine Traumgruppe oder ein Therapeut sein. Wenn man jedoch alleine mit seinen Träumen arbeitet, kann dieser Außenimpuls durch ein Traumsymbollexikon kommen.

**Die richtigen Antworten finden**

## So finden Sie die richtige Deutung

**Nicht ohne eigene Beteiligung**

Ein Lexikon der Traumsymbole sollte man immer erst dann benutzen, wenn man sich – wie im Beispiel oben – mit dem Traum beschäftigt hat. Zuerst kommt es auf Ihre eigenen Ideen und Einfälle an, egal wie abgelegen Sie Ihnen auch scheinen mögen. Dann wird dieses Lexikon Sie auf neue Bedeutungsebenen aufmerksam machen – wie in unserem Beispiel auf die persönlicheren Ebenen –, die Sie vorher nicht gesehen und nicht bedacht hatten. Je mehr Dimensionen eines Traums Sie erfassen können, um so deutlicher wird Ihnen die persönliche Mitteilung Ihres Traums und einzig und allein auf diese kommt es an.

**Ein Traum ist keine mathematische Gleichung . . .**

Es nutzt Ihnen jedoch keineswegs, die verschiedenen Ebenen intellektuell klar zu sehen, sondern Sie müssen sich von ihnen möglichst tief emotional berühren lassen. Schauen Sie zu schnell in ein Lexikon der Traumsymbole, kommt diese emotionale Berührung meistens nicht zustande und damit kann der Traum auch nichts bewirken.

So verstanden, halte ich ein Handbuch der

Traumsymbole für ein unentbehrliches Hilfsmittel eines jeden Träumers, um der Komplexität und emotionalen Tiefe seiner Träume gerecht zu werden.

## Lohnend: Ein persönliches Symbollexikon

**Die individuelle Symbolbedeutung erkennen ...**

Neben dem allgemeinen Bedeutungsfeld besitzt jedes Symbol ein persönliches Bedeutungsfeld, das an die Erfahrungen des jeweiligen Träumers gebunden ist. Hätte die Träumerin aus unserem Beispiel wie die Heldin aus Kerri Hulmes Roman »Unter dem Tagmond« oder wie Rapunzel in einem Turm gewohnt, wäre dieser sicherlich mit noch sehr viel mehr persönlichen Gefühlen aufgeladen und könnte eine ganz besondere Bedeutung gewinnen. Vielleicht hätte unsere Träumerin in diesem Fall auch schon öfters von einem Turm geträumt, und ihr wäre aufgefallen, daß der Turm in immer dem gleichen Zusammenhang auftrat. In diesem Fall hätte der Turm für sie eine ganz spezielle persönliche Bedeutung, die es wert wäre, sich zu merken. Im Grunde geht es jedem von uns wie dieser Träumerin. Wie oft träumten Sie nicht schon von den gleichen Symbolen und Ihnen fiel plötzlich auf, daß diese Traumsymbole immer auf eine ganz spezielle Eigenschaft von Ihnen verweisen. Wäre es nicht leichter für kommende Traumdeutungen, sich diese Bedeutung aufzuschreiben?

**... heißt, persönliche Zusammenhänge verstehen**

Wenn Sie schon häufiger von einem Traumsymbol träumten, können Sie fast davon ausgehen, daß dieses Traumsymbol auch in Ihren zukünftigen Träumen eine Rolle spielen wird. Über die Jahre träumen Sie natürlich von vielen Symbolen, die entweder regelmäßig oder ab und zu wiederkehren. Schreiben Sie die Bedeutung dieser Symbole auf, dann entsteht Ihr ganz persönliches Symbollexikon.

**Praxistip zum persönlichen Symbollexikon**

Ist das Führen eines solchen persönlichen Symbollexikons nicht mit großem Aufwand verbunden? Man kann sich so ein persönliches Traumsymbollexikon leicht selbst erstellen, indem man sich ein möglichst dickes Notiz- oder Ringbuch mit Alphabet kauft. Diese Bücher werden meist als Adreßbücher benutzt. Bei jedem Traum, den Sie erinnern, unterstreichen Sie zwei der wesentlichsten oder schon aus früheren Träumen bekannte Symbole, und tragen Sie diese unter dem entsprechenden Anfangsbuchstaben in Ihr persönliches Symbolbuch ein. Hinter diesem Eintrag mit einem kurzen Kommentar vermerken Sie noch den Titel dieses Traums, unter dem er in Ihrem Traumtagebuch zu finden ist, und das Datum. Der kurze Kommentar zu dem Eintrag sollte nicht mehr als zwei bis drei Sätze umfassen, die das individuelle Bedeutungsfeld dieses Traumsymbol charakterisieren.

**Beispiel**

Im folgenden finden Sie ein Beispiel für einen derartigen Eintrag (Eintrag eines Träumers, 51 Jahre alt und geschieden):

L: *Linde*: unser Garten früher, Sehnsucht nach Idylle der Kindheit.
»Der große Regen«, 25.6.95

Solange Sie sich mit dem gleichen Problem herumplagen, werden in Ihren Träumen vermutlich einige Symbole immer wiederkehren. Haben Sie das Problem gelöst oder ist es Ihnen zumindest bewußt geworden, wird sich auch die Symbolik Ihrer Träume ändern. Aus diesem Grund zeigt Ihnen das persönliche Traumsymbollexikon deutlich, wann Sie lernen und wann nicht. Da Träume sehr schnell auf Wandlungen reagieren, macht Sie das Führen des persönlichen Lexikons schneller als alles andere darauf aufmerksam, wann Sie beginnen zu lernen und sich damit zu verändern.

Viele Jahre zuvor hatte der oben erwähnte

Träumer, der von der Linde träumte, eine ganze Serie von Träumen, in denen er Linden sah. Das war in der Zeit als er sich gerade von seiner Frau getrennt hatte. Die Linde erinnerte ihn in den damaligen Träumen an seine ersten sexuellen Erlebnisse unter diesem Baum, die er als sehr positiv empfunden hatte. Diese Träume traten typischerweise auf, als er von Frauen nichts mehr wissen wollte.

## So trainieren Sie Ihr Know how

**Beispiel – ein Traum mit drei verschiedenen Methoden gedeutet**

Lassen Sie mich drei Deutungstechniken an einem Beispiel verdeutlichen: Der Traum eines 48 Jahre alten, ledigen Klienten:

Ich fahre mit einem Fahrrad aus der Stadt hinaus. Da gelange ich an eine Schnellstraße und biege rechts ab. In der Ferne sehe ich die kargen Hügel, die mein Ziel sind.

**Assoziation**

Deutung mit Hilfe der gebundenen Assoziation:
*Fahrrad*: Vorwärtskommen aus eigener Kraft
*Stadt*: der väterliche oder elterliche Teil, Lärm, Gestank und Dreck
*Schnellstraße*: schnelles Vorankommen, für Autos
*rechts*: männliche Seite
*karge Hügel:* klarer Überblick
Ich entkomme dem Streß der Stadt aus eigener Kraft, abschalten von Arbeit. Allerdings komme ich nur langsam voran, da ich es aus eigener Kraft versuche und keine Maschine (Auto) benutze. Ich gehe den männlichen Weg, um zu einem Überblick über meine Situation zu gelangen.

**Dialog**

Kommunikation mit einem Traumsymbol:
Dem Träumer fällt gar nichts zu dem Symbol *karge Hügel* ein. So tritt er in Kommunikation mit diesem Traumsymbol mit Hilfe der Tagtraumtechnik.

Er stellt sich den Traum noch einmal im Detail vor und als er die Hügel in der Ferne sieht, spricht er sie an:

Träumer: »Warum seid ihr ein Ziel?«

Symbol: »Wir sind Deine höhere Bewußtseinsebene. Von uns aus besitzt Du nicht nur den Überblick über Deine Vergangenheit, sondern wir stehen auch für Genügsamkeit. Du willst Dich doch vom Streß der Stadt abwenden, der mit übertriebenem Luxus, dem Naturfernen, zusammenhängt. Werde einfach! Übe Askese und Du entkommst dem Streß der Stadt.«

**Geschichte ausspinnen**

Das spontane Erzählen einer Geschichte, für die die unterstrichenen Traumsymbole Stichworte bilden: Ein Mann setzte sich auf sein altes Fahrrad, das er schon richtig über die Jahre liebgewonnen hatte und fährt fröhlich im Sonnenschein zur Stadt hinaus. Endlich habe ich einige Tage Zeit für mich, denkt er, und freut sich schon auf sein Picknick, das er in den beiden Satteltaschen verstaut hat. Tief in Gedanken bemerkt er einen einsamen Feldweg, der geradewegs zu den kargen Hügeln in der Ferne führt. Genau solch einen Weg hat er gesucht, auf dem er ungestört entlangradeln kann. Zu seinem Erstaunen kommen die Hügel auch *schnell* näher, und der leichte Anstieg des Wegs ist fast nicht zu bemerken. Dennoch legt er unter einem schattigen Baum erst einmal eine Pause ein und freut sich, so einfach und schnell seinem alltäglichen Leben entkommen zu sein. Hier in der Natur lebt er erst richtig auf. Und toll, denkt er, jetzt habe ich noch einige Tage hier vor mir, in denen ich in Hügeln campieren werde.

**Die Stärke der unterschiedlichen Deutungsmethoden**

Während alle drei Arten der Deutung dieses Traums betonen, daß der Träumer seinem Alltagsstreß entkommen möchte, liegt doch der Schwerpunkt der unterschiedlichen Methoden auf verschiedenen Aussagen:

Die Assoziationsmethode betont, daß der Träumer seine Unternehmung aus eigener Kraft unternimmt. Die Kommunikation mit dem Traumsymbol ergibt, daß das Ziel des Träumers augenscheinlich das Erreichen eines höheren Bewußtseins durch Einfachheit ist. Die Geschichte betont hauptsächlich den Aspekt der Freude und der Naturverbundenheit des Träumers.

Man kann sagen, daß letztlich alle drei Deutungen zusammen die eigentliche Deutung dieses Traums ausmachen. Alle drei Deutungen ergänzen sich.

## Tägliche Übung

**Praxistip: Die schnelle Traumdeutung**

Wenn ich keine Zeit zu einer ausführlichen Deutung habe, wie sie im Abschnitt zuvor beschrieben wurde, dann wiederhole ich mir meinen Traum beispielsweise auf der Fahrt zur Arbeit oder beim Einkaufen und schaue, welche Gefühle, Ideen und Assoziationen hochsteigen. Ohne mir intellektuell klar zu werden, was mein Traum bedeutet, wiederhole ich ihn mir immer wieder und beachte genau, in welche Stimmungen ich dabei komme. Man kann sich auch schnell eine kleine Skizze von einem Traumsymbol machen. Ich versuche mich dann zu erinnern, woher ich die Stimmungen meiner Träume und ihre Atmosphäre aus meinem alltäglichen Leben kenne.

**Träume überallhin mitnehmen**

Diese Art der Traumdeutung nimmt nicht nur wenig Zeit ein, sondern kann auch in allen möglichen Situationen praktiziert werden. Sehr häufig muß man zum Beispiel im Alltagsleben irgendwo warten, das ist Gelegenheit für diese Art der schnellen Traumdeutung. Wenn Sie mehr Zeit haben, sollten Sie jedoch das Ergebnis Ihrer Traumdeutung niederschreiben, da nämlich der Nachteil einer solchen Deutung darin liegt, daß sie schnell wieder vergessen wird.

Während die gerade beschriebene Form der Traumdeutung nicht gerade sehr systematisch vorgeht, gibt es auch Formen der schnellen Traumdeutung, die hochgradig systematisch vorgehen. Sie können bei jedem Traum frei wählen, ob Ihnen der weiblich intuitive oder der männlich systematische Weg mehr zusagt, den ich im folgenden beschreiben werde. Beide Wege sind auf jeden Traum anwendbar.

**Kurz und bündig**

Hier nun ein systematischer Weg, seine Träume in weniger als fünf Minuten hinreichend zu deuten. Das Erklären dieser Methode benötigt mehr Zeit, als sie praktisch anzuwenden.

Die Methode baut darauf auf, daß Sie kurz und gezielt bestimmte Beobachtungen vornehmen. Als erstes machen Sie sich bewußt, wie Ihr Traum-Ich in dem entsprechenden Traum handelt. Fragen Sie sich:

- Ist mein Traum-Ich aktiv oder passiv
- Wie kann ich seine Handlungsweise charakterisieren?
- Woher kenne ich diese Handlungsweise aus meinem Alltagsleben?

Dann fragen Sie sich, ob Sie in diesem Traum etwas befürchtet oder begehrt haben. Falls ja, charakterisieren Sie es und beziehen Sie es ebenfalls auf Ihr Alltagsleben.

Welche zwei oder drei Symbole sind zentral in diesem Traum und was fällt Ihnen dazu ein? (freie Assoziationen)

Diese Punkte kann man bei einem Traum sehr schnell durchgehen, und die Beantwortung der Fragen führt Sie sofort in das Zentrum Ihres Traums.

Man kommt so zu folgendem Schema der schnellen Deutung eines Traums:

**Kurzes Schema**

- Überschrift des Traums
- Datum

- stichwortartige Schilderung des Traums (so kurz wie möglich)
- Beobachtung des Traum-Ich
  aktiv?
  passiv?
  typische Verhaltensweise?
- Wünsche/Ängste im Traum
- Assoziationen zu Symbol 1
- Assoziationen zu Symbol 2
- Was sagt mir dieser Traum?

In meinen Traumgruppen empfehle ich immer, sich dieses Schema in sein Traumtagebuch zu schreiben. Wenn man nur wenig Zeit hat, geht man schnell die einzelnen Punkte durch. Wenn Sie das öfters machen, werden Sie eine erstaunliche Übung bekommen, in wenigen Minuten nach diesem Schema Ihren Traum im Kern zu verstehen.

Falls Sie etwas mehr Zeit haben, möchte ich Ihnen das folgende Deutungsschema empfehlen, dessen Anwendung etwas länger benötigt, dafür aber komplexeste Träume erstaunlich schnell erfassen kann:

**Ausführliches Schema**

- Überschrift
- Datum
- stichwortartige Schilderung des Traums
- Gefühl beim Erwachen
- Beobachtung des Traum-Ich
  aktiv?
  passiv?
  typische Verhaltensweise?
- Assoziationen zu Traumsymbol 1
- Assoziationen zu Traumsymbol 2
- Assoziationen zu Traumsymbol 3
- Assoziationen zu Traumsituation 1
- Assoziationen zu Traumsituation 2
- erster Gedanke zu diesem Traum
- Was sagt mir dieser Traum?

# Träume zu Ende bringen

Bei vielen Träumen hat man das Gefühl, daß der Traum nicht zuende geträumt worden ist. Es scheint, als ob der Traum kein richtiges Ende habe. Das mag daran liegen, daß man sich entweder nicht mehr an das Ende des Traums erinnern kann oder daß der Traum selbst keinen eindeutigen Abschluß aufweist. Um jedoch zu wissen, was der Traum einem mitteilen möchte, ist es hilfreich, den entsprechenden Traum zu Ende zu führen. Dies geschieht wieder mit der Tagtraumtechnik, indem der Träumer sich hinlegt und versucht, so klar wie möglich in tiefer Entspannung die Bilder dieses Traums zu visualisieren. Er läßt also den Traum vor seinem inneren Auge ablaufen. Kommt er zu dem Schluß des Traums, folgt er einfach den Einfällen seiner Phantasie, die jetzt den Traum weiterspinnt. Vertrauen Sie dabei Ihrem kreativen Potential, das in für Sie sinnvoller Weise Ihren Traum weiterspinnt. Normalerweise macht das keine Schwierigkeiten und Sie werden merken, daß Ihre Phantasie Ihren Traum ohne Ihr bewußtes Zutun beendet.

**Techniken der Traumvollendung**

Dieses so gefundene Ende Ihres Traums gibt Ihnen in jedem Fall wichtige Hinweise, wie Sie diesen Traum besser verstehen können und worauf er hinausläuft. Daß dieses Ende in der Weise nicht geträumt wurde, spielt keine Rolle, denn Ihr Unbewußtes, das die Traumvollendung übernahm, weiß schon, worauf der Traum hinauswollte.

Es ist bei dieser Technik der Traumvollendung allerdings unbedingt notwendig, so wenig wie möglich bewußt das Ende zu bestimmen. Es geht keineswegs darum, daß Sie gemäß Ihren Wünschen sich bewußt ein Ende des Traums ausdenken, sondern daß Sie im Vertrauen auf die Kräfte Ihres Unbewußten dieses möglichst ungestört wirken lassen.

## So erfahren Sie noch mehr über Ihre Träume

**Deutung ohne Worte**

Es ist nicht nötig, einen Traum immer sprachlich zu deuten, es gibt auch andere Deutungsmöglichkeiten, die für einige Menschen viel fruchtbarer angewandt werden können. Ich denke hier speziell an künstlerische Techniken wie beispielsweise Malen, Zeichnen und Modellieren. Diese Techniken sind besonders für Träumer geeignet, die in der Sprache zu Hause sind und deswegen sich leicht hinter der Sprache verstecken. Allerdings sind diese Deutungstechniken für Künstler eher ungeeignet, denn es geht hier nicht um Ästhetik, sondern um den psychologischen Ausdruck des Traumgehalts.

**Vorteile der künstlerischen Betrachtung**

Der Vorteil dieser Techniken liegt darin, daß Malen und Zeichnen wie alle künstlerischen Betätigungen wie auch der Traum eher rechtshirnig gesteuert werden. Sie sind also als Produkt unserer Phantasie dem Traum wesensverwandt. Deswegen kann man Träume auch wie Kunstwerke interpretieren oder auch Kunstwerke wie Träume. Der Bauhauslehrer und Maler Wassily Kandinsky (1866 – 1944) sagte einmal, daß ein Künstler alles wissen müsse; wenn er sich jedoch im Schaffensprozeß befindet, muß er jedoch wieder alles vergessen haben. Das Wissen muß dann aus seinem Unbewußten aufsteigen. Genauso verhält es sich beim Traum, daß nämlich alles Wissen aus dem Unbewußten aufsteigt und die entsprechenden Traumbilder formt. Ferner weisen Kunstwerke einen Selbstbezug auf. Das heißt beispielsweise, wenn es im Traum regnet, ist es unerheblich, ob es draußen regnet oder nicht. Es zählt, was diese Situation im Traum für eine Funktion hat. Genauso verhält es sich mit einem Gedicht oder einem Bild. Wenn es dort um Regen geht, wird keiner schauen, ob es nun wirklich jetzt oder zur Entstehungszeit draußen geregnet hat, sondern was der Regen in diesem Bild oder diesem Gedicht ausdrückt.

## Die künstlerische Umsetzung des Traums

Als Beispiel möchte ich hier kurz anführen, wie man die Zeichnung eines Traums deuten kann. Das ist ein grundsätzliches Schema, nachdem man auch gemalte, modellierte, skizzierte und geschnitzte Träume deuten kann. Ferner kann man Träume mit Hilfe von Tanz, Gesang, Pantomime und anderen Kunstformen ausdrücken, letztendlich gelten dort die gleichen Aussagen wie zur Zeichnung. Was sich beispielsweise rechts oder links in der Zeichnung befindet, entspricht einer Bewegung nach rechts oder links, oben entspricht einem Sprung oder einem Strecken, im Gesang einem hohen Ton und unten einem tiefen Ton oder einer Hocke oder Beuge.

**Tabelle der künstlerischen Formen**

Tabelle der künstlerischen Formen und ihrer Bedeutung:

- **rechts:** Die rechte Seite drückt männliche Energie der Tat und der Analyse aus.
- **links:** Die linke Seite drückt die weibliche Energie der Intuition und der Synthese aus.
- **oben:** Oben ist der Ort des Kopfes und somit des Bewußtseins, des Intellekts und des Überblicks. Es ist der Himmel, in dem die patriarchalische Gesellschaft ihren Gott ansiedelt.
- **unten:** Unten ist der Ort der Erdung, des Triebs und des Unbewuß-

ten. Unten finden wir die Erde, die für die matriarchalische Gesellschaft göttlich ist.

**Darstellungsformen und ihre Bedeutungen**

- **eckig:** Die eckigen Formen wirken männlich statisch und drücken eine zielgerichtete Lebensenergie aus, die allerdings nicht unbedingt harmonisch verläuft. In Tanz und Pantomime sind das plötzliche und unverhoffte Bewegungsänderungen, dem Stakkato in der Musik entsprechend.
- **rund:** Die runden Formen wirken weiblich harmonisch und drükken das Bedürfnis nach Verbindung und Synthese aus. In der Musik und den Körperbewegungen entspricht das Runde dem Fließenden.
- **spitz:** Die spitzen Formen wirken aggressiv und entsprechen dem Schrillen in der Musik und den aggressiven Bewegungen.
- **isoliert:** Das Isolierte, Alleinstehende drückt Einsamkeit und auch oft fehlenden Kontakt zu sich selbst aus. Auf der Ebene der Bewegungen sind das die abgehackten Bewegungen, und es sind die unverbundenen Töne in der Musik. Hierin drückt sich der männliche Archetyp des einsamen Helden aus.
- **verbunden:** Das Verbundene drückt den weiblichen Archetyp aus, der der Synthese verbunden ist. In der Musik ist oft die Melodie und auch das Lied Träger der Idee des Verbundenen, im Be-

reich der Körperbewegung ist es der Tanz.

- **rhythmisch:** Rhythmisch gesetzte Formen, Bewegungen und Töne sind ebenfalls Ausdruck der weiblichen Seite in uns.
- **plastisch:** Das Plastische drückt in der Zeichnung und anderen künstlerischen Ausdrucksformen das Komplexe und Differenzierte aus.
- **flächig:** Das Flächige hängt oftmals mit Eindimensionalität zusammen.
- **vieldimensional:** Das Vieldimensionale drückt wie das Plastische das Komplexe aus. In bezug auf die Psyche wird mit dieser Gestaltung auf deren verschiedene Ebenen verwiesen.

Diese Tabelle mag Ihnen einen Anhaltspunkt bieten, wie Sie Ihre eigene Umsetzung des Traums deuten können.

## Traum und Spiel

**Offen für neue Deutungsweisen**

Oftmals wird die Traumarbeit mit einem Ernst durchgeführt, der eher abschreckend ist, als daß er uns freudig neue Chancen erkennen läßt. Ich halte es da mehr mit Friedrich von Schiller (1759 – 1805), der in seinen Gedanken zur Ästhetik davon ausgeht, daß der Mensch nur Mensch ist, wenn er spielt. Wenn wir uns zu ernst nehmen, dann vermindern wir die Chance unserer Veränderung, indem wir meistens nur verbissen alte Verhaltensschemata wiederholen.

Der Traum spielt kreativ mit Bildern und Gefühlen und lockert somit unsere erstarrte Sichtweise der Welt auf. Ist es nicht absurd, wenn wir dann mit großem Ernst unsere Träume zu deuten versuchen? Eine nicht-spielerische Traumdeutung geht meinem Gefühl nach am Wesen des Traums vorbei.

Wir haben in diesem Kapitel schon eine Art, mit seinen Träumen spielerisch umzugehen, kennengelernt: Sie besteht darin, die Traumsymbole zu benutzen, um aus ihnen eine Geschichte zu bilden. Letztlich besitzt jede künstlerische Umsetzung eines Traums einen gewissen spielerischen Charakter.

**Traumtheater**

Ich möchte nun noch eine andere Art der spielerischen Traumarbeit anführen, die ich für sehr effektiv halte. Dieser Umgang mit dem Traum besteht darin, daß ich ihn wie im Psychodrama als ein Theaterstück inszeniere. Allerdings brauchen Sie dazu eine Gruppe, denn Sie benötigen Mitspieler und es ist auch vorteilhaft, einige Zuschauer zu haben. Zur Not können Sie den Traum als Ein-Mann- oder Eine-Frau-Show spielen. Das ist jedoch viel schwieriger, als den Traum mit einer Gruppe zu inszenieren.

Wie gehen Sie hierbei praktisch vor?

**Praxistip zum Traum-Theater**

Zunächst erzählen Sie Ihren Traum, und alle potentiellen Mitspieler hören sich ihn an und versuchen, diesen Traum nachzuträumen, als ob es ihr eigener wäre. Wenn allen Beteiligten Ihr Traum deutlich geworden ist, teilen Sie als Träumer entweder jedem seine Rolle zu, oder Sie lassen die Beteiligten eine ihnen genehme Rolle wählen. Als Träumer oder Träumerin sollten Sie jedoch stets die Rolle des Traum-Ich spielen.

Wählen die Beteiligten frei die Rollen – wobei auch Symbole, die keine Personen sind, wie beispielsweise Berg, Baum oder Vogel, gespielt werden können –, dann ist es meist schon sehr aufschlußreich, wer spontan welche Rolle übernimmt.

Es erhöht sicherlich noch den Spaß, wenn man sich mit kleinen Accessoires wie einem bunten Schal, einem Stock oder was auch immer im Sinne des Traums »verkleidet«.

Sind alle Vorbereitungen abgeschlossen, spielen Sie einfach los, und versinken Sie möglichst wie kleine Kinder in diesem Spiel. Indem Sie ihr Traumstück selbst gestalten, gestalten Sie auch sich und Ihre Gefühle. Ob Sie nah am Traumgeschehen bleiben oder sich forttragen lassen, spielt meiner Erfahrung nach keine Rolle. Es ist einzig und allein wichtig, daß Sie sich vom Traumgeschehen mitreißen lassen und das Spiel genießen. Meiner Ansicht nach ist es auch nicht notwendig, daß Sie dieses Traumspiel hinterher deuten. Sehen Sie das Spiel selbst als die nicht-intellektuelle Deutung Ihres Traums an.

**Träume inszenieren – und beobachten**

Oft ist es allerdings sehr fruchtbar, wenn alle Beteiligten sich nach dem Spiel darüber austauschen, wie Sie sich gefühlt haben. Ich bin auf die Idee zu dieser Art der Traumarbeit durch den englischen Regisseur und Gurdjieff-Lehrer Peter Brook gekommen. Ende 1972 und 1973 unternahm Peter Brook mit einer internationalen Schauspielertruppe eine Reise durch Afrika, bei der spontan vor Menschen gespielt wurde, die kein Theater kannten. Bei dieser Theaterarbeit kam es darauf an, aus dem Spieltrieb heraus innere Gefühle darzustellen. Genauso stelle ich mir auch die Inszenierung eines Traums vor.

## Traum und Körperarbeit

**Assoziation und Körperbewegung**

Eine ebenfalls spielerische Möglichkeit, mit seinen Träumen zu arbeiten, besteht darin, seine Traumarbeit mit der Körperarbeit zu verbinden. Um einen kleinen Vorgeschmack davon zu bekommen, nehmen Sie ein Symbol aus Ihrem letzten Traum, und versuchen Sie, dieses Symbol durch Körperbewegungen, die Ihnen spontan einfallen, auszudrücken. Experimentieren Sie mit den Körperbewegungen so lange herum, bis Sie die passende Bewegung gefunden haben.

Wenn Ihnen das gelungen ist, würde ich Ihnen empfehlen, aus dem gleichen Traum noch andere Symbole zu nehmen, um sozusagen körperlich zu diesen Symbolen zu assoziieren. Wir vergessen oft, daß man zu einem Symbol auch körperlich in Beziehung tritt. Man kann im Menschen ein somatisches Unbewußtes annehmen, in dem wie im psychischen Unbewußten alle Gefühle gespeichert sind. Das entspricht der These Wilhelm Reichs (1897 – 1957), der davon ausging, daß sich jedes Gefühl in Muskelverspannungen niederschlägt. Das somatische und das psychische Unbewußte sind durch die Traumarbeit zu verbinden. Lassen Sie mich an einem Beispiel darlegen, wie das konkret aussehen kann:

**Jedes Gefühl schlägt sich körperlich nieder**

**Traum und Körper: Verbindung von Gefühl und Sinnen**

Eine sehr gute Möglichkeit der Verbindung von Traum- und Körperarbeit besteht darin, die Traumarbeit mit seinen alltäglichen Körperübungen zu verbinden. Wenn Sie Yoga, Tai Chi, die fünf Tibeter, Aerobics oder Gymnastik praktizieren, können sie das ohne großen Aufwand leicht mit der bisher beschriebenen Traumarbeit verbinden. Ich möchte Ihnen jetzt am Beispiel von Yoga-Übungen zeigen, wie solch eine sinnvolle Verbindung zwischen Traum- und Körperarbeit aussehen könnte. Das ist jedoch nur ein Modell beziehungsweise ein Vorschlag, der Sie anregen sollte, selbst kreativ mit der Verbindung von Traum- und Körperarbeit zu spielen.

Praktizieren Sie wie die meisten Menschen nicht regelmäßig irgendeine Körperarbeit, dann möchte ich Sie dazu anregen, zumindest einmal die Erfahrung mit der im folgenden beschriebenen Yoga-Übung zu machen.

**Yoga und Traumarbeit**

Ich beginne meine Yoga-Übung mit einer Meditation, in der ich den zu bearbeitenden Traum so genau wie möglich visualisiere. Falls ich diesen Traum nicht mehr klar erinnern kann, lese ich ihn in meinem Traumtagebuch noch einmal kurz durch, bevor ich mit der Meditation beginne. Habe ich den Traum im Detail visualisiert, frage ich mich, wie ich mich jetzt fühle. Welches Gefühl hat dieser Traum produziert? Ich gehe diesem Gefühl nach und lasse es wirken.

Danach wende ich mich meiner Körperübung zu. Ich wähle diejenige Yogaübung aus, die mir spontan zu meinem Traum einfällt. Während ich mich langsam in die vorgeschriebene Körperposition (*asana*) begebe, versuche ich zugleich tief entspannt zu sein, rund und regelmäßig zu atmen (*pranayama*) und die Traumbilder vor meinem inneren Auge zu halten. Befinde ich mich in der klassischen Körperposition, entspanne ich mich noch tiefer mit der runden und gleichmäßigen Atmung und konzentriere mich jetzt mit ganzer Kraft auf meinen Traum. Während ich die einzelnen Traumbilder visualisiere, achte ich genau auf meine Atmung und die Spannung meiner Muskeln (Tonus). Ich konnte immer wieder feststellen, daß an für mich wesentlichen Stellen meines Traums sich meine Muskeln häufig anspannen und sich zugleich mein Atemrhythmus verändert. Wenn ich an einem »heiklen« Traumbild bin, das mit tief verdrängtem psychischen Material zusammenhängt, merke ich das sofort körperlich. Hier verweile ich noch, atme tief und regelmäßig in meinen Bauch hinein, ohne eine Pause zwischen Ein- und Aus- und Aus- und Einatmen einzulegen (verbundenes Atmen) und bin mir bewußt, welche Gefühle in mir hochsteigen. Ich betrachte diese Gefühle, ohne sie zu bewerten oder zu verändern.

**Yogaübung zum Ausprobieren**

Nehmen wir an, Sie haben vergangene Nacht einen Traum erinnert, den Sie klar visualisieren können. Spontan fällt mir die klassische Yoga-Übung mit dem Namen »Die Zange« (*Paschimottanasana*) zu diesem Traum ein, eine Yoga-Übung, die auch der Ungeübte ohne Schwierigkeiten durchführen kann. Diese Körperübung, bei der ich mich ganz nach vorne beuge, drückt eine Demutshaltung aus. Vielleicht sollte man seine Yoga-Übungen stets mit solch einer Demutshaltung beginnen. Sie legen sich flach, völlig ausgestreckt auf den Rücken; Ihre Arme liegen entspannt neben Ihnen auf dem Boden. Ihre Augen sind geschlossen, Ihr Atem geht ruhig und regelmäßig, und langsam konzentrieren Sie sich auf die Bilder Ihres Traums. Haben Sie diese Traumbilder deutlich vor Ihren Augen, strecken Sie beide Arme nach hinten hinter Ihren Kopf, recken Sie sich, und machen Sie sich so lang wie Sie können. Nun heben Sie langsam und regelmäßig beide Arme, bis Sie diese in eine Position genau senkrecht zum Boden und Ihrem Körper gebracht haben. Ihre Arme folgen nun weiterhin gestreckt einem bogenartigen Bewegungsablauf auf Ihre Oberschenkel zu. Kopf und Schultern heben sich vom Boden, und die Hände berühren Ihre Oberschenkel. Schieben Sie Ihre beiden Hände, soweit Sie können, auf Ihre Füße zu. Im Idealfall liegt jetzt Ihre Stirn auf den Knien und Ihre Brust auf Ihren Oberschenkeln. Das wird Ihnen jedoch wahrscheinlich nicht gelingen, was auch nicht nötig ist. Gehen Sie einfach, soweit Sie kommen, auf Ihre Füße zu, und entspannen Sie sich in dieser Haltung. Nun gehen Sie Bild für Bild Ihren Traum langsam durch. Atmen Sie bewußt bei jedem Bild mehrmals langsam ein und aus, und lassen Sie alle Ihre Gedanken und Gefühle aufsteigen. Sie werden nach einiger Erfahrung mit dieser Übung bemerken, daß es Ihnen gelingt, zu den Traumbildern neue Bilder zu assoziieren, die Sie sozusagen hochatmen. Schauen Sie sich diese Bilder genau an, ehe Sie diese wieder auflösen, indem Sie sich vorstellen, daß Sie diese Bilder ausatmen. Bilder, die eine größere Anspannung in dieser Position erzeugen, sollten besonders sorgfältig betrachtet und anschließend durch die Atmung aufgelöst werden. Benutzen Sie Ihren Körper als Wegweiser zu jenen Bildern, die aufgelöst werden müssen.

**Auch für Einsteiger/innen geeignet**

Steigen keine Bilder mehr auf, entspannen Sie sich tief, lösen Sie alle Gefühle, Phantasien und Vorstellungen auf, verharren noch einen kurzen Moment in dieser Stellung und richten dann langsam Ihren Oberkörper auf, um sich wieder auf den Rücken zu legen. Lassen Sie noch einmal alles nachwirken und machen Sie sich wach . . .

## Traumdeutung mit Leib und Seele

Sie werden bemerken, daß Sie durch solche Körperübungen zu einem weitgehend nicht-sprachlichen Verständnis Ihrer Träume gelangen können. Es handelt sich hierbei um eine Traummeditation, bei der Sie Ihre Traumbilder und damit Ihre Projektionen durch die Atmung auflösen und Ihren Körper als Anzeiger benutzen, wo Sie etwas Wichtiges aufzulösen haben.

Diese Art der Verbindung von Körperübungen und Traumarbeit erhöht Ihre Traumerinnerungsfähigkeit. Ferner werden Sie bemerken, daß, wenn Sie regelmäßig Ihre Traumbilder in dieser Weise auflösen, Sie zugleich beweglicher werden.

**Laufen (Joggen) und Traumarbeit**

Wenn Sie beispielsweise laufen, gehen Sie genauso vor: Während des Laufens konzentrieren Sie sich auf Ihre Traumbilder und lösen diese durch Ihren Atem auf. Beim Laufen können Sie sich auch vorstellen, daß Sie die Traumbilder durch Ihre Beine und Füße in die Erde fließen lassen, wo Ihre Projektionen sozusagen beerdigt werden.

**Praxistips zur Körperarbeit**

Bei der Verbindung zwischen Körper- und Traumarbeit sind also folgende Punkte zu beachten:

- Halten Sie während der Körperübung Ihre Konzentration auf Ihre Traumbilder zentriert, und schalten Sie jedes andere Bild und abschweifende Gedanken aus.

- Benutzen Sie Ihren Körper als Anzeiger dafür, wo Traumbilder und somit Projektionen besonders hartnäckig sind. Kommen Sie an diese Traumbilder, spannt sich automatisch Ihr Körper an und Ihr Atemrhythmus ändert sich.
- Lösen Sie jedes Traumbild nach dessen bewußter Wahrnehmung auf. Die Auflösung des Traumbildes geschieht durch Ihren Atem. Sie atmen sozusagen das Traumbild und die damit zusammenhängenden Projektionen aus.
- Eine gelungene Auflösung Ihrer Traumbilder zeigt sich im Gefühl größerer Beweglichkeit.

Eine so durchgeführte Traumarbeit findet jenseits des intellektuellen Verstehens statt und wirkt therapeutisch auf den Leib und die Seele.

# Die häufigsten Traum-Symbole nach Themengebieten

Viele Mensch sind im Traum ständig unterwegs. Andere träumen häufig davon, daß sich *nichts* oder wenig bewegt oder daß sie nicht weiterkommen. Bewegung und Geschwindigkeit im Traum symbolisieren vor allem die seelische Dynamik, ihre Antriebskraft und ihre Ruhelosigkeit. Die genauen Inhalte unterscheiden sich und weisen in verschiedene Richtungen. Dennoch gibt es *gemeinsame* Traum-Themen, die viele Menschen berühren. Das Traumgeschehen ist eine durch und durch individuelle Angelegenheit. Und doch gelten bestimmte *allgemeine* Perspektiven und Erfahrungswerte, die für viele Menschen oder sogar für eine ganze Kultur den Horizont bestimmen, vor dessen Hintergrund Träume entstehen und wahrgenommen werden.

Obwohl kein Traum dem anderen gleicht, deuten bestimmte Symbole auch bei den unterschiedlichsten Menschen in eine vergleichbare Richtung.

Träumen Sie beispielsweise von einem Haus, ist wahrscheinlich Ihr Körper, Ihr Bewußtsein oder Ihre Psyche damit gemeint. Träumen Sie vom Wasser, wird dadurch wahrscheinlich Ihr Gefühl angesprochen, bei der Luft Ihr Intellekt oder Geist, beim Feuer Ihr Wille und bei der Erde Ihre Fähigkeit, sich im alltäglichen Leben zurechtzufinden. Fahrzeuge verweisen auf Ihre Lebenser-fahr-ung oder auch die »Rolle«, die Sie dabei spielen; Tiere im Traum deuten selbstverständlich auf die tierischen Anteile, Frauengestalten auf die weiblichen und männliche Personen auf die männlichen Seiten in Ihnen hin.

Nicht wenige Symbolbedeutungen liegen für einen Kulturbereich in einem überschaubaren Zeitraum relativ fest. Diese überpersönlichen Bedeutungen, die bei den meisten Träumern zutreffen, sagen nicht immer viel in bezug auf das entsprechende Traumsymbol in seiner persönlichen Bedeutung aus. Wenn Sie vom Wasser träumen und wissen, daß Ihre Gefühlsseite damit angesprochen wird, dann kann das allein schon sehr hilfreich sind. Beispielsweise, wenn Sie vor einer beruflichen Entscheidung stehen und der »wasserhaltige« Traum Ihnen sagt, daß nicht Sachargumente, sondern seelische Gründe maßgeblich sind oder sein sollten. – Wenn nun der allgemeine Hinweis auf die Bedeutung des Wassers als Symbol des Seelenelebens für Ihre Traumdeutung nicht ausreicht, kommt es darauf an, die spezielle subjektive Erfahrung des Träumers mit diesem Symbol zu erfassen. Lassen Sie mich das an einem Beispiel verdeutlichen:

*Traumbeispiel*
Ein Mann (41 Jahre alt, seit Jahren geschieden) träumt, daß er mit einer wunderschönen blonden Frau aufs Meer hinausfährt. Plötzlich entstehen hohe Wellen, obwohl die Sonne scheint. Er hat keine Angst und genießt das Schaukeln.

Auf der allgemeinen Ebene kann man sagen, daß die schöne Frau das weibliche Suchbild des Träumers verdeutlicht, das Meer sein Gefühl und das Schaukeln den Beischlaf. Demnach bedeutet dieser Traum, daß der Träumer sich nach der Vereinigung mit einer schönen Frau sehnt, die er mit tiefen Gefühlen verbindet. Diese Bedeutung des Traums würde allgemein bei jedem Träumer zutreffen, der diese Episode so träumt.

Die spezielle Bedeutung, die nur für diesen Träumer zutrifft, liegt darin, daß er sich gerade in eine Frau verliebt hat, die blond ist, und der gegenüber er unsicher ist. Außerdem kommt hinzu, daß er, als er vor einigen Wochen mit seinem Boot aufs Meer hinausfuhr, in Seenot geraten ist.

Ziehen wir jetzt die persönlichen Aspekte in Betracht, dann läßt dieser Traum verschiedene Schlußfolgerungen zu; in diesem Fall stellt sich als die wichtigste persönliche Botschaft heraus, daß der Träumer keine Angst vor seiner neuen Freundin zu haben braucht, wenn er sich auf sie emotional einläßt. Aus Angst vor Verletzungen hatte sich nämlich der Träumer seit Jahren nicht mehr emotional auf eine Frau eingelassen. Der Traum zeigt ihm jedoch, daß es jetzt notwendig ist, wenn er eine harmonische Beziehung (das Schaukeln) haben möchte. Das Einlassen auf ihr und sein Gefühl ist nicht mehr gefährlich, er wird nicht mehr »in Seenot« geraten, da gibt es etwas, das ihn trägt.

Wie wir sehen, ist die zweite Deutung wesentlich konkreter als die erste, und sie gibt auch Hinweise, die der Träumer benötigt. Diese zweite Deutung trifft jedoch nur auf diesen Träumer zu, während die erste Deutung auf jeden Träumer zutrifft, der einen solchen Traum hat. Natürlich widersprechen sich erste und zweite Deutung nicht.

Ein Traumsymbol ist schon deswegen nicht eindeutig, weil es auf ein großes Bedeutungsfeld verweist. Welche Inhalte und Bedeutungen die wichtigsten Traumsymbole dabei jedoch zuverlässig besitzen, soll im folgenden für viele Themengebiete des täglichen Traumlebens aufgezeigt werden. *Jeder* Abschnitt *ist in der Reihenfolge des ABC sortiert.*

# Sie und Ihre Mitmenschen

## Personen im Traum

In fast jedem Traum treten Personen auf. Es hat sich bewährt, die Deutung des Traums mit den Personen zu beginnen und dann zu anderen Traumsymbolen überzugehen. Jede Person im Traum kann dabei *auf der Subjektstufe und der Objektstufe* gedeutet werden.

*Definition Subjekt- und Objektfunktion:*
Bei der Betrachtung der Subjektfunktion im Traum sehen wir jedes Traumsymbol und speziell alle Traumpersonen als *Anteile von uns* an. Der schwarze Mann im Traum symbolisiert unsere eigene »schwarze« Seite, wie die Mutter im Traum auch unsere eigene mütterliche Seite anspricht . . .
Bei der Betrachtung der Objektfunktion im Traum sehen wir jedes Traumsymbol und speziell alle Traumpersonen als das, was sie *in der Tagesrealität* sind. Wir sehen sie hauptsächlich unter dem Aspekt der eigenen Beziehung zu diesen Traumobjekten. Der schwarze Mann im Traum drückt beispielsweise unsere Beziehung zum Schornsteinfeger aus (dessen im symbolischen Sinne penetrierende Tätigkeit sexuelle Wünsche in uns deutlich macht, der auf eine nötige Reinigung verweist, sei es im inneren oder im äußeren Bereich, u.a.). Die Mutter im Traum verweist beispielsweise auf die tatsächliche Beziehung zur eigenen Mutter (die zu klären oder sonstwie zu berücksichtigen, durch diesen Traum angeregt wird.).
Der Vorteil der Betrachtung der Subjektfunktion des Traums liegt darin, daß Sie sich von dem Traumsymbol tief berühren lassen, da Sie es konkret auf sich beziehen. Man könnte auch sagen, daß diese Betrachtung Ihnen Ihre Projektionen verdeutlicht. Tritt eine Traumperson in Ihrem Traum auf, dann sehen Sie diese zuerst als Anteil von Ihnen selbst. Charakterisieren Sie die Person mit drei Eigenschaftswörtern, die Sie dann auf sich beziehen.

Ist die Traumperson Ihnen bekannt, dann sollten Sie aber zugleich Ihr Verhältnis zu dieser Person betrachten und besonders darauf achten, wie sich die Beziehung im Traum zeigt. Können Sie das – vielleicht sinngemäß – auf Ihre tatsächlichen Kontakte zu dieser Person beziehen?
Außerdem können die Aktionen der Personen im Traum als Interaktionen der unterschiedlichen Ichs oder Seiten in uns gedeutet werden. Deswegen achten Sie bei Personen immer darauf, wie diese sich verhalten, wie sie gekleidet sind und an wen Sie die Traumpersonen erinnern. Wie sprechen und handeln die Traumpersonen? All das spiegelt nicht selten innere Koflikte und Chancen in Ihnen aus.

Deutungen zum Stichwort *Arbeitskollegen* finden Sie im Kapitel »Beruf und Finanzen«.
Die *Kleidung* der Traumpersonen wird meiner Erfahrung nach viel zu selten beachtet, obwohl sie häufig einen deutlichen Hinweis auf die Bedeutung der betreffenden Person im Traum gibt. Die Kleidung verhüllt unseren Körper und wird passend zur Situation gewählt, besonders aber drückt sie den Charakter der Traumperson aus. Im Traum beurteilen wir wie im alltäglichen Leben häufig Menschen nach ihrer Kleidung. Die konkrete Betrachtung der Symbolik der Kleidung finden Sie weiter unten.
Ferner sind *Haltungen und Stellungen*, die Menschen im Traum einnehmen, von symbolischer Aussagekraft. Je ungewöhnlicher diese Haltungen und Stellungen sind, um so mehr werden sie in ihrer Wichtigkeit betont.
Wird ein bestimmter *Körperteil* der Traumperson besonders hervorgehoben, dann liegt viel daran, dieses Organ in seiner symbolischen *und* in seiner konkret-praktischen Bedeutung zu verstehen. Mehr dazu hier auf den folgenden Seiten.
*Historische Persönlichkeiten* im Traum hängen in ihrer Bedeutung von den Assoziationen des Träumers zu diesen Personen ab. Grundsätzlich drücken sie wie alle Traumpersonen Eigenschaften des Träumers aus.
*Träume von Babys und Kindern* verweisen auf etwas Neues, das bald kommen wird oder geboren werden muß (zusätzliche Deutungen dazu in den Kapiteln »Abenteuer und Gipfelerlebnisse« sowie »Liebe, Lust und Zärtlichkeit«). Fragen Sie sich, was Neues in Ihr Leben kommt und wie Sie es begrüßen und behandeln.

## Das Traum-Ich

Das Traum-Ich ist die Person im Traum, mit der sich der Träumer oder die Träumerin identifiziert. Es ist die Person, die man in Traum als sich selbst empfindet und mit deren Augen man schaut.

Beim Traum-Ich ist zunächst zu betrachten, ob es sich aktiv oder passiv verhält. Ein aktives Traum-Ich ist oft ein Zeichen dafür, daß man selbst aktiv sein Leben gestaltet. Ein passives Traum-Ich zeigt an, daß der Träumer unbewußt oder bewußt-gläubig durch sein Leben geht und als schicksalhaft empfindet, was ihm geschieht. So kann man in der Therapie oft beobachten, daß ein zu Beginn passives Traum-Ich sich im Laufe der Therapie in ein aktives Traum-Ich wandelt. In selteneren Fällen ist es möglich, daß ein passives Traum-Ich den Träumer oder die Träumerin daraufhin verweist, daß er oder sie ruhiger werden und sich nicht mit hektischen Aktivitäten unter Druck setzen sollte.

Ferner kann das Traum-Ich wie jede andere Traumperson schüchtern und scheu, aggressiv oder liebevoll sein. Diese Empfindungen des Traum-Ichs können immer die entsprechenden Gefühle des Träumers oder der Träumerin ansprechen oder auch als eine Empfehlung - als Warnung oder Anregung – angesehen werden, diese Gefühle freier und offener auszudrükken.

Das Traum-Ich kann alleine, mittendrin oder daneben stehen, wenn man seine Beziehungen zu den anderen Personen betrachtet. Diese Positionen zu anderen Traumpersonen sind besonders bedeutungshaltig, wie die Technik der Familienaufstellung des deutschen Psychologen Bert Hellinger zeigt.

*Positionen des Traum-Ichs zu anderen Personen*

**alleine:** Das Traum-Ich tritt alleine und ohne Kontakt zu anderen Personen im Traum auf. Das deutet häufiger auf Einsamkeit oder Selbständigkeit des Träumers hin – seltener darauf, daß er sich mehr zurückziehen und sich seiner selbst besinnen sollte. Welche Bedeutung hier konkret angesprochen ist, ist dem Träumer oder der Träumerin fast immer spontan klar.

**daneben stehen:** Steht das Traum-Ich neben einer anderen Person, dann ist schon durch den räumlichen Kontakt auch ein emotionaler Kontakt angesprochen. Achten Sie darauf, ob die Person, neben der Sie stehen, größer oder kleiner als Sie ist. Das verweist auf Unter- oder Überlegenheitsgefühle.

**hinter:** Steht das Traum-Ich hinter einer anderen Traumperson, sind grundsätzlich zwei Deutung möglich. Entweder man steht im Schatten dieser Person oder man ist die Person, die aus dem Hintergrund das Verhalten der anderen Person bestimmt. Dem Träumer oder der Träumerin wird spontan klar sein, was hier gemeint ist.

**mittendrin:** Wenn das Traum-Ich sich mitten in einer Menschenmenge befindet, mag das darauf hinweisen, daß der Träumer oder die Träumerin sich mehr in das gesellschaftliche und soziale Leben einmischen sollte. Und wie bei der Deutung aller Traumsymbole kann auch das Gegenteil zutreffen, daß nämlich der Träumer oder die Träumerin sich in gesellschaftlichen Aktivitäten verliert. Das Gefühl, daß man bei diesem Traumbild hat, kann als eindeutiger Schlüssel zur Deutung angesehen werden. Fühlt man sich in der Menge gut, sind gesellschaftliche Aktivitäten angezeigt; fühlt man sich schlecht, würde ich von solchen Aktivitäten abraten.

**oben:** Wenn das Traum-Ich höher als andere Personen steht, dann wird auf die Selbsterhöhung und das Selbstbewußtsein des Träumers oder der Träumerin angespielt, das in vielen Fällen zu hoch oder zu niedrig ist. Steht das Traum-Ich in einer Landschaft oder innerhalb einer Stadt in erhöhter Position, deutet es oftmals auf die Notwendigkeit eines größeren Überblicks hin. Oben bedeutet im Traum auch Bewußtsein oder Intellekt.

**unten:** Diese Position des Traum-Ichs ist entsprechend als geringeres Selbstbewußtsein oder als fehlender Überblick zu deuten. Unten bedeutet im Traum außerdem Triebe, praktische Talente und materielle Notwendigkeiten.

## Verschiedene Personentypen

**Autoritätspersonen:** Sie drükken verinnerlichte Ansprüche, Erwartungen und Normen der Eltern aus. Auf der Objektebene ist Ihre Beziehung zu Vorgesetzten und Untergebenen angesprochen. Wie verhalten Sie sich im Traum den Autoritätspersonen gegenüber? Wie verhalten Sie sich Untergebenen gegenüber?
Alle Autoritätspersonen sind

zunächst auf unsere Erfahrungen mit unserem Vater zurückzuführen. Diese Erfahrungen prägen unbewußt unseren Blick auf Autoritäten. Um diese unbewußten Verhaltensmuster zu erkennen, wird uns unser Verhalten gegenüber Autoritätspersonen im Traum gezeigt.

**Fremde:** Der Fremde symbolisiert stets einen Persönlichkeitsanteil von uns, der uns fremd ist, das heißt, der uns unbewußt ist. Die Charakterisierung des Fremden gibt uns Hinweise, um welchen Anteil es sich handelt. Das sind immer Anteile, die man sich entdecken und entwikkeln sollte. Das Fremde macht uns Angst, aber es lockt auch. Also überwinden Sie Ihre Scheu vor dem Neuen und nehmen Sie es als Möglichkeit an. In der Annahme des Fremden liegt eine große Chance. Nicht zuletzt viele Mythen berichten von Göttern, die als Fremde die Menschen besuchen . . .

**Freunde und Freundinnen:** Mit diesem Symbol werden Eigenschaften ausgedrückt, die Ihnen helfen und guttun. Wenn Sie schauen, wie Sie diese Freunde charakterisieren würden, finden Sie heraus, welche konkreten Eigenschaften gemeint sind.
Freund oder Freundin im Traum personifizieren positive Persönlichkeitsanteile von uns, die wir mehr ausbilden und pflegen sollten. Sie zeigen unsere Fähigkeit oder Notwendigkeit, *freundlich* zu uns zu sein. Es sind die Kräfte, die uns stärken und verwöhnen. Auf der anderen Seite können diese Traumfiguren auch reale Freunde oder tatsächliche Freundinnen bezeichnen. Dann wird die Beziehung zu dieser Person oder zu diesen Personen abgebildet. Mitunter trifft beides zugleich zu; die Deutungen auf der Subjektstufe und auf der Objektstufe schließen sich nicht gegenseitig aus.
Wenn es um ein Liebesverhältnis geht, schauen Sie im Kapitel »Liebe, Lust und Zärtlichkeit« nach. – Geschäftsfreunde finden Sie unter »Beruf und Finanzen«.

**Greis/Greisin:** Die Alten drükken im Traum wie im Märchen unsere innere Weisheit aus. Sie symbolisieren unsere inneren Führer, die uns oft im Traum etwas Wichtiges mitteilen. Die positive Kraft der Erfahrung wird in diesem Traumsymbol betont.
Mit diesem Symbol wird das archetypische Bild der weisen Frau oder des weisen Mannes angesprochen.
Dabei sollten Sie ausschließen, daß dieses Traumbild Sie davor

warnt, »verkalkt« zu werden oder veralteten Emotionen und Einstellungen anzuhängen.
Die Ahnen im Traum spiegeln auch unsere *Ahnungen* wider.

**Hexe:** Die Hexe ist ein ambivalentes Symbol: Auf der einen Seite für den negativen Aspekt des Mütterlichen, der im Dominieren, Verzaubern, Verwünschen, Festhalten und dem (kannibalischen, animistischen) *Verschlingen* besteht. Die Hexe ist auf der anderen Seite auch die weise Frau und weist auf das gleiche Bedeutungsfeld wie die alte Frau und *Greisin* hin. Träumt eine Frau von der Hexe ist oft ihre weibliche Identität und ihre weibliche Weisheit angesprochen. Träumt ein Mann von einer Hexe, sollte er sich um seine Einstellung und sein reales Verhalten der Weiblichkeit gegenüber kümmern.

**Historische Persönlichkeiten:** Diese personifizieren erträumte Eigenschaften des Träumers. Falls Sie nur wenig über diese Person wissen, schauen Sie im Lexikon die Eigenschaften dieser Persönlichkeit nach. Versuchen Sie sich ein Bild von dieser Person zu machen, und charakterisieren Sie diese dann mit zwei oder drei Worten. Wie trifft diese Charakteristik auf Sie zu? Was hat diese Person getan, das Sie auch gerne tun würden – oder vor dem Sie sich fürchten?

**Nachbarn:** Der Nachbar oder die Nachbarin drücken Nähe aus. Es stellt sich die Frage, ob man sich im Traum mit ihnen versteht oder nicht. Sie stellen hilfreiche oder hinderliche Eigenschaften von uns dar. Außerdem personifizieren sie den oder die *Nächsten* und das Naheliegende!

**Verwandte:** Das sind entweder Ihnen verwandte Eigenschaften oder/und Ihre Beziehungen zu tatsächlich existierenden Verwandten. Es treten nahe und ferne Verwandte als Traumsymbole auf, wobei die nahen Verwandten auch nahestehende Eigenschaften ansprechen, hingegen ferne Verwandte solche Energien, die Ihnen ferner stehen – die Ihnen im Grunde schon fast abhanden gekommen sind. Um diese Eigenschaften sollten Sie sich besonders bemühen, indem Sie sie – ganz nach ihrer Thematik – wieder zu integrieren oder aber endgültig abzulegen versuchen. Wegen dieser besonderen Aufgabe macht der Traum auch auf sie aufmerksam.
***Geschwister:*** Der Bruder symbolisiert für den Mann seine andere Seite, die ihm oftmals

selbst unbekannt ist (alter ego, das zweite oder andere Ich). Die Schwester symbolisiert das gleiche für die Frau. Geschwister symbolisieren ferner Eigenschaften, die wir *stellvertretend* von anderen Menschen leben lassen. Zum Beispiel träumt die Karrierefrau von ihrer mütterlichen Schwester, der Aussteiger träumt von seinem Bruder, der große Erfolge aufweisen kann. Geschwister verweisen auf ungelebte Seiten in uns, die uns aber gar nicht so fern stehen, wie wir oft denken.

***Eltern:*** Zum einen werden mit Vater und Mutter unsere männliche und weibliche Seite, wie auch unsere väterliche und mütterliche Seite angesprochen. Zugleich spielen bei diesen Traumsymbolen die Elternbeziehungen des Träumers oder der Träumerin eine wichtige Rolle. Eltern sind meist auch unter dem Aspekt »Autoritätspersonen« zu sehen. Sie sind diejenigen, die unser Bild vom Leben prägten. Speziell symbolisieren Sie auch Schutz, Geborgenheit und Sicherheit – als erlebte oder aber als verhinderte Erfahrungen. Um allerdings das Elternsymbol konkret und im Detail deuten zu können, kommt es darauf an, die Eigenschaften der tatsächlichen Eltern und der »Traumeltern« in Bezug zu setzen – und dann auf sich selbst zu beziehen und als Ausdruck eigener Talente, Begabungen und Aufgaben zu verstehen.

***Kinder:*** Sie symbolisieren sehr häufig Möglichkeiten, die entwickelt werden möchten. Natürlich können Sie unsere Beziehung zu eigenen oder fremden Kindern symbolisieren. Oder zum *inneren Kind*. So wird mit diesem Traumsymbol Ihre spielerische und unbekümmerte Seite angesprochen, vielleicht auch ein noch sehr zartes Pflänzchen, hoffnungsträchtig und hilfsbedürftig, das in Ihnen zu keimen beginnt.

Es ist zu beachten, ob die Traum-Kinder alt oder jung sind, ob sie noch zu Hause wohnen oder zu Besuch kommen. Junge Kinder drücken vor allem neue Möglichkeiten aus, ältere Kinder dagegen speziellere Themen wie Pubertät, Liebe, Schule, Lehre und die zugehörigen Erfahrungen mit ihren Hoffnungen und Ängsten ... Leben die Kinder noch zu Hause, sind die von ihnen symbolisierten Möglichkeiten leichter umzusetzen, als wenn die Kinder nur zu Besuch kommen. Hier mag der Traum eine/n darauf hinweisen, daß sich Möglichkeiten zeigen, für die man offen sein sollte.

Diese allgemeinen Symboldeutungen geben Ihnen Richtungen

und Hinweise, was bei einer bestimmten Traumperson zu bedenken ist. Es ist immer wichtig, daß der Träumer oder die Träumerin die persönlichen Assoziationen in dieses Schema einbringt.

## Körperteile

Alle Körperteile, die im Traum besonders hervorgehoben sind, sind symbolisch zu betrachten. Sie verbildlichen häufig Eigenschaften, die Ihnen sehr nahe stehen, die unmittelbar mit Ihnen verbunden sind. Wenn zum Beispiel Körperteile abgeschnitten oder verletzt werden, deutet das darauf hin, daß Sie sich selbst wichtige Eigenschaften versagen oder loswerden wollen.

**Kopf:** Der Kopf deutet im Traum auf die Funktion des Bewußtseins und damit auch auf den Intellekt hin. In einigen Fällen symbolisiert er das Ich-Bewußtsein.

*Augen:* Die Augen sind die Fenster der Seele, so sagt man. Durch die Augen werden ehrliche Gefühle vermittelt. Träumt man von Augen, kann das zum einen bedeuten, daß man genauer seine Mitmenschen und seine Umwelt betrachten sollte, zum anderen, daß man ehrlicher seine Gefühle zeigen sollte. Freud sah die Augen auf Grund ihrer Form als ein vaginales Symbol an. In verschiedenen Religionen stellt das Auge ein Symbol für Gott und besonders für einen Vatergott dar.

*Gesicht:* Es ist der Ausdruck des Traum-Gesichts wichtig. Kennen Sie dieses Gesicht? Aus welchem Zusammenhang und aus welcher Zeit? In Ihnen unbekannten Gesichtern sehen Sie Ihre verdrängten oder noch unbekannten Eigenschaften.

*Haare:* Die Haare sind ein bekanntes Sexualsymbol. Mit dem Abschneiden der Haare verlieren Mann oder Frau wie im Mythos ihre sexuelle Kraft. Das Haar kann binden. So warnen islamische Geschichten immer wieder vor dem Frauenhaar, das stärker bindet als tausend Verträge. Damit ist die Faszination und die Verführung angesprochen. In bezug auf die Haarfarbe arbeitet der Traum mit starken Kontrasten: Die blonden Menschen sind gut, die Schwarzhaarigen gefährlich. Locken können den Träumer zu einer Torheit verlocken und auf das Narrenhafte verweisen.

*Hals:* Der Hals stellt die Verbindung zwischen dem Rumpf und dem Kopf dar. Gefühl und

Intellekt sollen verbunden werden. Durch seine wichtige Funktion, die er bei der Atmung und beim Sprechen besitzt, deutet er auf das Freiheitsbedürfnis des Träumers oder der Träumerin sowie auf die Fähigkeit, sich auszudrücken und zu erklären.

*Mund:* Der Mund symbolisiert die menschliche Kommunikation, nach Freud stellt er auch einen Hinweis auf die Schamlippen der Frau dar. Meiner Erfahrung nach sollten Sie bewußter kommunizieren, wenn Ihnen im Traum ein Mund auffällt. Außerdem kann der Mund die Erotik symbolisieren.

*Nase:* Die Nase weist häufig auf den »richtigen Riecher« hin. Volkstümlich ein Phallussymbol.

*Ohren:* Die Ohren verweisen auf das Hören. Können Sie gut zuhören und sich auf andere einstellen? Es geht auch um Gehorsam und das Gehörige, um Verständnis und Selbstverständnis.

*Zähne:* Hinweis auf den »Biß« und die Bissigkeit. Zähne symbolisieren Vitalität, Geliebte, Kinder oder Geschlechtsorgane. Auch das Raubtierhafte und Reißerische sind zu beachten.

*Zunge:* Die Zunge ist ein weitverbreitetes erotisches Symbol. Außerdem eine Droh- oder Abwehrgebärde, wenn Sie demonstrativ herausgestreckt wird. Nicht zuletzt ein Symbol des Geschmacksinns und der Auswahl der persönlichen Vorlieben.

**Rumpf:** Wird der Rumpf im Traum betont, so achten Sie darauf, ob er dick oder dünn dargestellt wird. Welches Verhältnis besitzen Sie zu Ihrem Körper? Wie empfinden Sie Ihren Körper bzw. den oder die Körper der anderen im Traum?

*Brust:* Hier kommt es grundsätzlich darauf an, ob es sich um eine weibliche oder männliche Brust handelt. Die weibliche Brust hängt oftmals mit den regressiven Wünschen nach Verschmelzung zusammen. Auf der Oberfläche mag sich dieser Wunsch besonders im Männertraum sexuell geben.

Frauen, die öfters von Brüsten träumen, hegen oft einen unbewußten Wunsch nach einem Kind. Die männliche Brust hängt mit Stärke zusammen. Wir sprechen von der »Heldenbrust«. Träumen Frauen von der männlichen Brust, verweist das ebenfalls auf regressive Wünsche, die sich oberflächlich sexuell geben. Männer träumen von der Brust, wenn sie mehr Stärke zeigen sollten. Frauen träumen von der Männerbrust bei einem großen Anlehnungsbedürfnis.

*Schultern:* Kraft, Stärke, Vorfahren und Nachfahren (auf den Schultern von jemandem stehen), etwas schultern, sich bereit machen und einspannen.

*Rippen:* Die Rippen und speziell eine Rippe läßt uns an den christlichen Mythos von der Erschaffung der Frau denken. Im übertragenen Sinn ist damit ausgedrückt, daß der Mann etwas opfern muß, um sich der Weiblichkeit verbinden zu können. Dieses freiwillige Opfer ist bewußtseinsbildend. – Auch Symbol der Atmung und ihres Schutzes. – Ein »Gerippe« betont die reine, leblose oder abstrakte Struktur.

*Bauch:* Mitte des Leibes, »hält Kopf und Füße zusammen«. Magen, Gaumen, Verdauung, Sammlung des Heruntergeschluckten. Lust, Trieb, Abschirmung des Genitalen.

*Nabel:* Zentrierung: Egozentrik oder Weg in die Mitte?! Mutterbindung, Abnabelungsprozesse jeder Art.

*Geschlechtsorgane:* Die Geschlechtsorgane verweisen nur oberflächlich auf die Sexualität. Dahinter verbirgt sich der Wunsch nach Vereinigung mit seiner gegengeschlechtlichen Seite oder überhaupt mit dem eigenen Geschlecht und der eigenen Geschlechtlichkeit. Auch Geschlechtsverkehr im Traum verdeutlicht meistens entsprechende Sehnsüchte oder Ängste. Fassen Sie Mut, sich diese einzugestehen!
Sieht man die eigenen Geschlechtsorgane im Traum – was viel seltener vorkommt –, dann sollte man bewußter seine Sexualität pflegen.-

*Rücken:* Sehen Sie eine Person im Traum nur von hinten, drückt dies Heimlichkeiten, Opposition oder Distanz aus. Den eigenen Rücken sehen Sie nur selten. Er verweist auf Ihre Schattenseiten. Wenn Sie diesen im Traum begegnen, ist dies ein großes Glück, weil der Schatten nun nicht mehr *hinterrücks* wirkt.

*Po:* Der »Allerwerteste«, liefert beliebte Schimpfwörter und stellt vor allem einen wichtigen Tabu-Bereich dar. Annahme des Analen und Auseinandersetzung mit diesen anderen und unbekannten Seiten sind angezeigt.

**Glieder:** Mit unseren Gliedern bewegen wir uns in die Welt hinaus und können etwas behandeln, begehen usw. So symbolisieren sie auch im Traum unsere Fähigkeit, etwas in der Außenwelt zu bewirken.

*Bein:* Füße und Beine verweisen immer auf die Erdung, aber auch auf die Fortbewegung aus eigener Kraft. Werden an einer Traumperson die Füße oder

Beine besonders hervorgehoben, dann sollte der Träumer seine Erdung betrachten und sich fragen, ob er auf eigenen Füßen steht und geht, welches seine Grundlagen und Grundwerte sind.

***Finger:*** Mit den Fingern und der Hand greifen wir zu, packen wir etwas an und so deutet dieses Traumsymbol auf anliegende Aktivitäten hin. Natürlich muß die Gestik der Finger berücksichtigt werden, ob der Finger beispielsweise auf etwas hindeutet oder die Finger zur Faust geschlossen sind.

***Fuß:*** Der Fuß besitzt weitgehend die gleiche Bedeutung wie das Bein (siehe »Bein« in dieser Liste). Allerdings scheint mir hier der Aspekt der Erdung noch betonter als beim Traumsymbol »Bein«.

***Hand:*** Die Hand verdeutlicht im Traum, ob und wie wir etwas behandeln, begreifen und erfassen! Oft ein Symbol für die Fähigkeit und die Aufgabe, selber etwas anzufangen (in die Hand zu nehmen). Gibt die Hand oder nimmt sie? Ist sie offen oder geschlossen? Sehen die Hände gepflegt oder rauh aus?

## Tätigkeiten

Zur weiteren Orientierung folgt eine Liste mit Tätigkeitssymbolen, die mit den Traumpersonen und deren Aktivitäten zusammenhängen (siehe auch das Kapitel »Abenteuer und Gipfelerlebnisse«, dort finden Sie weitere Tätigkeiten angeführt).

**aufstehen:** Ist es in einem Traum wichtig, daß eine Person aufsteht, dann ist dies oft ein Hinweis darauf, daß man etwas tun sollte. Man wird durch dieses Traumbild aufgefordert, aktiv zu sein und in die Welt hinauszugehen. Diese Traumsituation tritt oftmals auf, wenn man zu passiv sein Leben verbringt. Es geht buchstäblich um etwas »Erhebliches«.

**baden:** Eine Person, die badet, reinigt sich von ihren Gefühlen oder in ihren Gefühlen. Sie macht direkten Kontakt mit dem klaren Wasser, das das reine Gefühl symbolisiert. Jeder Kontakt einer Traumperson mit dem Wasser weist auf deren Gefühlsseite hin (siehe auch »schwimmen«). Möglicherweise aber auch ein Zeichen für Überdruß und Fluchtgefühle.

**begrüßen:** Jemanden zu begrüßen heißt Kontakt aufzunehmen. Bei dieser Traumsituation ist besonders zu beachten, wen man begrüßt und wie diese Begrüßung abläuft.

**essen:** Essen ist eine Einverleibung. Man nimmt etwas in sich auf, das man auch verdauen muß. Achten Sie darauf, was sie alles in sich hineinnehmen – das ist auch stets im übertragenen Sinn zu sehen. Dieses Traumsituation tritt häufig auf, wenn man unbedacht und unbewußt Impulse seiner Umwelt aufnimmt. Es ist wichtig für die eigene Persönlichkeitsentwicklung, sich bewußt zu ernähren – in jeder Hinsicht: sei es nun emotional, intellektuell oder physisch.

**gehen:** Beim Gehen begibt man sich aus eigener Kraft auf ein Ziel hin. Macht das Gehen Spaß oder ist es schwierig? Wohin gehen Sie, woher kommen Sie? Das alles hat eine symbolische Bedeutung. Vgl. oben »Bein« und »Fuß«.

**hüpfen:** Hüpfen hängt mit Kindlichkeit, Unbeschwertheit und Spiel zusammen. Mit dieser Traumsituation meldet sich Ihr inneres Kind zu Wort. Geben Sie ihm genug Lebensraum? – Auch: Suche nach Loslösung; gefundene (Er-) Lösung; gelegentlich ist hier »der Boden zu heiß unter den Füßen«, wie bei Tennesse Williams' »Katze auf dem heißen Blechdach«.

**lachen:** Drückt Entspannung und Freude aus. Eine Situation, in der gelacht wird, mag Sie desweiteren darauf aufmerksam machen, daß Sie zu ernst durchs Leben gehen.

**laufen:** Mit dem Laufen möchten Sie schnell aus eigenen Kräften zum Ziel kommen. Üben Sie mehr Geduld.

**schwimmen:** Schwimmen heißt, mit seinen Gefühlen im Kontakt zu sein. Wie Sie sich beim Schwimmen fühlen, gibt die Qualität dieses Kontaktes an.

**sich setzen:** Halten Sie zuerst einmal inne und lassen Sie Ihre Gefühle setzen. Ruhe und Besonnenheit ist angesagt. Auch: Angst vor einem Sitzenbleiben!

**sich verspäten:** Durch die Verspätung kommt es im Traum fast immer zu unangenehmen Verwicklungen. Seien Sie schneller und achten Sie mehr auf die Zeit. Übrigens: Auf welche Zeit? Im Traum existieren oft mehrere Zeiten zugleich . . .

**singen:** Wenn man im Traum singt, weist das wie im Alltagsleben auf Frohsinn und Glück hin.

**spielen:** Fällt Ihnen eine solche Traumsituation auf, dann nehmen Sie das als einen Hinweis, spielerischer durchs Leben zu gehen. Oder gehen Sie zu spielerisch durchs Leben und können nichts ernst nehmen? Spielen heißt auch, seine Menschlichkeit zu leben. Spielt jemand mit Ihnen ein Spiel? Oder Sie mit anderen? Haben Sie Angst, etwas zu verlieren (zu verspielen)?

**springen:** Durch Springen überwinden Sie ein Hindernis und kommen auf die andere Seite, die für neue Möglichkeiten steht. Mit Springen kommen Sie schnell vorwärts, weil Sie sich voll einsetzen. Außerdem überwindet man mit dem Springen die Schwere und somit wird hier die Leichtigkeit angesprochen. Vgl. oben »hüpfen«.

**stöhnen** (auch seufzen): Stöhnen und seufzen ist eine Form, Spannungen loszulassen. Wenn im Traum gestöhnt oder geseufzt wird, dann weist das oft den Träumer darauf hin, daß er Methoden braucht, um seine inneren Spannungen abzubauen. Oder haben Freunde, Bekannte oder andere Mitmenschen Sorgen und Wünsche, um die Sie sich mehr kümmern sollten?

**weinen:** Es gibt einige Träumer, die sich sehr häufig im Traum weinen sehen, andere träumen niemals vom Weinen. Weinen im Traum deutet darauf hin, daß man seine Gefühle fließen läßt oder Trauer, Wut und Schmerz ausdrücken sollte. Weinen ist eine Form der Reinigung seiner Gefühle. Manchmal jedoch ein Zeichen des Festhaltens an *überlebten* Einstellungen oder Erwartungen.

## Kleidung

Die Kleidung verhüllt oder entblößt den Körper. Sie betont Status ihres Trägers. Wie Sie im folgenden sehen werden, kommt es auf die Art der Kleidung an. Es ist ferner wichtig zu beachten, welchen Körperteil sie bedeckt. Der Stoff, die Funktion und der Preis der entsprechenden Kleidung ist stets symbolisch zu deuten.
Seidenstoffe verweisen auf Eleganz und auf etwas Wertvolles, Leinen hängt eher mit Natürlichkeit zusammen, Samt wird wie teilweise auch Seide mit Verführung assoziiert. Gerade bei der Kleidung ist die Farbsymbolik zu beachten.

**Abendkleidung:** Die Abendkleidung drückt aus, daß etwas Wichtiges, Feierliches anliegt. Mit dieser Kleidung ehrt man

den Anlaß. Die exklusive Abendkleidung kann auch die Hoffnung auf den Aufstieg verdeutlichen. Fragen Sie sich, zu welchem Anlaß Sie die Abendkleidung tragen.
Abendkleidung ist auch die Kleidung der Dunkelheit. Verkleiden sich so Ihre dunklen Seiten?

**Anzug:** Die Symbolik des Anzugs richtet sich danach, wie elegant der Anzug ist und welche Farbe er hat. Der kürzlich verstorbene deutsche Dichter Michael Ende charakterisierte in seinem Buch »Momo« eine starre, lebensfeindliche und konservative Tendenz mit den Männern in den grauen Anzügen. Das Traumsymbol Anzug verweist auf eine konventionelle Einstellung, meistens auf Starrheit und fehlende Beweglichkeit. Das innere Kind ist abgestorben oder tief verdrängt, wenn man sich als Träumer oder Träumerin selbst im Anzug sieht. – Daneben geht es um ein Machtsymbol – mit den möglichen Attributen von Arroganz, Perfektheitsanspruch oder Faszination des Unpersönlichen.

**Arbeitskleidung:** Die Arbeitskleidung weist auf anstehende Arbeit und eventuell auf zu erwartende Mühen hin. Für welche Arbeit sind Sie oder die entsprechende Person im Traum gekleidet?
Wichtig ist der Aspekt, daß man sich mit der Arbeitskleidung dreckig machen darf. Wenn man etwas tut, dann beschmutzt man sich auch meistens. Aber man kann sich vor diesem Schmutz schützen.

**Badeanzug und Badehose:** Beim Badeanzug und der Badehose ist besonders auf deren Schnitt zu achten. Er drückt aus, mit welcher erotischen Selbstdarstellung ihre Trägerin oder ihr Träger charakterisiert ist. Achten Sie genau darauf, was der Badeanzug und die Badehose verhüllen und was sie nicht verhüllen. Ferner sollte man auch immer dieses Traumsymbol als Sehnsucht nach direkten Gefühlskontakt deuten.

**Bademantel:** Der Bademantel symbolisiert bekanntlich die Reinigung. Wie beim Badeanzug und der Badehose schwingt bei ihm auch das Erotische mit. Auch beim Bademantel ist zu beachten, was er verhüllt und was er enthüllt.

**einengende Kleidung:** Einengende Kleidung verbildlicht einengende (gesellschaftliche) Aufgaben. Durch seine Rolle im öffentlichen und sozialen Leben fühlt man sich eingeengt.

**erotische Kleidung:** Die erotische Kleidung signalisiert die Lust an der Inszenierung in der Erotik, die Sehnsucht oder die Abwehr im Zusammenhang mit direkten Berührungen ... Sollten Sie sich trauen, Ihre Erotik deutlicher zu zeigen und zu pflegen, oder ist Ihr Leben zu erotisiert?

**Hauskleidung:** Die Hauskleidung verweist auf Feierabend und Bequemlichkeit. Sollten Sie früher Feierabend machen, oder sind Sie zu bequem?

**Hemd:** Die symbolische Bedeutung des Hemdes hängt weitgehend von dessen Farbe, dessen Muster und dessen Zustand ab. Das letzte Hemd ist sprichwörtlich und deutet an, daß das Hemd für etwas Naheliegendes und eigentlich Unverzichtbares stehen kann.

**Hose:** Die Hose stellt die Verhüllung des Geschlechts dar und verweist auf unsere Einstellung zu unserem Körper und unserer Sexualität. Enge Hosen symbolisieren eine Einengung im körperlichen Bereich, können aber auch im Gegenteil dazu als Symbol für Sexualbejahung und Freude am eigenen Körper angesehen werden.
Die Hose spielte eine große Rolle in der weiblichen Emanzipation. Anklänge daran und ebenso an Beziehungs- oder Ehe-Rivalitäten (»die Hosen anhaben«) sind in der Deutung zu berücksichtigen.

**Hut:** Der Hut hat mit dem Kopf zu tun. Er stellt die Verlängerung des Geistes oder aber die Vergrößerung des Ego dar. Laut Freud ein Phallussymbol. – Gibt es Dinge oder Ereignisse, vor denen Sie »auf der Hut« waren oder sind? Hüten Sie etwas, brüten Sie etwas in Ihrem Kopf aus?

**Jacke:** Ähnlich wie der Mantel verhüllt und schützt die Jacke. Allerdings ist die Verhüllung und der Schutz nicht so vollständig, da man mit ihr nur den Oberkörper bedeckt. Symbolisch bedeutet das, daß man sein Herz und somit seine Gefühle schützt und versteckt. Dieses Traumsymbol tritt oftmals dann auf, wenn man Angst vor emotionalen Verletzungen hat.

**Kleid:** Symbol der Fraulichkeit und Weiblichkeit. Die Art und der Zustand des Kleides verbildlicht nicht nur im Traum die Stellung und den Zustand der entsprechenden Traumperson.

**Mantel:** Der Mantel verhüllt und deutet damit auf ein Geheimnis hin. Desweiteren besitzt er eine Schutzfunktion gegen die Kälte, die im Traum als Gefühlskälte zu sehen ist, oder gegen den Regen, der im Traum das über einen hereinbrechende Gefühl symbolisiert.

**Pullover:** Der Pullover wärmt und drückt damit ein Bedürfnis nach emotionaler Wärme aus.

**Rock:** Der Rock hängt wie die Hose mit dem Geschlecht zusammen. Bei der Traumdeutung ist auf die Rocklänge zu achten, wobei man allgemein sagen kann: Je kürzer der Rock, desto deutlicher der »Saum«. Haben Sie Angst, etwas zu versäumen? Wo und wie fürchten Sie, zu kurz zu kommen?

**Schal:** Der Schal kann erwürgen und auch wärmen. In beiden Bedeutungen tritt er als Traumbild auf.

**schlampige Kleidung:** Unkorrekte Kleidung mag zum einen auf Lässigkeit und Unkonventionalität hindeuten, zum anderen aber auch auf fehlende Achtsamkeit. Schlampige Kleidung des Traum-Ich will dem Träumer sagen, daß er mehr Sorgfalt auf sein Ansehen und Aussehen legen sollte. Das ist besonders der Fall, wenn einem diese Kleidung peinlich ist.

**schmutzige Kleidung:** Die schmutzige Kleidung kann in ähnlicher Bedeutung wie die schlampige Kleidung auftreten, indem sie den Träumer zu mehr Sorgfalt bei seiner Erscheinung anhält. Schmutzige ist wie die schlampige Kleidung einem häufig peinlich. Auf der anderen Seite mag dieses Traumsymbol auch darauf hinzielen, daß man mehr arbeiten oder sich im Leben mehr bemühen sollte. Schmutzige und schlampige Kleidung im Traum verweisen häufig auf fehlende oder übertriebene Disziplin.

**Sport- und Freizeitkleidung:** Sport- oder Freizeitkleidung mag ein Hinweis darauf sein, daß Sie sich mehr Zeit für sich nehmen und sportlich betätigen sollten. Auch: Wunsch nach und Angst vor gesellschaftlicher Anerkennung und sinnvollen Normen.

**unpassende Kleidung:** Sie fühlen sich in Ihrer jetzigen Situation fehl am Platz. Vielleicht sollten Sie sich besser in Ihr soziales Umfeld integrieren oder entsprechende Persönlichkeitsanteile besser in Ihre Gesamtpersönlichkeit aufnehmen.

**Unterwäsche:** Die Unterwäsche hängt mit der Einstellung zu Sexualität, Intimität und Körperlichkeit zusammen. Erotische Unterwäsche, die häufig als Traumsymbol auftritt, zeigt an, daß man seinen sexuellen Ausdruck kultivieren sollte. Schlampige oder schmutzige Unterwäsche deutet auf Ablehnung der Sexualität des Träumers oder Träumerin hin. Besonders in bezug auf die Unterwäsche ist die Farbsymbolik äußerst wichtig. So verweist weiße Unterwäsche auf Reinheit und Jungfräulichkeit, wohingegen rote und schwarze Unterwäsche die Verführung symbolisiert – auch wenn dies mehr ein Klischee ist . . .

**Handschuhe:** Die Handschuhe verdecken die Hände. Man will mit etwas nicht direkt in die Hand nehmen, das heißt, nicht direkt oder selbst begreifen, anfassen oder bewegen. Die behandschuhte Hand deutet ein indirektes Zufassen an. Dieses Traumbild regt einen entweder an, vorsichtiger zu sein und nicht alles direkt zu berühren, oder es bedeutet umgekehrt, daß man zu vorsichtig ist und in den direkten Kontakt gehen sollte. Der Handschuh auch auf Streit hindeuten – ich erinnere nur an den Fehdehandschuh. Andererseits steht er auch für Faulheit: Man will sich »nicht die Finger schmutzig machen«.

**Schuhe:** Die Schuhe sind ein Symbol für unsere Erdung. Versuchen Sie sich zu erinnern, um welche Art von Schuhen es sich handelt. Das mag Ihnen Hinweise geben, wie Sie sich am besten erden können. Es ist symbolisch bedeutsam, ob die Schuhe dreckig oder sauber sind. – Traditionell stellen die Schuhe ein Machtsymbol dar (»unter dem Pantoffel stehen«) und weibliches Sexualsymbol. Außerdem Zeichen der Entfremdung von der Natur oder der Befreiung aus rohen und rauen Naturgrundlagen.

**Socken:** Socken deuten auf die Erdung des Träumers oder der Träumerin. Sind die Socken sauber oder dreckig, weisen Sie Löcher auf? Socken mit Löcher zeigen eine Unsicherheit in der Erdung an, die sich unter anderem in einem unorganisierten Alltagsleben zeigt. Sie können auch auf Armut verweisen. – Wie bei den Stichwörtern »hüpfen« oder »springen« stellt sich hier die Frage: Sind Sie »von den Socken«? – Beachten Sie auch: Achillesferse, Sprungkraft, Standfestigkeit . . .

**Strümpfe:** Strümpfe verweisen zum einen auf die Füße und Themen wie Erdung, Grundwerte, Verankerung usw., zum anderen schwingt bei diesem

Traumsymbol eine erotische Bedeutung mit, wenn vor allem das Bein betont wird.

## Schattengestalten

Wie äußern sich das Abgelehnte und das Unbekannte im Traum? Zum Abschluß dieses Abschnitts über die Personen im Traum muß unbedingt der Schatten erwähnt werden. Alle Personen und deren Tätigkeiten und Gefühlsäußerungen, die Sie ablehnen oder als bedrohlich empfinden, können als sogenannte Schattenprojektion im Sinne Carl Gustav Jungs angesehen werden.

Der Schatten läßt uns das sehen, was wir an uns nicht leiden können, selbst wenn es sich dabei um verborgene Chancen und Talente handelt. Da diese unsere Eigenschaften so stark von unserem Selbstbild abweichen, sehen wir sie in andere Menschen hinein. Wenn wir beispielsweise von uns das Bild eines gelassenen, sanftmütigen Menschen haben und wir werden aggressiv, dann stellt es sich uns dar, als ob unsere Kontrahenten und nicht wir selbst aggressiv seien. Der Schatten läßt uns im anderen unser wahres Wesen erkennen. Da wir den Schatten nicht an uns bemerken – psychologisch ausgedrückt wird er projiziert –, tritt er im Traum in Aktion, da unser Bewußtsein dort keine direkte Kontrolle ausübt. Er generiert Bilder, die von unserer abgelehnten Seite gespeist werden. Alle diejenigen Wesen im Traum, vor denen wir Angst haben und/oder die wir besonders intensiv begehren, stellen Aspekte unseres Schattens dar. Die dunkle Figur, die Lichtgestalt, die unmoralische Person, der oder die Heilige, der Verfolger und Bedroher, das Ungeheuer und Monster, Räuber, wilde Tiere, Doppelgänger, Spiegel, unheimliche und besonders verlockende Situationen im Traum sind beispielsweise Bilder für unsere unbewußte oder Schatten-Seite. Und da wir ihr gegenüber oft blind sind, geht der Traum bisweilen sehr drastisch und übertreibend vor. Anders werden wir nicht aufmerksam. Wenn uns im Traum beispielsweise ein grausamer Mann verfolgt, dann stellt er ein Bild für unsere grausame und gierige Seite dar, die wir uns nicht trauen, anzusehen. Oder dieser grausame Mensch symbolisiert unsere viel zu große Toleranz gegenüber den tatsächlich bestehenden Grausamkeiten in der Welt – und im eigenen Leben! Er fordert in diesem Fall zu einer besseren Abwehr

und Ablehung des Unsäglichen auf.
Der Schatten ist das abgelehnte Andere in uns, das erlöst werden möchte, damit wir ganz werden.

**Ungeheuer:** Diese treten oft in Erscheinung, wenn Mutter oder Vater abgelehnt werden oder die Notwendigkeit der Ablösung besteht.

**Schreckensszenen:** Alles das, was im Leben unbewußt bleibt, treffen wir im Traum wieder. Im Traum begegnet uns das, wovor wir am Tag die Augen schließen. Das Abgelehnte und das Unbekannte können sich auch in Situationen äußern, in denen wir uns eingeschlossen und gefangen fühlen. Bilder vom Gefängnis, von Zellen und kleinen Räumen, in denen sich der Träumer unwohl fühlt, treten in diesem Zusammenhang häufig auf. Es wird von Träumern von einem Gefühl der Klaustrophobie (die Angst vor geschlossenen Räumen) berichtet. Das kann im Fahrstuhl, in einem Zelt oder einem Zimmer auftreten.

**Peinlichkeiten:** Typisch ist die Traumsituation, in der man nackt auf der Straße oder auf einer Party steht und viele Menschen einen anstieren. In solchen Situationen zeigt sich eine meist tief verdrängte Ablehnung der eigenen Körperlichkeit. Die klassische Tiefenpsychologie spricht hier von einer Manifestation des Minderwertigkeitsgefühls. Man traut sozusagen den eigenen Reizen nicht, das heißt auch, daß man sich nicht attraktiv findet. Das will man natürlich im Wachbewußtsein nicht wahrhaben. Diese Ablehnung des eigenen Körpers ist besonders bei Frauen auf Grund ihrer Sozialisation relativ häufig und deswegen tritt diese Traumsituation auch so häufig auf.

**Maske:** Außerdem sagt dieselbe Traumsituaton, daß man sich selbst und anderen gegenüber ehrlicher sein soll. Man soll sich zeigen, wie man ist und sich nicht hinter seinen Kleidern, die den Status symbolisieren, verstecken. Man soll, um mit Jung zu reden, seine *Persona* ablegen. Die »Persona« ist unser »professionelles« Gesicht, die Charaktermaske, die wir der Umwelt präsentieren. Wir meinen fälschlicherweise, mit unserer Maske geschützter durchs Leben gehen zu können. Wir vertrauen unserem wahren Gesicht nicht – lehnen es ab.

**Andere Persönlichkeitszustände im Traum:** Es gibt auch

andere Formen, in denen sich das Abgelehnte im Traum äußern kann. Zum Beispiel träumen nicht selten alte und kranke Menschen, daß sie fliegen können. Das ist die Flucht aus der Körperlichkeit und somit aus dem Leiden heraus. Die im Leben abhanden gekommene Leichtigkeit wird im Traum noch einmal erlebt. Bei jüngeren und gesunden Mensch weist oft der Flugtraum auf einen Überblick hin, den man sich verschaffen sollte und den man zur Zeit nicht besitzt. Flugträume können allerdings auch ein Hinweis darauf sein, daß man zu leicht abhebt, indem man sich in Theorien versteigt und das praktische Leben vernachlässigt. (Zur sexuellen Bedeutung der Flugträume siehe das Kapitel »Liebe, Lust und Zärtlichkeit«.)
Häufig manifestiert sich der Schatten im Traum in folgenden Symbolen:

**Bestien:** Die Bestie symbolisiert die tierische Seite unseres Schattens, die, da sie nicht angenommen wird, sich uns gegenüber zerstörerisch verhält. Mit diesem Symbol wird der Blick auf den Umgang mit den Trieben gelenkt.

**häßliche Menschen:** Alle Menschen, die vom Träumer oder der Träumerin als häßlich und ekelhaft empfunden werden, stellen unsere Schattenseite dar. Versuchen Sie konkret zu beschreiben, was Sie an dieser Person als häßlich empfinden. Deuten Sie das symbolisch. Eine besonders starke Verdrängung des Schattens liegt vor, wenn Sie sich selbst als häßlich und ekelhaft im Traum empfinden. Möglicherweise gibt es wichtige Einstellungen und Ereignisse, die Sie zu bereinigen, zu ändern oder wiedergutzumachen haben.

**Mörder:** Das Symbol des Mörders verweist auf die mörderische Seite des verdrängten Schattens. Es mag auch auf Ihre Aggressionen hindeuten. In manchen Situationen möchte man einfach andere Menschen umbringen. Im Traum kann das als positives Zeichen verstanden werden, wenn es einen schon längst überfälligen Abschied dokumentiert; es kann jedoch als negativ gedeutet werden, wenn es die Unfähigkeit ausdrückt, sich mit anderen (und letztlich mit sich) auseinanderzusetzen.

**Monster:** Monster wie Frankenstein, Golem und ähnliche Symbole oder tierische Monster zeigen an, daß Ihr Schatten übermächtig geworden ist. Was macht dieses Monster? Woran erinnert es Sie spontan? Vielleicht sind Sie auch zu gutgläubig?

**Räuber:** Der Räuber tritt grundsätzlich in zweierlei Bedeutungen im Traum auf: Einmal ist er der romantische Räuber à la Robin Hood oder Schinderhannes, der die Freiheit verkörpert, zum anderen ist er der hinterlistige und gefährliche Räuber, der den »Vampir« verkörpert, der Ihnen Energie raubt. Es wichtig darauf zu achten, was der Räuber konkret raubt. Das symbolisiert die Eigenschaft, die bei Ihnen im Schattenbereich liegt.

**Schwarzes:** Erstaunlicherweise verbildlicht nicht nur für die Weißen eine schwarze Person den Schatten. Ursprünglich war die schwarze Farbe den weiblichen Mysterien verbunden, da alles Leben aus der Dunkelheit entspringt. Beim Vordringen des Patriarchats wurde das Schwarze jedoch dämonisiert und das den Geist symbolisierende Weiße verherrlicht. Tritt im Traum eine schwarze Person auf, vor der wir uns fürchten oder ekeln, dann verweist das unter anderem auf die Ablehnung unserer weiblichen Seite. Zugleich wird auch darauf verwiesen, daß ein Mangel an Bewußtheit besteht. Um den verdrängten Schatten genauer bestimmen zu können, muß die schwarze Person genau charakterisiert werden.

**Vergewaltiger:** Bei diesem Traumsymbol liegt die Beziehung zum anderen Geschlecht tief verdrängt im Schatten. Holen Sie sich Hilfe. Kümmern Sie sich um Hilfsbedürftige.

**wilde Tiere:** Verdeutlichen ähnlich wie Bestien unsere triebhafte Seite, die wir ablehnen und nur im anderen erfahren.
Das Abgelehnte äußert sich beständig im Traum, bis man es wahrnimmt. Steckt man in einem Problem, sind die Traumszenen häufig als Variationen auf ein Thema, nämlich die abgelehnte oder noch unbekannte Seite, zu sehen.

# Haus und Wohnung

Haus und Wohnung, Kleidung und Haushaltseinrichtung im Traum verweisen auf charakteristische Eigenschaften und den Bewußtseinsstand des Träumers oder der Träumerin.
Sie werden vom Traum genutzt, um uns bildhaft zu verdeutlichen, was in uns selbst vorgeht. Haus und Wohnung gehören zu häufigsten Traumsymbolen des westlichen Menschen.

## Das Haus im Traum

Lassen Sie mich mit einem berühmten Traum Carl Gustav Jungs beginnen, der Jung auf die Lehre von den Archetypen brachte.
C.G. Jungs Traum-Ich befand sich im Obergeschoß seines Hauses, in dem es alte Möbel und wertvolle Bilder vorfindet, die ihm sehr gefallen. Danach begibt es sich neugierig ins Erdgeschoß, wo es noch ältere Möbel findet (15.-16. Jahrhundert), bis es an eine schwere Tür gelangt, hinter der eine Treppen hinab in den Keller führt. Dieser Keller ist ein sehr altes Gewölbe aus der Römerzeit. In diesem Keller befindet sich eine Falltür, die in einen weiteren, noch tieferen Keller führt. In diesem findet das Traum-Ich zwei halbzerfallene Schädel, Knochen und einige Scherben, die es als Relikte einer uralten Kultur ansieht.
Dieser Traum, den Jung ausführlich in seiner Autobiographie »Erinnerungen, Träume, Gedanken von C.G. Jung« (herausgegeben von Aniela Jaffé) beschreibt, zeigt deutlich, wie das Haus als Bild der verschiedenen Schichten der Psyche des Träumers gedeutet werden kann. Das Obergeschoß stellt dabei das Bewußtsein des Träumers dar, das von den Bildern und vergangenen Erfahrungen (die alten Möbel) geprägt ist. Darunter befindet sich das Erdgeschoß, als die erste Schicht des Unbewußten, die Freuds Vorbewußtem entspricht. Hier finden wir spätmittelalterliche Möbel, die äl-

tere Verhaltensweisen darstellen oder das, was man das persönliche Unbewußte nennt. Darunter liegt eine tiefere und ältere Schicht, nämlich das eigentliche Unbewußte und noch tiefer finden wir das kollektive Unbewußte, das einem nur in Relikten zugänglich ist, nämlich in den archetypischen Bildern.
Häuser und Gebäude, die bewohnt sind, verweisen oftmals auf die Tätigkeit oder das Wohlergehen des Träumers. Gerade der Zustand eines Traumhauses verbildlicht den physischen oder öfters noch psychischen Zustand des Träumers. Kommen noch andere Personen in diesem Haus vor, so wird häufig auf die Beziehungen zu diesen Personen oder zu den Eigenschaften, die diese Personen symbolisieren, verwiesen.
Verschiedene Stockwerke und Räume sind Persönlichkeitsanteile und Eigenschaften des Träumers. Schon Artemidor von Daldis, ein antiker Traumdeuter (etwa 200 n.Chr.), verglich das Haus mit dem menschlichen Körper.

*Unterschiedliche Haustypen*

**Bahnhof:** Der Bahnhof verweist auf Ihre Lebensreise beziehungsweise auf Veränderungen, die auf Ihrem Lebensweg anstehen. Sie kommen an oder sind zu einem wichtigen Ziel unterwegs. Der Bahnhof ist Symbol für eine Schaltstelle Ihrer Lebensreise. Steigen Sie um, steigen Sie ein oder aus? – Auch: Sie »verstehen nur noch Bahnhof«!
Sigmund Freud hatte Angst vor Bahnhöfen und Zügen und träumte öfters von ihnen.

**Bank:** Bankhallen und Bankgebäude symbolisieren Reichtum und Macht. Schauen Sie, wie Sie mit Ihren Energien umgehen. – Auch: Warnung vor Ideen- oder Seelenlosigkeit.

**Baustelle:** Sie müssen oder möchten etwas verändern in ihrem Leben. Die Baustelle verweist auf notwendige Persönlichkeitsarbeit.

**brennendes Haus:** Ein Hausbrand zeigt eine Verwandlung an, aber auch Aggressionen, die nicht ausgelebt werden (können). Es kann sich auch um einen Verweis auf sehr zerstörerische Eigenschaften handeln. Ein Neuanfang ist nötig. Enorme Energien wollen gelebt und beantwortet werden.

**Flugplatz:** Flughäfen zeigen Veränderungen an, wobei das Flugzeug einen in den Himmel bringt und damit die geistige

Dimension dieser Veränderung betont. – Auch: Flucht aus dem Alltag, Gefahr, sich in Ideen und Vorstellungen zu verlieren. – Ebenso: Symbol der Freiheit. Startplatz der »Himmelfahrt« und der Ekstase!

**Gefängnis:** Welches Gefühl, welche Einstellung nehmen Sie gefangen? Die Personen und die Begleitumstände Ihres Traums verraten, wovon Sie sich eingeengt oder abhängig fühlen, – aber in einem ganz anderen Sinn auch, wovon Sie sich liebend gern gefangen nehmen lassen würden.

**Geschäftsgebäude und Läden:** Geschäfte und Ladenlokale verweisen auf das Kaufen und Verkaufen, auf den »Markt« als Austausch von Energien. Mit diesem Traumsymbol stellt sich die Frage, was Sie geben und nehmen, was Sie benötigen und bekommen.

**großes Haus mit vielen Räumen:** Ein großes Haus mit vielen Räumen weist auf das Wachstum des Bewußtseins hin und auf eine Differenzierung der Persönlichkeit. Oftmals tritt solch ein Haus im Traum auf, wenn der Träumer oder die Träumerin automatisch nur eine Seite ihrer Persönlichkeit entwickeln oder leben.

**heruntergekommenes Haus:** Ein heruntergekommenes Haus deutet auf die Vernachlässigung der Persönlichkeit des Träumers. Kümmern Sie sich um sich selbst. Was muß erneuert und/oder verstärkt werden? – Gelegentlich drückt sich in diesem Traumbild eine Sehnsucht und/oder Abwehr gegenüber dem »einfachen Leben« aus.

**Hotels und Hotelzimmer:** Hotels und deren Zimmer weisen auf einen vorübergehenden Zustand hin. – Auch: Symbol der Entwurzelung und Heimatlosigkeit in seelischer Hinsicht, jedoch ebenso der Offenheit und der Suche.

**Krankenhaus:** Im Krankenhaus und Krankenzimmer werden psychische oder physische Leiden geheilt. Verarbeitung realer Krankenhauserfahrungen mit entsprechenden Erinnerungen und Erwartungen. Symbolisch ist zu beachten, wer oder was im Traum als »krank« erscheint. Sehnsucht oder Widerstand in bezug auf Hilfeleistung. Helfersyndrom, Krankhaus als Flucht vor nötigen persönlichen Veränderungen, Helfen als Verzicht auf eigene Selbständigkeit. – Auch: Die Fähigkeit und Bereitschaft, Leiden, Schmerzen und Schwächen nicht zu verdrängen.

**Ruine:** Ruinen bedeuten auf Grund des Wortanklangs oft Ruin. Etwas ist zu Ende und zerfällt. Große Gefahr oder große Chance: seelischer Neubeginn!

**Schloß/Burg:** Archetypisches Muttersymbol. Seelische Sicherheit oder Gefangenschaft.

**Schulen und Universitäten, Hörsäle und Klassenräume:** Diese Symbole verweisen darauf, daß man etwas zu lernen hat, das man im alltäglichen Leben nicht beachtet. Möglicherweise geht es aber genau darum, daß man das alltägliche Leben nicht beachtet.

## Räume

Einzelne Räume in den Häusern, die in Ihren Träumen erscheinen, werden gemäß ihrer Funktion dem Körper und/oder dem Bewußtsein zugeordnet. Die folgende Liste zeigt Ihnen auf, worauf Sie bei dieser Gruppe von Traumsymbolen speziell achten sollten.

**Arbeitszimmer:** Wie sieht es mit Ihrer Arbeitsdisziplin aus? Berufliche und andere praktische Arbeit im Traum bedeutet auch: Beziehungsarbeit, seelische Verarbeitung, Bearbeitung von (eigenen oder fremden) seelischen Einstellungen u.a.m.

**Badezimmer:** Das Badezimmer ist ein Ort der Reinigung. Wer häufig von Badezimmern träumt, bei dem steht eine innerliche Reinigung an. Das bedeutet, daß diese Person sich um eine klarere Lebensweise bemühen sollte. Im Badezimmer spielt das Wasser eine hervorragende Rolle und damit ist auch der Gefühlsbereich des Träumers oder der Träumerin angesprochen. Gefühle bedeuten auch: Seelische Bedürfnisse, Wünsche und Ängste, inneres Verlangen und persönliche Lebensträume und Glaubensentscheidungen!

**Bibliothek:** Die Bibliothek oder Räume mit vielen Büchern zeigen an, daß Sie etwas für Sie Wichtiges lernen müssen. Versuchen Sie festzustellen, welche Bücher dort in den Regalen stehen. Das verweist auf das Gebiet, in dem Sie etwas zu lernen haben. – Außerdem ist eine umfangreichere Bibliothek ein Symbol für eine *Gesamtsicht*, für eine persönliche *Bildung*, der es gelingt oder die danach sucht, sich ein eigenes Bild von der Welt im ganzen zu machen. Ihre Weltanschauung und Ihr Weltbild sind hier Traumthema.

**Büro:** Das Büro wie jeder Arbeitsraum im Haus verweist auf den Beruf beziehungsweise die Erwerbstätigkeit des Träumers. Es ist wichtig zu beachten, wie die Stimmung in dem Büro ist und wer anwesend ist. Schauen Sie auch, was sich diesem Büro abspielt und ob es voll oder eher leer ist. Vgl. oben »Arbeitszimmer« und weiter unten das Kapitel »Beruf und Finanzen«.

**Dachboden:** Mitunter gilt dieser als Ort der (ersten) erotischen Erfahrungen. – Fragen Sie sich, was Sie an überholten Konzepten mit sich herumschleppen.

**Eßzimmer:** Das Eßzimmer ist teilweise wie das Wohnzimmer als Ort der entspannten Kommunikation zu sehen, allerdings steht hier die Nahrung im Vordergrund, und damit sind auch der Genuß und der Prozeß der Verinnerlichung angesprochen. Wovon ernähren Sie sich? Was schlucken Sie? Was verleiben sich sich ein? Und in welcher Stimmung, unter welchen Umständen geschieht dies?

**Flur:** Der Flur verbindet unterschiedliche Räume und verbildlicht die Verbindung verschiedener Eigenschaften des Träumers. Er markiert oft einen Übergang von einem (Bewußtseins-) Zustand zu einem anderen.

**Garage:** Die Garage ist der Ort des Wagens und der Werkzeuge. Hier bringt man etwas in Ordnung und hier ruht die Bewegung. Was tun Sie dort im Traum?

**Keller:** Kellerräume verbildlichen die seelische Tiefe. Der Keller symbolisiert auch oft die seelischen Grundüberzeugungen oder Grundgegebenheiten. – Auch: Kellerkind – verborgene Qualitäten und ungeliebte Talente, die ans Licht wollen.

**Küche:** Die Küche ist der Ort der Umwandlung. Das Rohe wird zum Gekochten und Genießbaren, es entsteht Kultur. Wenn man sich verändert und differenzierter wird, tritt häufig die Küche als Traumsymbol auf, speziell bei Klienten in einer Psychotherapie. Bei Personen mit Eßproblemen verweist die Küche auf diese Probleme. Schauen Sie, wie Sie die Küche charakterisieren würden und welche Nahrungsmittel dort zu finden sind.

**Toilette:** Die Toilette ist ein Ort, an dem Entleerung oder Beseitigung stattfindet. Von der Toilette wird oft geträumt, wenn der Träumer sich von al-

ten Erinnerungen und Schuldgefühlen befreit. Träume von der Toilette hängen auch oft mit der Verdauung (in jeder Hinsicht) zusammen.
Weitere Hinweise auf dieses Traumsymbol als Symbol des Ekels finden Sie weiter hinten in diesem Kapitel im Abschnitt »Gesundheit und Wohlbefinden« unter dem Stichwort Ekel und Peinlichkeiten.

**Schlafzimmer:** Das Schlafzimmer verbildlicht die Sexualität, den Tod und die Geburt des Träumers. Es ist der intimste Innenraum, aber auch jener Raum, in dem man Entspannung findet. Manchmal verweist das Schlafzimmer auf eine unbewußte Lebensführung, speziell dann, wenn man im Traum als einzigen Raum das Schlafzimmer sieht oder wenn der Träumer dort einen Schlafenden bemerkt.

**Turmzimmer:** Im Turm ist man der Welt entrückt, deswegen sprechen wir auch vom Elfenbeinturm der Intellektuellen. Geistige Probleme, Wachstumsaufgaben.

**Veranda:** Dieses Symbol kann sehr Unterschiedliches bedeuten. Auf der einen Seite steht es für Entspannung, auf der anderen Seite deutet es ein Gefühl ausgeschlossen zu sein an. Man bleibt »außen vor« und der Kontakt zum Inneren bricht ab. Auf der anderen Seite kann man von der Veranda aus die Welt betrachten und somit ist in diesem Traumsymbol auch der Überblick oder der persönliche Abstand zu manchen Vorgängen angedeutet.

**Wohnzimmer:** Das Wohnzimmer steht für Entspannung, allerdings im Gegensatz zum Schlafzimmer für eine gesellschaftliche, sozusagen öffentliche Entspannung. Es geht hier um Kommunikation im Freundeskreis oder um das Treffen der Familie.
Geht man von einem Zimmer in ein anderes, dann deutet das einen Wandel an. Hierbei ist zu beachten, von welchem Zimmer man ausgeht und wohin man sich begibt.

## Hauseinrichtung

Die einzelnen Elemente des Hauses und das, was Sie im Haus finden können. Natürlich kann ich hier eine Auswahl aus den häufigsten Traumsymbolen wiedergeben, die Ihnen aber anzeigt, wie Sie solche und ähnliche Symbole leicht deuten können.

**Badewanne:** Die Badewanne verweist auf eine anstehende Reinigung und Entspannung. Bei dieser Reinigung müssen Sie sich in Ihr Gefühl begeben.

**Bilder/Tapeten:** Das *Motiv,* die Formen und Farben usw. sind wichtig und sollten symbolisch gedeutet werden.

**Buch:** Es muß etwas Wichtiges gelernt werden. Wie lautet der Titel des Buches, wer ist der Autor? Das Leben hält eine wichtige Mitteilung oder Erkenntnis für Sie bereit.

**Dach und oberes Stockwerk:** Diese symbolisieren unser Bewußtsein und/oder unseren Intellekt. Das Dach ist auch als der Kopf des Träumers anzusehen. Mit diesem Symbol wird auch bisweilen auf höhere Bewußtseinsstufen verwiesen.

**Fassade:** Die Fassade bedeutet die »Persona«, die soziale Rolle oder gesellschaftliche Maske, die wir der Außenwelt gegenüber repräsentieren. Was steckt hinter der Fassade?

**Fenster:** Fenster verweisen primär auf unsere Körperöffnungen und speziell auf unsere Augen und damit auf die seelische Verbindung von Eigenem und Fremdem. Das Fenster verweist ferner auf das Licht unseres Bewußtseins und auf unsere Wahrnehmung. Kann man aus dem Fenster hinaussehen oder ist es durch Vorhänge oder Gardinen verhängt (Bewußtseinsschleier)?

**Fußboden:** Mit dem Boden sind immer unsere Grundlage und Prinzipien angesprochen. Es geht hier um die Erdung, das heißt, um die Organisation des Alltagslebens und die tatsächliche Verwirklichung von Ideen und Absichten.

**Kamin:**
*offener Kamin:* Mit dem Feuer des Kamins sind Gemütlichkeit und Wärme angesprochen. Ein kalter Kamin weist auf Gefühlskälte und Entfremdung hin.
*Schornstein:* Der Schornstein verweist auf der einen Seite auf die Verschmutzung der Luft und damit auf eine Trübung des intellektuellen Überblicks und des geistigen Horizonts. Auf der anderen Seite leitet er aber auch giftige Gase aus dem Haus ab und trägt wesentlich zu einem gedeihlichen und kontinuierlichen Gebrauch des Feuers bei. – Welche dieser gegensätzlichen Bedeutungen im konkreten Fall angesprochen sind, ist dem Träumer oder der Träumerin meist spontan klar. In seltenen Fällen ist hier auch die Verbin-

dung zum Schornsteinfeger zu beachten, der als bekanntes Glückssymbol gilt.

**Lampe:** Verweist auf Einsichten durch das Licht des Bewußtseins. Gibt die Lampe ein helles Licht, so deutet das auf eine hohe Bewußtseinsklarheit hin. Gibt dagegen die Lampe nur ein schwaches Licht ab, kann man dies im Sinne eines fehlenden Bewußtseins deuten. Wichtig ist zu beachten, welches Zimmer oder welche Ansichten durch die Lampe beleuchtet werden. Was sehen Sie und was nicht. – Zu beachten ist der Zusammenhang zur Schattenthematik. Das ergänzende Gegenteil des Schattens ist alles, was blendet, überbelichtet und »behelligt«.
*Kerze:* Die Kerze mit ihrem ausgesprochen warmen Licht spricht oft die Sehnsucht des Träumers oder der Träumerin nach einer romantischen oder gemütlichen Atmosphäre. Achten Sie auf die Farbe der Kerze.

**Mauer:** Einesteils ist hiermit ein Hindernis und eine Abgrenzung angesprochen, andererseits hängt diese Symbolik auch mit Schutz und Sicherheit zusammen.

**Möbel:** Die Möbel symbolisieren das geistige Leben, die Einrichtung und Umsetzung der persönlichen Bedürfnisse. Sie spiegeln die praktischen Notwendigkeiten und die Nutzung der vorhandenen Talente.
Bei Antiquitäten ist der Zeitbezug zu beachten. Was verbinden Sie mit der Zeit, aus der diese Antiquitäten stammen? Welche Vorfahren lebten in der Zeit, aus der diese Antiquitäten stammen?
*Bett:* Das Bett verweist sowohl auf die Sexualität des Träumers und der Träumerin, als auch auf die Ruhe und den Besuch anderer Welten wie zum Beispiel im Traum. Achten Sie darauf, ob das Bett gemacht ist oder ob es unordentlich aussieht. Die Farbe des Bettbezugs ist ebenfalls symbolisch zu deuten.
*Küchentisch:* Interessanterweise zieht gerade der Küchentisch erotisch-sexuelle Assoziationen an. Er ist aber auch der Treffpunkt der Familie.
*Schreibtisch:* Achten Sie besonders darauf, mit welchen Gefühlen Sie ihn im Traum erleben, was an Arbeit auf ihm liegt und was Sie an oder mit ihm anfangen.
*Schrank:* Der Schrank ist der Ort der Kleidung oder der Haushaltsutensilien, je nachdem, ob es sich um einen Küchen- oder Kleiderschrank handelt. In beiden Fällen gilt: Hier wird etwas dem Auge (des Unbefugten, aber auch dem eige-

nen) entzogen, und es werden Dinge verwahrt. Somit kann dieses Traumsymbol sowohl in Richtung »Geheimnis« als auch in Richtung Ordnung gedeutet werden.
*Sofa:* Das Sofa deutet im noch stärkeren Maße als der Stuhl aufs Ausruhen hin. Gibt es Widerstände dagegen oder Bedürfnisse danach, daß Sie sich beruhigen, zufrieden sind und es sich bequem machen? Gibt es Gründe, jetzt aufzustehen und härter zu arbeiten?
*Stuhl:* Der Stuhl verweist auf Ruhe; man setzt sich nieder. Symbol der Gelassenheit: Ist Ihre Gelassenheit eine Schwäche oder eine Stärke?
*Truhe:* In der Truhe wird zum einem etwas vor den Augen der Besucher versteckt wie im Schrank, zum anderen spielt hier besonders das Alter eine wichtige Rolle. Achten Sie darauf, was Sie mit der Zeit verbinden, aus der die Truhe stammt. Symbol des »Eingemachten«, persönlicher Schätze und Altlasten!

**Spiegel:** Der Spiegel hängt mit dem Thema der Selbsterkenntnis zusammen. Im Märchen und der Mythologie gelangt man durch den Spiegel in andere Welten. Ferner drückt der Spiegel nicht selten auch die Vorspiegelung, die Welt des bloßen Scheins und der Täuschung aus. Achten Sie auf den Zustand des Spiegels, der Ihre gesitige Klarheit und Ihr Bewußtsein charakterisiert. – Auch: Symbol des Narzißmus, das zu viel oder zu wenig Selbstliebe dokumentiert. Was suchen Sie?

**Stockwerke:** Die verschiedenen Stockwerke kann man auch als die unterschiedlichen Bewußtseinsschichten sehen: Man kann die Stockwerke auch auf den physischen Körper des Träumers beziehen: Der Dachboden entspricht dem Kopf bzw. dem Scheitel, und der Keller symbolisiert die Füße dar . . .

**Teppich:** Der Teppich symbolisiert häufig, daß etwas verdeckt wird. Darum sagt der Volksmund, daß etwas unter den Teppich gekehrt wird. Wichtig ist auf den symbolischen Gehalt der Farbe des Teppichs zu achten. Wie sieht der Teppich aus? Ist er weich und flauschig oder eher dünn und hart? Sie geben dem Leben eine eigene Grundlage.

**Treppen:** Die Treppen im Haus verweisen auf die Verbindung zwischen den verschiedenen *Stockwerken* und *Fluren.* Der Auf- und Abstieg ist meistens auf das Bewußtsein des Träumers oder der Träumerin zu beziehen. Nach Freud deuten sie jedoch wegen des Rhythmus beim Treppensteigen auf die an- und absteigende Erregungskurve des Orgasmus hin.

**Türen:** Türen verweisen wie Fenster auf unsere Körperöffnungen, bieten aber auch oft Ausblicke auf neue Möglichkeiten und Perspektiven. Geschlossene oder verschlossene Türen stellen häufig eine Warnung dar, in manchen Fällen mögen sie auch auf Neugierde verweisen. Ich erinnere nur an die typische Märchensituation, in der es einen verschlossenen Raum gibt, in den der Held nicht hineinsehen darf. Natürlich tut er es meist nach einigen inneren Kämpfen . . .

**Wasserhahn:** Penissymbol (wie alle Kräne oder Hähne). – Außerdem geht es um die Regulierung seelischer Bedürfnisse und Temperament. Das Gefühl (Wasser) will fließen. Manchmal wird in Träumen zwischen den Hähnen für kaltes und warmes Wasser unterschieden. Kaltes Wasser bedeutet Gefühlskälte, warmes Wasser dagegen Herzenswärme.

## Verschiedene Haushaltsgegenstände

Haushaltsgegenstände wie beispielsweise Besteck, Geschirr, Töpfe, Herd, Waschmaschine, Geschirrspülmaschine und Kühlschrank kommen deutlich häufiger im weiblichen als im männlichen Traum vor. Bei fast allen Haushaltsgegenständen besteht der Schlüssel zur Deutung darin, ihre Funktion zu betrachten.
Zusätzlich geht es um betreffende persönliche Erinnerungen, um die damit verbundenen Gefühle und Erfahrungen von *Heimat* und *Zuhausesein.*

**Besteck:** Besteck im Traum richtet unseren Blick auf die Eßkultur und die Ernährungsweise. Essen hängt mit Grundbedürfnissen und deren Verfeinerung zusammen. Das Besteck hilft, diesen Kultivierungsprozeß durchzuführen. Dazu kommt noch die Bedeutung der Zerlegung und damit der Analyse.
Achten Sie darauf, woraus das Besteck besteht, ob es besondere Formen aufweist . . .
*Gabel:* Diese ist mit ihren spitzen Forken ein verbreitetes Aggressionssymbol. Haben Sie »etwas aufgegabelt«? Gibt es etwas in diesem Traum, das schwer zu fassen oder festzuhal-

ten ist? Genieren Sie sich, mit Ihren Fingern zuzugreifen?

*Löffel:* Der Löffel ist das am wenigsten aggressive Symbol unter dem Besteck. Bei ihm ist an die volkstümliche Redewendung »den Löffel abgeben« für den Tod zu denken.

Ferner erinnert er uns an die Kindheit, als wir nur mit dem Löffel zu essen pflegten. Bisweilen bestehen auch Anklänge an den »Suppenkasper« (die Kindergeschichte aus »Der Struwwelpeter«).

Man muß seine Suppe auslöffeln, das heißt, die Konsequenzen dessen tragen, was man sich »eingebrockt« hat.

*Messer:* Das Messer ist einmal ein Symbol der Aggression und zum anderen des technischen oder analysierenden Geistes. Dabei ist besonders wichtig, um welche Art des Messers es sich handelt. Große Brot- und Küchenmesser drücken auch größere Aggressionen aus, als kleine Frühstücks- oder beispielsweise Obstmesser. Beachten Sie auch immer, ob das Messer scharf oder stumpf ist. Scharfe Messer weisen auf größere Aggressionen oder einen schärferen Verstand hin, stumpfe Messer auf kleinere Aggressionen und einen eher trüben oder ungenutzten Verstand.

**Geschirr:** Alle Arten des Geschirrs tragen Speisen und sind zunächst in bezug auf die betreffende Speise zu deuten. Die Form – ob eckig oder rund, offen oder geschlossen – ist von Bedeutung. Und wieder ist darauf zu achten, aus welchen Material dieses Geschirr im Traum besteht. Porzellan und Glas ist leicht zerbrechlich, bei Glas kommt seine Durchsichtigkeit hinzu. Steingut ist schwer und eher stabil. Achten Sie auch darauf, ob das Geschirr eher edel oder einfach ist. Was symbolisiert seine Verzierung oder seine Farbe?

*Glas:* Das Glas hält wie die Tasse und der Krug Flüssigkeiten, nur daß es durchsichtig ist. Das deutet meistens daraufhin, daß man seine Gefühlsinhalte durchsichtig machen sollte – in seltenen Fällen kann es auch das Gegenteil bedeuten, daß man nämlich seine Gefühlsinhalte zu deutlich zeigt.

*Krug:* Der Krug hält Flüssigkeiten und deutet damit auf das Gefühl. Er gibt wie die Tasse und das Glas dem Gefühl eine Form. Es geht bei diesem Traumsymbol um die Gestaltung des eigenen Gefühls und besonders darum, die seelischen Bedürfnisse in die Hand zu nehmen, das heißt, zu erfassen und mit ihnen etwas anzufangen.

*Schüssel:* Die Schüssel ist unter

anderem ein verbreitetes weibliches Symbol durch ihre Rundheit. Hier kommt es darauf an, womit die Schüssel Ihrer Vorstellung nach gefüllt werden kann. Sehen Sie das als Hinweis auf Ihre Aufnahmefähigkeit.

*Tasse:* Die Tasse umfaßt meistens eine heiße Flüssigkeit wie Kaffee oder Tee. Hier finden wir die Leidenschaft, das heiße Gefühl angesprochen.

*Teller:* Die Bedeutung des Tellers ist dadurch bestimmt, was er trägt, wie er verziert ist und aus welchem Material er besteht. Ist er schmutzig oder sauber? Haben Sie Ihren Teller leer-gegessen? Das heißt, verinnerlichen Sie das, was Ihnen vorgesetzt wird? Essen Sie das, was auf den Tisch kommt?

**Geschirrspülmaschine:** Die Geschirrspülmaschine besitzt von allen Haushaltsgegenständen die männlichste Ausprägung. Sie wurde nämlich in der Zeit erfunden, als Frauen begannen, auch von ihren Männern die Mitarbeit im Haushalt zu fordern. Sie symbolisiert die männliche Rationalität im Haushalt. Ferner verweist sie, was nahe liegt, auf die Reinigung und auf die Ordnung im Alltagsleben.

**Herd:** Der Herd stellt im Gegensatz zur Geschirrspülmaschine einen der weiblichsten Haushaltsgegenstände dar. Im klassischen Altertum verehrten die Griechen Hestia als die Göttin des Herdfeuers. Der Herd ist eines der wesentlichen Kultursymbole. Auch wenn es sich um einen Elektroherd handelt, schwingt beim Traumsymbol Herd immer noch der Anklang ans *Feuer* mit.

**Kühlschrank:** Der Kühlschrank hält den Zersetzungsprozeß auf und konserviert. Was er konserviert, wird durch seinen Inhalt bestimmt. Ferner kann auch der Kühlschrank auch auf Gefühlskälte verweisen. Was ist unterkühlt? Was ist eingefroren? Was sollte besser »auf Eis gelegt« werden? Was sollte jetzt aufgetaut werden?

**Mixer:** Der Mixer stellt den »Zauberstab der Hausfrau« dar, wie es die Werbung hervorhebt. Damit ist der sexuelle Anklang nicht zu übersehen. Aber er verbindet auch das, was sich sonst nur schwer verbindet. Ferner verändert er auch die Konsistenz der Speise, womit angedeutet wird, daß eine Qualitätsveränderung des Bewußtseins durch Bearbeitung anliegt.

**Töpfe:** Symbol des weiblichen Geschlechtsorgans (»Honigtopf«). – Die Alchemie der Küche und die Ordnung des Haushalts (Mikrokosmos). Der Topf als Aufbewahrungsmittel. – Töpfe sind wie das Traumsymbol Herd dem Feuer verwandt. In Ihnen findet die Verwandlung des Rohen in das Gekochte statt. Sie machen die Speise genießbar. Als Traumsymbol verweisen Sie auf Verwandlung, auf den Kulturprozeß und die Ernährung und damit auf die Einverleibung hin.

**Waschmaschine:** Die Waschmaschine ist ein bekanntes und verbreitetes Reinigungssymbol. Waschzwang, Tabus als Sehnsucht oder Abwehr gegenüber der wirklichen Bereinigung einer Angelegenheit.
Hinweis: Traumsymbole aus dem Bereich der Ernährung finden Sie weiter unten im Kapitel »Gesundheit und Wohlbefinden«.

## Die Farben im Traum

Bedenken Sie bitte bei den folgenden Hinweisen, daß die allgemeine Farbsymbolik von den persönlichen Vorlieben und Abneigungen gegenüber bestimmten Farben überlagert wird.
Was ebenfalls nicht allgemeingültig berücksichtigt werden kann, sind die vielen Farbabstufungen, Sättigungsgrade und Helligkeitswerte. Grundsätzlich ist dazu zu sagen, daß hellere Farben im Sinne von Fröhlichkeit, Unbeschwertheit und teilweise auch Bewußtheit gedeutet werden, auch wenn das sicherlich ein Klischee ist. Heute ist jedes Symbol – und so auch jede Farbe – Träger ambivalenter, doppeldeutiger Botschaften.
Bei gesättigten Farben ist die Symbolik deutlicher und betonter ausgedrückt als bei ungesättigten Farben. Durch Schwarz oder Weiß gebrochene Farben drücken eine Störung oder eine Verfeinerung aus, die sich auf die Symbolik der entsprechenden Farbe bezieht. Mischfarben setzen sich in ihrer Bedeutung fast immer aus den Bedeutungsanteilen der entsprechenden Einzelfarben zusammen. So setzt sich also die Farbsymbolik Violett aus der Bedeutung von Rot, nämlich Blut und »Herz«, und Blau, nämlich Seele, zusammen und ergibt so unter anderem die Bedeutung der seelischen Leidenschaft.
Im folgenden finden Sie die symbolische Bedeutung der wichtigsten im Traum auftretenden Farben. Da meiner Erfahrung nach die Farben keine Archetypen darstellen, kann diese symbolische Bedeutung nur in bezug auf Träumer aus

unserer westlichen Kultur angewandt werden. Im asiatischen und teilweise auch im afrikanischen Kulturen erlebt man die verschiedenen Farben anders als in unserem Kulturbereich.
Die Primärfarben zeigen ungebrochene, ursprüngliche Energien an, die Sekundärfarben verweisen auf differenzierte oder vermischte Energien.

**Blau:** Blau ist die Farbe Jupiters und Junos (römische Göttin, die das Leben der Frau und die Geburt beschützt) und wird in christlicher Zeit zur Farbe des Himmelsmantels der Maria. Damit symbolisiert es Schutz, unsere weibliche Seite (Anima), die Seele, außerdem Wahrheit und Treue, Frieden und Ruhe. Im Traum wird mit der Farbe Blau immer der seelisch-emotionale Aspekt betont. Es wird hier auf den Rückzug und die Innenschau verwiesen. Blau deutet den Träumer auf eine introvertierte und kalte Verhaltensweise hin.
Der negative Aspekt dieser Farbe zeigt sich im getrübten Blau, das Trauer, Ängste und Verwirrung ausdrücken kann.

**Gelb:** Gelb ist die Farbe des römischen Gottes Apollon. Es ist die Sonnenfarbe und die der Kommunikation (in manchen Ländern heutzutage Farbe der Post). Durch sein Strahlen symbolisiert Gelb die Großherzigkeit, die Klugheit und den Intellekt – die Weisheit, aber auch den Verrat. Sprichwörtlich wird mit Gelb mit Neid verbunden. Ein gelbes Traumsymbol betont stets den geistige Aspekt, verweist auf Freiheit und Ausweitung.
Ein schmutziges Gelb stellt möglicherwiese die negativen Aspekte dieser Farbe besonders heraus; andererseits drückt sich in der gebrochenen Farbe häufig aus, daß eine bestimmte Gefahr im Zusammenhang mit dem Thema, das durch die Farbe symbolisiert wird, *erkannt* ist!

**Orange:** Orange stellt den Wärmepol des Spektrums dar und symbolisiert damit auch das Mitgefühl. Aus diesem Grund tragen buddhistische Mönchen oft orangefarbene Roben. Orange symbolisiert im Traum Lebensfreude und emotionale Wärme.

**Rot:** Rot ist die Farbe des kämpferischen Mars, der Feuer und Lebendigkeit personifiziert. Es symbolisiert ferner die königliche oder kaiserliche Macht, den Mut und die Leidenschaft, aber auch Kindlichkeit, Zorn, Haß und Grausamkeit. Mit der Farbe Rot wird im Traum der körperliche Aspekt betont, Aktivität und Freude, Leidenschaft und Liebe.

**Rosa:** Diese Farbe im Traum verweist auf regressive Sehnsüchte, auf raffinierte (verfeinerte oder überfeinerte) Bedürfnisse, auf den Wunsch nach oder den Widerstand gegen Leichtigkeit in Liebe und Leidenschaft.

**Kirschrot:** Dieses auffallende Rot ist im Traum die Farbe der Erotik und Sexualität. Kirschrot sind idealerweise die küssenden Lippen.

**Grün:** Grün ist bei den Römern die Farbe der Venus. Es symbolisiert das Schöpferische und die Wiedererneuerung (als Farbe der Natur). Besonders beliebt ist Grün im islamischen Kulturbereich. Es ist die Farbe der Sufis. Der Prophet Mohammed trägt einen grünen Mantel.
In der heutigen Traumsymbolik wird bei Grün meistens Goethes Beobachtung betont, daß sich nämlich in dieser Farbe Licht und Finsternis zu gleichen Anteilen mischen. Blau als der farbige Stellvertreter der Finsternis mischt sich mit Gelb, dem farbigen Vertreter des Lichts. Damit wird die Balance zwischen den dunklen und hellen Seiten des Träumers angesprochen. – Nicht zu vergessen ist jedoch auch die Bedeutung der Farbe Grün als des Unreifen und Unfertigen.

**Weiß:** Weiß symbolisiert Autorität, Macht und den Widerschein des Absoluten. Weiß tritt sowohl als aggressive »Farbe« auf wie auch als Farbe der Unschuld. Als Traumfarbe sollte man immer bedenken, daß Weiß sich leicht beschmutzt. Vielleicht geht es in dem betreffenden Traumbild darum, etwas zu bereinigen – oder umgekehrt »durch den Kakao zu ziehen«!

**Schwarz:** Schwarz ist die »Farbe« der Finsternis. Es ist die Farbe der Kreativität, da aus dem Dunkel alles geboren wird.

**Schwarz – Weiß:** Verweist den Träumer auf die Integrierung seiner inneren Gegensätze.

**Grau:** Grau verweist wie Grün auf die Mischung von Licht und Finsternis, allerdings ist Grün dem Leben, Grau eher dem Toten verbunden. Grau wird oftmals als langweilige Farbe angesehen. Grau ist die typische »Farbe« des Schattens in seiner Bedeutung als das Unbewußte.

**Beige:** Beige ist ein unauffälliger und mitunter langweiliger Farbton. Er symbolisiert im Traum häufig die Konvention, jedoch auch den Alltag ...

**Braun:** Braun ist die Symbolfarbe der Erde.

**gefleckt:** Gefleckte Muster erinnern an Tierfelle und bringen eine unruhige Stimmung zum Ausdruck.

**gepunktet:** Diese Musterung kommt im Traum meistens bei Kleidern vor und drückt dort Lebenslust und Freude aus.

**gestreift:** Quergestreifte (horizontale) Muster weisen auf Ruhe, Harmonie und Ausgleich hin. Längsgestreifte (vertikale) Muster weisen auf die Spannung von Höhen und Tiefen hin.

**kariert:** Karierte Muster drükken meist eine innere Unruhe und Entscheidungsschwierigkeit aus.

Farben im Traum sind immer eng mit unseren Gefühlen verbunden. Dadurch, daß die Farben in vielen Nuancen, Helligkeits- und Sättigungsstufen auftreten, sind sie das ideale Medium, die Gefühle, die seelischen Temperamente und Temperaturen des Träumers auszudrücken. Bei einem farbig geträumten Symbol wird die Gefühlsstimmung dieses Symbols mit der Farbe ausgedrückt. Ob Sie von Ihrer Freundin im roten, im weißen oder im schwarzen Kleid träumen, macht einen wichtigen Unterschied.

## Geometrische Formen im Traum

Geometrische Formen sind wie Zahlen im Traum stets symbolisch zu deuten. Im Unterschied zu früheren Auffassungen haben *Zahlen* spätestens seit dem Anfang diesen Jahrhunderts *keine bestimmten Inhalte von allgemeingültiger Bedeutung* mehr. Die Symbolik einer Zahl muß aus ihrem Kontext im Traum aufgefaßt werden.

Was nun die Formen angeht, so kommt es selten vor, daß Sie eine reine geometrische Form im Traum sehen. Aber schauen Sie sich zum Beispiel die Form der Plätze im Traum an. Gärten, Straßenzüge, Muster auf Gegenständen weisen häufig geometrische Formen, die auf die drei Grundformen Kreis, Quadrat und Dreieck zurückzuführen sind.

Carl Gustav Jung betrachtete besonders intensiv die Mandalasymbolik im Traum. (Allerdings behaupten viele Traum-

forscher/innen, die Präsenz des Mandalas im Traum und gar in langen Traumreihen sei, zumindest für die europäischen Traumbilder, vorwiegend eine Jung'sche Erfindung.)
Ein Mandala ist eine symmetrische gometrische Figur, die die kosmischen Kräfte und die innere Ordnung des Träumers oder der Träumerin verdeutlicht. Richtet man seine Aufmerksamkeit auf das Erkennen solcher Mandalas im Traum, wird man sie im zunehmenden Maße immer häufiger in seinen Träumen entdecken. Bei den anderen geometrischen Grundformen verhält es sich ähnlich.

**Dreieck:** Das Dreieck verweist als Traumsymbol auf den Geist. Das leitet sich aus der Linienführung des Dreiecks ab. Zwei Dreiecksseiten münden jeweils in einem Punkt. Man bringt also etwas auf den Punkt. Außerdem symbolisiert das Dreieck auch die Dialektik, eine Form des Denkens in These, Antithese und Synthese.
Das nach unten spitz zulaufende Dreieck symbolisiert in fast allen Kulturen das Weibliche, was sich aus der Form der Schambehaarung ergibt. Das nach oben spitz zulaufende Dreieck symbolisiert in fast allen Kulturen den männlichen Archetyp.

Sehen Sie beispielsweise eine Pyramide im Traum, so deutet dieses Traumsymbol unter anderem auf Ihre geistige Ausrichtung hin.

**Fünfeck** (Pentagramm): Das Fünfeck deutet im Traum auf die menschliche Harmonie hin. Im Pentagramm schneiden sich alle Linien im goldenen Schnitt und verweisen so auf eine innere Harmonie. Der goldene Schnitt macht das Teilungsverhältnis einer Strecke aus, das der Mensch als harmonisch und gefällig ansieht, da es die Maßverhältnisse seines Körpers wiedergibt. Vgl. *Pentagon.*

**Kreis:** Der Kreis stellt das archetypische Traumsymbol des Weiblichen dar. Der aus »Tausendundeine Nacht« bekannte Abbassiden-Herrscher, der Kalif Harun al Raschid war sich schon dessen bewußt, als er Bagdad im Kreis anlegen ließ mit der Begründung, daß diese Stadt die Mutter aller Städte werden solle, indem sie wie keine andere durch ihre Kreisform mütterliche Geborgenheit vermittelt. Daß das Runde und Kreisförmige das Weibliche symbolisiert, ist von der Körperform der Frau abgeleitet. Freud war der Ansicht, daß sich alle Symbolik letztendlich auf die anatomischen Verhältnisse

des menschlichen Körpers zurückführen lassen.
Ferner symbolisiert seit alten Zeiten bis hin zu der Künstlergruppe des Bauhauses (Dessau/Berlin/Leipzig) der Kreis die Seele und das Gefühl. Das ist schon von daher verständlich, da der Kreis weder Anfang noch Ende besitzt. Somit deutet er auch auf die Unendlichkeit hin und damit auf den ewigen Fluß des Lebens.
Sehen Sie also im Traum beispielsweise einen runden Platz, so sind alle Vorgänge, die sich dort abspielen, und alle Symbole, die Sie dort im Traum sehen, unter dem Aspekt des Gefühls und des Flusses der Lebensenergie zu betrachten.

**Kreuz:** Richtungs- und Ordnungssymbol. Einheit der vier Himmelsrichtungen, Temperamente, Elemente usw. Der Schnittpunkt in der Mitte des Kreuzes gilt in vielen Überlieferungen auch als *Quintessenz*, als die wesentliche fünfte Kraft.

**Mandala:** Als Mandala kann im Traum jede klappsymmetrische Figur angesehen werden. Im Traum treten Mandalas häufig in der Form von Plätzen oder von Gärten auf. Carl Gustav Jung wertete das Erscheinen des Traumbilds Mandala stets als äußerst günstiges Zeichen. Es verweist darauf, daß der Träumer oder die Träumerin einen Fortschritt auf seinem Weg der Individuation gemacht hat. Man ist also vollständiger geworden und die inneren Kräfte haben sich harmonisch geordnet.

**Punkt:** Das Besondere, das Einmalige.

**Quadrat:** Das Quadrat tritt relativ häufig im Traum auf, allerdings übersehen wir es häufig, da wir normalerweise nicht gewohnt sind, auf geometrische Formen im Traum zu achten. Seit dem griechischen Philosophen Platon symbolisiert das Quadrat die Erde und somit auch den Körper. Die vier rechten Winkel des Quadrats geben das Statische und Feste der Erde wieder.

**Rechteck:** Ebenfalls Symbol der Materie und der irdischen Realitäten mit ihren *Ecken und Winkeln.*

**Sechseck:** Allgemein weist das Sechseck im Traum auf Harmonie und Verbindung hin. Das soll auch das sogenannte Siegel Salomons (auch Davidstern genannt) verdeutlichen, das von den Alchimisten als die Verbindung aller Elemente angesehen wurde.

Das Traumsymbol Sechseck symbolisiert bisweilen auch die Verbindung des Männlichen mit dem Weiblichen, da es aus zwei übereinanderliegenden Dreiecken besteht, deren eine Seite nach oben, der andere nach unten zeigt (siehe dazu ›Dreieck‹).

# Wege und Reisen

## Straßen

Straßen und Wege verweisen im Traum auf den Lebensweg des Träumers, auf die gesamte Wegstrecke oder auf bestimmte Abschnitte des Weges. Beachten Sie bei diesen Traumsymbolen, wo der Weg oder die Straße herkommt und wo sie hinführt. Wie ist der Zustand des Wegs und wie sehr ist die Straße befahren?
Schwierige und gewundene Wege geben auch eine schwierige Lebenssituation wieder, die meist durch mehr Klarheit vereinfacht werden kann. So wurde mir von einer Klientin ein Traum erzählt, in dem sie auf einer kurvenreiche Straße mit tiefen Abgründen auf der linken Seite bergauf und bergab fuhr. Die Alpenstraße gab symbolisch ihre Beziehungssituation wieder, in der sie sich nicht für einen bestimmten Partner entscheiden konnte, da sie sich immer wieder in einen »besseren« verliebte, der sich allerdings schnell wieder nur als »zweite Wahl« herausstellte. Auf der anderen Seite sehnte sie sich sehr nach einer festen Beziehung. Als ihr im Laufe der Therapie klar wurde, daß sie eine klare Entscheidung treffen muß und sich für einen Partner entscheiden sollte, wenn sie nicht unglücklich werden möchte, träumte sie von einer geraden Straße, die durch eine schöne Landschaft führte.
Wenn man mit der Tagtraumtechnik arbeitet und sich einen Traum mit einer gewundenen Straße vorstellt, dann kann man diese Straße langsam und vorsichtig zu einer geraden Straße im guten Zustand umfunktionieren. Wenn Sie das öfters versuchen, werden Sie bemerken, daß es Ihnen zunehmend leichter fallen wird, sich klarer zu entscheiden und bewußt durch Ihr Leben zu gehen.
Beim Traumsymbol Straße sollten Sie ferner darauf achten, ob die Straße bergauf oder bergab führt oder ob sie auf dem gleichen Niveau bleibt. Bergauf verweist auf eine Entwicklung zur geistigen und bewußten Klarheit, bergab auf eine Ent-

wicklung zum ungehemmteren Ausdruck der Gefühle und Triebe. Bleibt die Straße auf einer Höhenlage kommt es auf die Umgebung an. Diese Straße mag einen langweiligen Lebensweg beschreiben oder auch ein Bild dafür sein, daß man sein Leben glücklicherweise vereinfacht hat.
Straßen in einer Stadt können sehr belebt oder auch menschenleer sein. Häufig träumen wir von mit Fußgängern belebten Straßen, wenn wir uns entweder mehr persönliche Kontakte wünschen oder uns lieber für eine Zeit aus dem Getriebe der Welt zurückziehen sollten. Fühlen wir uns im Traum gut mit all den Menschen um uns herum, sollten wir in der Tagtraumtechnik versuchen, einige dieser Menschen anzusprechen, Ihnen eine Frage zu stellen oder etwas von uns selbst zu sagen!
Menschenleere Straßen sind häufig beängstigend. Sie weisen oft eine Atmosphäre auf, die uns an surreale Bilder wie beispielsweise von Salvador Dali erinnern. Diese Traumsituation deutet meistens daraufhin, daß Sie sich einsam und/oder verlassen fühlen. In der Tagtraumtechnik können Sie diese Straßen mit Menschen beleben. Allerdings spiegelt die Leere im Traum auch Bedürfnisse nach Ruhe und Alleinsein – mitunter nach einer Art Auszeit zur Besinnung und Selbstfindung –, die als solche gedeutet und berücksichtigt werden sollten.
Bei jeder Straße und bei jedem Weg können Sie sich auch fragen, an welchen Ort Sie diese Straße erinnert. Wie haben Sie sich an diesem Ort und zu dieser Zeit gefühlt? Wie stehen Sie heute zu diesen Gefühlen?

## Fahrzeuge

Wenn wir uns aus eigener Kraft fortbewegen können oder sollten, teilt uns das der Traum dadurch mit, daß wir zu Fuß gehen oder mit einem Fahrrad fahren. Anders ist es bei öffentlichen Verkehrsmitteln und dem Auto.
Das Auto kommt im Traum zunächst als LKW und als PKW vor. Als Lastwagen verweist es auf die Last, die wir mit uns herumtragen, und es ist wichtig zu wissen, was dieser LKW geladen hat, da es uns über unsere Lasten und Sorgen aufklärt. Als ich nach einem frustrierenden Arbeitstag, an dem mir das Schreiben große Schwierigkeiten bereitete, in einen Traum fiel, sah ich mich einen LKW fahren, der mit großen Papierrollen beladen war. Als ich aufwachte, hatte ich das Gefühl,

daß ich alle diese Rollen noch beschreiben müßte. Diese Angst löste ich dadurch auf, indem ich mir im Tagtraum vorstellte, daß ich die Papierrollen kurzerhand verbrannte. Ich erfreute mich an der Asche, die über das Land flog.
Da ich selbst den LKW steuerte, wies das auf eine aktive Haltung meinerseits hin. Wird man dagegen gefahren, hat man nicht diese Kontrolle über das Ziel und seine Erlangung.

Träume man vom PKW, sind damit die individuelle Lebensbewältigung und die Lebensgestaltung angesprochen, bei der ich von anderen Menschen abgetrennt bin, wenn ich ihn alleine fahre. Beim Personenwagen ist die Automarke oder die Art des Gefährts besonders wichtig, denn mit ihr hängt der Symbolwert zusammen.
Der Zug ist dagegen ein kollektives Fortbewegungsmittel. Er wird in der Traumdeutung Freuds nicht gerade sehr positiv betrachtet, was daran liegt, daß Sigmund Freud Angst vor der Eisenbahn hatte und deswegen nur sehr ungern Zug fuhr. An diesem Beispiel sehen Sie, wie wichtig die Betrachtung persönlicher Erlebnisse und Erfahrungen mit den Traumsymbolen sind. Ich beispielsweise fahre gerne mit dem Zug und so besitzt dieses Traumsymbol eine positive Bedeutung für mich. Zug heißt für mich, sich in Ruhe und bequem von einem Ort zum anderen zu begeben und dabei zu arbeiten und die Gedanken fliegen zu lassen mit der vorbeiziehenden Landschaft.
Wichtig beim Zug und der Straßenbahn ist der festgelegte Weg, von dem es keine individuellen Abweichungen gibt. Damit besitzen alle öffentlichen Verkehrsmittel einen Hinweis auf eine kollektive Bewegungsrichtung. Der Autobus ist als ein nicht an Schienen gebundenes Fahrzeug individueller als Straßenbahn und Zug. Der Bus drückt in der Regel unseren Gemeinschaftssinn aus.
Relativ häufig sind Träume, in denen der Träumer den Zug nicht erreicht. Das verweist nicht selten auf ein Lebensgefühl, daß das eigene Leben ungenutzt vorübergeht oder man eine Chance versäumt hat. Freud beschäftigte sich ausführlich mit diesem Traum-Motiv und sah darin allerdings eine beruhigende Nachricht: »Abreisen« ist für ihn ein anderer Ausdruck für sterben, und wenn der Zug im Traum bereits weg ist, so sagt dies dem Träumer, daß es eben nicht an der Zeit ist abzureisen.

*Wasserfahrzeuge*
Die Fortbewegung auf oder in dem Wasser deutet auf unsere Beziehung zu unseren Gefühlen hin. Wenn wir schwimmen, dann sind wir im direkten Kontakt mit dem das Gefühl symbolisierenden Wasser. Fahren wir in einem Boot, ist unser Kontakt zu unserem Gefühl distanzierter. Dabei ist zu beachten, ob das Boot ein Segelboot oder Motorboot ist, das wir selbst steuern oder ob es sich um eine Fähre oder ein Linienschiff handelt, das eine festgelegte Route fährt. Steuern wir das Boot selbst, gehen wir nach eigenem Willen und mit eigenen Vorstellungen mit unseren Gefühlen um. Beim Segelschiff wird auf die treibende Kraft des den Intellekt symbolisierenden Winds verwiesen.
Befinden wir uns auf einem Linienschiff, gehen wir meist unbewußter mit unseren Gefühlen um, es sei denn, wir sehen uns als Kapitän dieses Schiffs.

*Luftfahrzeuge*
Die Fortbewegung in der Luft weist auf unsere Beziehung zu Geist und Intellekt hin. Wer sich in die Luft und in die Höhe begibt, der bekommt einen guten Überblick. Auf der anderen Seite deutet das Fliegen auch stets auf das Abheben hin; das heißt, wir sollten uns mehr um unsere Erdung, also um unser Alltagsleben kümmern.
Fliegen kann im Traum in verschiedener Weise gestaltet werden: Wir können im Traum selbst fliegen, indem wir uns einfach in die Luft erheben. Einige amerikanische Traumforscher, die von der Evolutionstheorie beeinflußt sind, sehen in solchen Flugträumen eine Regression auf die Phase der Entwicklung als Fötus, als dieser einem *Vogel* glich.
Wir können aber auch im Flugzeug, im Zeppelin oder in einem Ballon fliegen. Bei dem *Ballon* sind wir am meisten Spielball unseres Intellekts. Der *Zeppelin* verweist mit seiner unübersehbaren phallischen Form auf die Sexualität und das »Abheben« im Orgasmus. Auch das *Flugzeug* mag ähnliche Assoziationen auslösen. Ich erinnere nur an den Bestseller der amerikanischen Autorin Erica Jong »Angst vorm Fliegen«, der unter anderem auf diesen Assoziationen aufbaut.

## Reiseerlebnisse

Hier nun die Übersicht der wichtigsten Symbole aus dem Bereich Weg, Straße und Fahrzeug:

**Ampel:** Die Ampel regelt den Verkehr und gibt uns Befehle. Damit symbolisiert sie unser Über-Ich im Sinne Freuds oder unser Gewissen, durch das unser Über-Ich spricht. Tritt eine Ampel im Traum auf, ist darauf zu achten, wann sie einem grünes Licht gibt, wann sie einen mit gelbem Licht warnt und wann sie einem mit rotem Licht zum Anhalten auffordert.

**Auto:** Das Auto verbildlicht im Traum, wie wir unseren individuellen Lebensweg gehen und planen. Achten Sie darauf, ob Sie schnell oder langsam fahren, ob Sie allein oder zu mehreren im Auto sitzen und um welches Fabrikat es sich handelt. Das Auto ist zugleich Sexual- und Prestigeobjekt, vor allem aber Symbol des Rollens und der eigenen »Rolle« – Inbegriff der Lebenser-fahr-ung!
Sigmund Freud betonte, daß der »Wagen« im Traum den Fortgang eines laufenden Ereignisses beschreibt. Er bedeutet auch, daß wir mehr *wagen* sollten oder wollen.
*Lastkraftwagen* (LKW): Der LKW deutet auf die Lasten, die wir mit uns herumtragen. Hier sind Sorgen, Ängste und Nöte angesprochen. Jedoch ebenso die Fähigkeit oder Dringlichkeit, *vieles* zu bewegen.
*Personenkraftwagen* (PKW): Der PKW deutet auf unseren persönlichen Lebensweg wie auf den eigenen Lebensstil hin.

**Autobahn:** Auf der Autobahn kommt man schnell und problemlos voran, es sei denn, dort gibt es einen Stau, der auf abgeblockte Lebensenergie verweist. Gleichzeitig ist die Autobahn der kollektive breite Weg, der meist schnell zum Ziel führt, ohne jedoch besonders interessant und umweltgerecht zu sein. – Auch Symbol des ständigen Unterwegsseins, Vielfahrer, Fernfahrer, Heimatlose, der Beton als Ersatzheimat.

**Ballon:** Der Fessel- und Heißluftballon verbildlicht unser Abheben und deutet auf Abenteuerlust hin. Zugleich verschafft er uns einen Überblick über unsere Situation. Da wir uns in die Luft erheben, um vom Wind bewegt werden, ist mit diesem Traumsymbol auch unsere intellektuelle Seite angesprochen. Oft im Traum ein Versuchsballon ...

**Beifahrer/in:** Die heimliche Angst vor der eigenen Freiheit stellt sich im Traum in der Figur des Beifahrers dar: Das »Beifahrer-Syndrom«. – Positives Zeichen der Kooperationsbereitschaft und des Vertrauens.

**Boot** (Schiff): Mit dem Boot oder Schiff bewegen wir uns auf dem Wasser, das unser Gefühl symbolisiert. Mit wem man sich zusammen auf dem Boot befindet, mit dem hat man ein enges Verhältnis beziehungsweise mit dem hängt man besonders zusammen (vergleiche das deutsche Sprichwort »Wir sitzen alle in einem Boot«).
*Motorboot:* Mit dem Motorboot versucht man schnell voranzukommen, vertraut dabei jedoch weniger seiner eigenen Kraft.
*Tretboot:* Mit dem Tretboot vertraut man seiner eigenen Kraft und bewegt sich mit ihr durch sein Gefühl. Außerdem verweist das Tretboot an Urlaub, Entspannung und Freizeit.
*Ruder- oder Paddelboot:* Wie beim Tretboot kommt man auch beim Ruder- und Paddelboot durch eigene Kraft voran und auch hier wird auf die Freizeit verwiesen. Kajak, Kanu u.a.: Selbständiger Umgang und eigener Weg, der bewußte Umgang mit Gefühlen und seelischen Erfordernissen.
*Segelboot:* Beim Segelboot ist es der Wind, der einen voranbringt. Mit dem Wind wird die Kraft des Intellekts und des Geistes symbolisiert, die den Träumer antreibt und vorwärtsbringt.

**Brücke:** Die Brücke ist ein archetypisches Symbol, das auf die Verbindung zweier getrennter Bereiche verweist. Betrachten Sie, was die eine und was die andere Seite der Brücke symbolisiert, und beobachten Sie Ihre Träume danach, wie Sie die beiden Ufer oder Welten in Ihrem Leben verbinden können.

**Bus:** Der Autobus verbildlicht die kollektive Bewegung auf dem Lebensweg. – Bus als großer PKW: Familie, Clique, Gruppe – starkes Wir-Bewußtsein, eventuell schwaches Ich-Gefühl.

**Eisenbahn:** Die Eisenbahn symbolisiert eine kollektive Bewegung auf dem Lebensweg. Dabei verweist die Eisenbahn eher auf eine Starrheit, da sie an den Schienenweg gebunden ist, als der Bus, der zur Not individuelle Wege fahren kann. – Die *Bahn*, auch als Straßenbahn, möglicherweise als Schwebe-, Bergbahn usw., steht darüber hinaus als Zeichen für die persönliche Befähigung oder die Lernaufgabe, sich in gemeinschaftliche Lebenszusammenhängen zu integrieren und diese mit den eigenen Zielen zu verbinden. Die Bahn erreicht Ziele oder erbringt Leistungen, die *nicht individuell zu erreichen* sind. – Achtung vor »Trittbrettfahrern«!

**Fahrrad:** Beim Fahrrad bewegen wir uns aus eigener Kraft und auf eigenen Wegen fort. Betonung der Eigenwilligkeit. Streben nach Unabhängigkeit, möglicherweise Schwierigkeiten mit der Nutzung kollektiver Einrichtung und Errungenschaften. – Manchmal wird mit diesem Traumsymbol auch die Anstrengung des Fahrradfahrens angesprochen. – Warnzeichen, wenn es um den »gemeinen« Radfahrer geht: »Nach unten treten, nach oben buckeln«.

**Flugzeug:** Mit dem Flugzeug bewegen wir uns in der Luft und damit im Bereich des Intellekts, des Geistes und der Geister. Von dort oben haben wir den Überblick.

**Garage:** Hier kommt die Bewegung zur Ruhe. – Nicht selten »Heimat« oder »Hafen« bezogen auf das Autofahren. Wie der Parkplatz eine Antwort auf die Frage, wohin mit der eigenen Energie!

**Hafen:** Der Hafen ist das Ziel der Reise über das Wasser. Da das Wasser unser Gefühl verdeutlicht, kann man den Hafen als Ziel unserer Sehnsucht ansehen, als das er oft besungen wird. – Auch: »Hafen der Ehe« sowie Symbol wichtiger Lebensziele.

**Hinweisschild** (Verkehrszeichen): Dieses Traumsymbol gibt uns Anweisungen, wie wir uns zu verhalten haben. Sehen Sie das Gebot oder Verbot des Hinweiszeichen als eine Äußerung Ihrer inneren Stimme an, die Sie sicher leiten möchte. Auf der anderen Seite kann durch dieses Traumsymbol auch Ihr Über-Ich angesprochen werden, das Ihnen allgemein einzuhaltende Regeln diktiert.

**Hubschrauber:** Mit dem Hubschrauber begeben Sie sich in die Luft, wo Sie äußerst beweglich sind. Oftmals verweist der Hubschrauber deswegen auf einen beweglichen und freien Intellekt. Warnt vor geistiger und gedanklicher Unberechenbarkeit.

**Kurve:** Die Kurve – besonders als scharfe Kurve – verweist auf eine Änderung in Ihrem Lebensweg. Entweder ist diese Änderung fällig, oder sie wurde gerade vollzogen. Es ist für den Träumer wichtig darauf zu achten, wie scharf die Kurve ist, denn das sagt ihm, ob er sich völlig oder nur ein wenig ändern muß . . .

**Öl:** Das Öl ist jener Stoff, der die Bewegung reibungslos laufen läßt. So symbolisiert es meistens Probleme, die vermindert werden sollten. Achten Sie darauf, woher das Öl kommt. – Ölspur auf der Straße, auf dem Wasser u.a.: Warnsignal, Umweltprobleme im tatsächlichen oder im symbolischen Sinne, Verunreinigung.

**Panne:** Eine Panne deutet auf Probleme auf dem Lebensweg hin. Man kommt nicht mehr vorwärts und muß etwas ändern (reparieren). Man ist auf die Hilfe anderer angewiesen oder muß sich selbst durch sein Wissen und seine Intuition helfen. – Geduldsprobe.

**Parken:** Das Parken symbolisiert wie die Garage, daß die Bewegung zur Ruhe kommt.

**Polizist:** Der Polizist verbildlicht oft unser Über-Ich und die verinnerlichte Autorität. Polizisten können häufig ein Symbol unserer Schattenseite sein, die von falscher Autorität und Gläubigkeit geprägt ist.
Sehr häufig symbolisiert das Traumsymbol Polizist unsere Einstellung zu unserem Vater, die dann auf unsere Einstellung anderen Autoritäten gegenüber übertragen wird.

**Reifen:** Der Reifen ist das, was uns vorwärts bringt und was sich in unserem Leben dreht. Ist der Reifen platt, fehlt uns die Energie, die Luft und/oder die Erdung, um auf unserem Lebensweg voranzukommen. Sind Sie platt? Ist Ihnen die »Luft« ausgegangen?
*Ersatzreifen:* Der Ersatzreifen ist die Energie, die wir nicht nutzen, um vorwärtszukommen. Er symbolisiert auch unser Energiereservoir.

**rückwärts fahren:** Diese Situation verdeutlicht entweder, daß wir uns zurückwenden sollten, um uns klar zu machen, woher wir kommen, oder daß wir uns auf dem Weg in die Regression (Zurückfallen in kindliches Verhalten) befinden. Besonders wichtig: Der *Rücken* ist der klassische Ort des Schattens (man denke zum Beispiel an die »Siegfried-Stelle«, der für einen selber nicht oder nur schwer zugängliche Bereich im Rücken zwischen den Schulterblättern, die andere oder buchstäblich die Rück-Seite des *Herzens*). Rückwärts schauen, heißt nicht nur, in die Vergangenheit blikken, sondern auch, die Kehrseite, die andere Seite der Medaille, eben die sonst nicht beachtete oder unsichtbare Schattenseite zu betrachten. Beim Rückwärtsfahren beachtet man diese Seite bewußt. Oder man sollte dies tun.

**Straße:** Die Straße symbolisiert stets unseren Lebensweg. Aller-

dings sollte man sich dennoch fragen, woher man diese Straße kennt und woran Sie einen erinnert. Achten Sie auf den Zustand der Straße und besonders darauf, ob sie stark oder wenig befahren ist. Befinden Sie sich alleine auf der Straße, mag dies auf Einsamkeit und einen einsamen Lebensweg deuten. Ist die Straße belebt, werden damit gesellschaftliche Aufgaben angesprochen. Falls die Straße einen Namen besitzt, ist auch dieser unbedingt bei der Deutung zu beachten.
*Einbahnstraße:* Dieses häufig im Traum auftretende Symbol verweist auf eine Eindimensionalität und Starrheit des Träumers.
*Küstenstraße:* Eine Küstenstraße im Traum stellt immer die Frage nach der Verbindung zwischen Erdung und Gefühl (Wasser). Küstenstraßen sind oft gewundene und schwer zu fahrende Straßen.
*Stau:* Die Straße ist so voll, daß Sie nicht mehr weiterkommen. Befinden Sie sich zu sehr oder einseitig auf ausgetretenen Bahnen? Vielleicht sollten Sie Ihre Richtung ändern? Was staut sich in Ihnen oder um Sie herum? Was wollen oder müssen Sie stauen und zum Stillstand bringen?
*Straßensperre:* Die Straßensperre ist ein drastisches Symbol dafür, daß es so nicht mehr weitergeht auf dem Lebensweg des Träumers. Häufig kann solch ein Symbol als Warnung verstanden werden.

**Straßenbahn:** Die Straßenbahn verdeutlicht die kollektive Komponente auf unserem Lebensweg, der relativ festgelegt ist.
*Untergrundbahn:* Dieses Symbol ist ähnlich wie die Straßenbahn zu verstehen. Ein Unterschied liegt jedoch darin, daß die U-Bahn unter der Erde fährt. also auf unser Unbewußtes verweist: Den *Untergrund* des Unterschwelligen und Hintergründigen.

**Tanken:** Tanken hängt im Traum stets mit der Energie zusammen, die wir benötigen, um unseren Lebensweg zu gehen. Wenn wir tanken müssen, bedeutet das, daß wir neue Energie für unseren weiteren Weg zu sammeln haben.
*Benzin:* Das Benzin symbolisiert die Energie, die uns vorwärtsbringt. Auf der anderen Seite ist Benzin ein gefährlicher Stoff, der leicht Feuer fangen und gar explodieren kann. Mit dieser Energie ist vorsichtig umzugehen.
*Tankstelle:* Die Tankstelle ist der Ort, an dem wir unsere Energie auftanken. Achten Sie

besonders darauf, wo dieser Ort liegt und woran er Sie erinnert.
*Öl:* Das Öl vermindert die Reibung und verweist so als Traumsymbol auf die Möglichkeit einer reibungslosen Bewegung hin.

**Taxi:** Das Taxi stellt im Traum ein Symbol für das Unterwegssein dar. Man bewegt sich nicht aus eigenen Kräft fort, sondern man wird fortbewegt. Außerdem kann es auch auf Bequemlichkeit hindeuten.

**Traktor:** Der Traktor oder Trecker ist ein Nutzfahrzeug und in diesem Sinn ein nützliches Fahrzeug auf dem Lebensweg. Man kommt mit ihm zwar nicht schnell, aber doch in den meisten Situationen voran. Er gleicht einem Bullen oder Elefanten, der auch in sonst ausweglosen Situationen weiterweiß. Außerdem drückt sich in diesem Symbol die romantische Sicht des Landes, wie sie bei Städtern beliebt ist, aus.

**überholen/überholt werden:** Es ist offensichtlich, daß andere Menschen besser oder zumindest schneller als wir sind. Solche Traumsituationen treten meist dann auf, wenn man sich schwach und unfähig fühlt. Auch bei Minderwertigkeitsgefühlen und wenn man sich unterschätzt, fordert diese Traumsituation einen auf, sich auf seinen eigenen Rhythmus, seine eigene Geschwindigkeit und seine eigenen Fähigkeiten zu besinnen.

**Umleitung:** Dieses Traumsymbol zeigt an, daß der direkte Weg Ihnen versperrt ist, also nehmen Sie einen anderen Weg. Es führen stets viele Wege zum Ziel. Man kann seinen eingeschlagenen Weg auf diese Weise nicht fortsetzen.

**Unfall:** Das Traumsymbol des Unfalls warnt einerseits vor Hemmungen, Schwierigkeiten und Gefahren auf dem Lebensweg. Seien Sie umsichtiger! Überdenken Sie noch einmal Ihre Pläne und Aktivitäten.
Zum anderen zeigt ein Unfall auch die Chance an, die darin besteht, seinen Lebensweg zu verlassen und auszubrechen. Im Sinne des Krisenmanagements drückt das Traumsymbol Unfall häufig aus, daß man im Alltag eine leichte Krise produzieren sollte, um sich vor einer drastischen und aufgezwungenen Krise zu schützen; aber das ist Geschmackssache.
Ich habe viele Träume von Klienten bearbeitet, in denen der Unfall auch eine Sehnsucht nach Nähe und Kontakt ausdrückte, den man sich auf an-

dere Weise nicht zugesteht. Noch häufiger offenbarte sich in einem solchen Traum ein Unbehagen – an bestimmten Personen, Entwicklungen usw. –, das zuvor völlig im Schatten lag und durch den Unfall oder ein Mißgeschick im Traum endlich zum Ausdruck kam. – Je gründlicher man sich dieses Unbehagens bewußt wird und die entsprechenden Konsequenzen zieht, um so weniger braucht man sich im Alltag Sorgen zu machen.

**Verkehr:** Mit diesem Symbol wird die innere und äußere Bewegung des Träumers angesprochen. Bei Traumbildern des Verkehrs schwingt immer auch die Bedeutung Sexualverkehr mit.

**Weg:** Der Weg ist stets der Lebensweg des Träumers. Dabei ist besonders auf den Zustand des Wegs zu achten, was rechts und links des Weges zu sehen ist, wohin er führt, woher er kommt und ob er auf- oder abwärts führt. Was ist das Besondere an Ihrem Weg? Wie sehen Sie ihn, und wie sieht er mit den Augen von anderen aus?!
*Feldweg:* In diesem Bild drückt sich die Sehnsucht des Träumers nach Ruhe, Romantik und Idylle aus.
*Weggabelung* (Wegkreuzung): Bei der Weggabelung oder Kreuzung im Traum liegt eine Entscheidung an, die bewußt getroffen werden muß. Manchmal ist es gar nicht so wichtig, wie man sich entscheidet, sondern daß man sich entscheidet.

**Zeppelin:** Der Zeppelin gilt auf Grund seiner Form als das sexuellste unter den Luftfahrzeugen. Aber *Raketen* sind auch nicht schlecht . . .!

## Richtungen

Unter den Richtungen im Traum verstehe ich:
oben – unten
rechts – links
vorne – hinten und vorwärts – rückwärts
die Himmelsrichtungen Norden – Süden – Osten – Westen
Diese Grundrichtungen geben die symbolische Ordnung des Raums im Traum wieder. Dabei tritt der Gegensatz oben – unten häufig bei Treppen, Fahrstühlen, Straßen und Wegen auf. Rechts und links haben auch häufig mit Straßen und Wegen zu tun, bei denen man sich für eine Richtung entscheiden muß. Die vier Himmelsrichtungen kommen seltener im Traum vor, obwohl sie indirekt häufig einen Traum prägen. Bei jedem Platz und jeder Landschaft, von

der Sie träumen, treten diese Richtungen auf, die sich oft nur ansatzweise in einer Vierteilung bemerkbar machen. So träumte ein jüngerer Klient von mir von einem großen Platz mit vielen Tauben. Als plötzlich ein Schuß zu hören war, flogen die Tauben in vier Richtungen aufgeschreckt fort. Erst bei genauerem Nachfragen erinnerte sich der Träumer, daß diese Richtungen in der Tat rechtwinklig zueinander standen.

Was zeigen die unterschiedlichen Richtungen an?
Es gibt im Traum immer eine linke und rechte Seite und oft auch ein Oben und Unten. Achten Sie immer darauf, wo das Traum-Ich herkommt und wo es sich hinwendet.
Besonders deutlich werden die Seiten im Traum, wenn wir uns für eine Richtung entscheiden müssen, wie in der typischen Traumsituation, in der man an eine Kreuzung gelangt und sich dann nach rechts oder links wendet. Oder wenn man sich im Traum entscheiden muß, ob man nun ins Tal oder auf den Berg geht. Aber nicht nur in diesen Situationen spielen die unterschiedlichen Seiten eine Rolle, sondernauch bei jedem Traumgegenstand, der zwei oder mehr unterschiedliche Seiten aufweist. Sie sollten sich dabei immer fragen, von welcher Seite Sie sich angezogen fühlen.

*Die linke Seite*
Die linke Seite ist weiblich, seelisch, gefühvoll, eigensinnig, magisch, hexisch und im Aberglauben unheilverkündend. Das drückt schon unsere Sprache aus, die *links* mit *linkisch* verbindet. Natürlich handelt es sich hierbei um eine Dämonisierung des Weiblichen durch das Patriarchat. Auf Grund dieser Dämonisierung wird die schwarze Magie als linkshändige Magie bezeichnet. Grundsätzlich verweist jedoch die linke Seite im Traum stets auf die weibliche Seite des Träumers. Diese enge Beziehung zwischen links und weiblich wird im mutterrechtlichen Tibet dadurch ausgedrückt, daß sich die Gebetsmühlen linksherum drehen.
Die linke Seite im Traum wird mit folgenden Eigenschaften verbunden: Sie ist bewahrend und anhaftend, beharrend und empfangend. Links wird auch oft mit der Vergangenheit verbunden und mit der Geschichte des Träumers. Ferner verweist die linke Seite auf eine Wendung nach Innen, auf eine meditative Haltung und auf die Introversion (das Gerichtetsein nach innen).

*Die rechte Seite*
Die rechte Seite wird mit dem männlichen Archetyp verbunden. Sie steht für die Kraft der Tat und des Wissens; sie wird im Patriarchat als heilbringend und »richtig« angesehen. Auf der Ebene der Sprache drückt sich diese Verbindung in der Wortverwandtschaft von *rechts*, *Recht* und *richtig* aus. Der rechte Weg ist der richtige Weg für einen; er ist der zielgerichtete Weg. Alle zielgerichteten Bewegungen wie kämpfen, herrschen, erobern und wollen werden mit der rechten Seite assoziiert. Ferner symbolisiert die rechte Seite die Extraversion (das Gerichtetsein nach außen).

*Oben und unten*
In relativ vielen Träumen spielt auch der Gegensatz von oben und unten eine wichtige Rolle. Er ist hauptsächlich bei Gebäuden, in den Bergen und beim Straßenverlauf wichtig. Wir sahen schon, daß beim Haus oben das Geistige, unten das Emotionale symbolisiert wird, ebenso ist es beim Baum, beim dem unten die Erdung und oben das Geistige verbildlicht ist.
Ist Ihnen schon einmal aufgefallen, daß im Traum niemals oben wie unten ist? Aus symbolischen Gründen sind oben und unten immer eindeutig voneinander unterschieden.

*Oben*
Was oben ist, symbolisiert den männlichen Archetyp. Es steht für das Bewußte und Intellektuelle. Oben ist das Reich des Himmels und der Luft, es ist der Ort der Sonne und des Lichts. Oben wird im Patriarchat mit dem Göttlichen, der Klarheit und auch dem Erfolg verbunden. Oben ist Herrschaft als die Macht der Herren. Das Patriarchat suchte seinen Gott stets oben im Himmel und betete deswegen das Geistige an und verteufelte das Körperliche.

*Unten*
Unten hängt mit der Macht des Weiblichen zusammen. Das Matriarchat sah seine Göttin immer als der Erde und den Höhlen verbunden an, und es betete das Körperliche und die Natur an. Unten ist der Ort des Triebs, wie im Körper die beiden unteren Energiezentren der Sexualität verbunden sind.
Was unten ist, symbolisiert also den weiblichen Archetyp. Unten heißt kreativ und triebhaft, was beides eng zusammenhängt. Und jeder Weg nach unten im Traum entspricht einem Abstieg in die Tiefe und damit eine Verbindung mit seinem Unbewußten. Allerdings kann dieser Abstieg auch mit Verderben, Depression und Niedergang zusammenhängen.

Mit folgenden Richtungen werden wir für gewöhnlich im Traum konfrontiert, die alle symbolisch zu deuten sind:

**außen:** Wer häufig vom Außen träumt, indem er beispielsweise ein Haus immer nur von außen sieht, der sollte sich mehr um seine Innenwelten kümmern. Er kann sich mit der Tagtraumtechnik einmal in das Innere begeben und schauen, was ihm dort begegnet. Solche Traumsituationen, in denen man sozusagen »außen vor« bleibt, treten häufig bei einseitig extravertierten Menschen auf, denen es guttäte, sich mehr ihrer Innenwelt zuzuwenden.

**gerade:** Ist ein Traum von der geraden Richtung gekennzeichnet, so mag das zwei unterschiedliche Ursache haben:
1. Der Träumer sollte sich klarer in seinem Leben ausrichten und bewußter sein Leben leben und gestalten.
2. Der Träumer lebt in zu starren Vorstellungen und einer zu geordneten, sterilen Welt. Er braucht mehr Auflockerung.

**diagonal:** Diagonale Richtungen weisen im Traum stets darauf hin, daß Entferntes miteinander verbunden werden muß. Die diagonale Richtung tritt im Traum häufiger bei Wegen, Gebäuden und bei Mustern an Gegenständen auf.

**hoch:** Was hoch ist, das ist dem Himmel und somit dem männlichen Archetyp verwandt. »Hoch« hängt schon sprachlich mit »Erhöhung« zusammen. Allerdings ist auch immer zu beachten, daß dasjenigen tief fallen kann, das sehr hoch ist. Hoch kann mit Erfolg verbunden sein, allerdings auf der anderen Seite auch mit Überheblichkeit und Selbstüberschätzung.

**innen:** Vom Innen träumt hauptsächlich der introvertierte Typ nach Jung. Frauen in der Lutealphase (Zyklusphase zwischen Eisprung und Menstruation) träumen typischerweise häufig von Innenräumen. Innen hängt immer mit Schutz und damit mit dem weiblichen Archetyp zusammen. Wer häufig von Innenräumen und Höhlen träumt, und wer davon träumt, daß er in Verkehrsmitteln sitzt, der sollte mit Hilfe der Tagtraumtechnik seine Außenräume erkunden.

**links:** Eine Richtung, die symbolisch auf die weiblichen Qualitäten des Träumers verweist.

**Norden:** Der Norden wird mit der Kälte verbunden und damit auch mit Distanz und Zurückhaltung. Häufig assoziieren Träumer zum Norden auch die Dunkelheit und das Wilde.

**oben:** Eine Richtung, die symbolisch auf die männlichen Qualitäten des Träumers verweist.

**Osten:** Aus dem Osten kommt das Licht: »*ex oriente lux*« und damit auch die Erleuchtung oder das Bewußtsein. Ferner steht der Osten für den spirituellen Ausdruck des Menschen. Außerdem für Ostern sowie für die Länder des nahen und fernen Ostens mit ihren tatsächlichen und symbolischen Bedeutungen ...

**rechts:** Eine Richtung, die symbolisch auf die männlichen Qualitäten des Träumers verweist.

**rückwärts:** In die Vergangenheit, zur Rückseite, Kehrseite, zum Schatten, zur Quelle oder zur Herkunft hin.

**Süden:** Der Süden wird mit der Wärme und dem Licht verbunden. Er ist extravertiert und fröhlich.

**tief:** Die Tiefe symbolisiert fast immer die inneren Tiefe des Träumers. Wer von der Tiefe träumt, der sollte sich nicht vor ihr fürchten, sondern sich in diese Tiefe hinein begeben.

**unten:** Eine Richtung, die symbolisch auf die weiblichen Qualitäten des Träumers verweist. Unten ist der Ort des Triebs aber auch des Unbewußten.

**vorwärts:** In die Zukunft. Flucht nach vorne. Ohne Rücksicht. Oder ohne falsche Rücksichten.

**Westen:** Der Westen verweist auf unbegrenzte Möglichkeiten (vergleiche das »*go west*«-Gefühl der frühen Siedler in Amerika). Außerdem wird der Westen mit dem Feuchten und Nebeligen (Vernebelung) verbunden.

**zielgerichtet:** Handelt das Traum-Ich im Traum zielgerichtet, ist das meistens als ein Hinweis für den Träumer zu sehen, selbst auch zielgerichtet zu handeln. Nur in seltenen Fällen kann mit dieser Situation eine zu große Starrheit und einseitige Zielgerichtetheit des Träumers angesprochen werden.

Diese Richtungen entgehen uns häufig im Traum, wir übersehen sie, da sie sich nicht wie andere Traumsymbole aufdrängen. Dennoch hilft es sehr, wenn wir auf Richtungen und Seitenunterschiede im Traum achten, da sie die Mitteilung des Traums noch klarer herausarbeiten. Das ist genauso wie mit dem menschlichen Gesicht: Normalerweise bemerken wir gar nicht, daß es zwei erstaunlich unterschiedliche Hälften aufweist. Achten wir darauf, dann sagt das Einiges über unsere männliche und weibliche Seite aus.

## Labyrinth

Das Leben ist chaotisch und wir versuchen ständig einen Sinn auf dieses Chaos zu projizieren. Im Grunde können wir das Chaos nicht ertragen, geschweige denn eine höhere Ordnung in ihm sehen, obwohl die moderne Physik uns lehrt, daß das Chaos eine höhere Ordnung darstellt.

Alle diejenigen Traumsituationen und Traumsymbole, die uns chaotisch erscheinen, erinnern uns zum einen, daß unsere Welt nicht logisch zu ordnen und technisch vollständig zu bestimmen ist. Es ist ein Mythos unserer Zeit, daß der Mensch alles ordnen und regulieren kann. Wir sind keine Götter. Und je mehr wir unser Leben rational und logisch ordnen wollen, um so mehr gibt es Einbrüche des Irrationalen und Chaotischen, die sich in Traumsymbolen wie Labyrinth und Chaos zeigen. Daß wir unsere Außenwelt genauso wenig wie unsere Innenwelt ordnen können, zeigt unter anderem die ökologische Krise, zeigen Krankheiten wie beispielsweise Aids und Krebs.
Als Psychologe und Therapeut kann ich immer wieder beobachten, daß es gesund ist, sich vom Chaos und Unbegreiflichen berühren zu lassen. Damit machen wir Kontakt mit der tieferen Ordnung, die hinter unserer oberflächlichen Ordnung wirkt. So sollten wir dankbar für die Träume sein, die uns wieder mit unserem Urgrund, nämlich dem Chaos verbinden. Wir sollten vor diesen unschaubaren Situationen keine Angst haben. Aber das ist natürlich leichter gesagt, als getan.
Treten in Ihren Träumen chaotische Situationen auf, oder erleben Sie Ihre Träume als chaotisch, dann machen Sie sich klar, daß dies meistens ein Zeichen ist, daß Sie in einem zu starren Ordnungssystem leben. Wer über längere Zeit in solch einem Ordnungssystem lebt und an ihm festklammert, der erstarrt unweigerlich innerlich und äußerlich und geht an seiner eigenen Starrheit zu-

grunde. Das Chaos und das Labyrinth treten als Erlösungssymbole im Traum auf. Sie wollen vor unserer Erstarrung erretten, indem sie uns die andere Sicht der Welt präsentieren. Die Chance liegt darin, diese Sicht anzunehmen und nicht vor ihr die Augen zu schließen.

Einige Traumsymbole aus diesem Bedeutungsfeld wie beispielsweise Krieg und Revolution finden Sie im Kapitel »Abenteuer und Gipfelerlebnisse«. Ausführungen über die Krankheiten, die als Chaos des Körpers angesehen werden können, finden Sie im Kapitel »Gesundheit und Wohlbefinden« näher beschrieben.

**Blindheit:** Das Traumsymbol Blindheit zeigt uns an, daß wir etwas nicht sehen beziehungsweise nicht sehen wollen. Es tritt immer dann auf, wenn wir vor wesentlichen Einsichten unsere Augen verschließen.
Da die Wahrnehmung tiefgreifend unser Bewußtsein beeinflußt, deutet die Blindheit im Traum auch auf eine Bewußtseinsschwäche hin. Ähnlich wie beim Traumsymbol Schlaf wird hier darauf hingewiesen, daß wir – zumindest partiell – unbewußt sind.
Fragen Sie sich bei diesem Traumsymbol stets, was Sie denn sehen sollen. Normalerweise gibt die Ihnen die Traumsituation Hinweise dazu. Der »blinde Fleck«.

**Chaos:** Das Chaos ist die Mutter aller Dinge. Wenn Sie einen ganzen Traum oder eine Traumsituation als chaotisch erleben, machen Sie sich klar, daß Sie mit einer anderen Welt Kontakt machen, die genauso in Ihnen lebt, wie Ihre geordnete Welt. Diese Welt zeigt sich nachts im Traum, da Sie sie tagsüber verdrängen und nicht wahrnehmen wollen. Sie fühlt sich sozusagen stiefmütterlich behandelt und meldet sich zu Wort, wenn Ihr Bewußtsein im Schlaf getrübt ist. Wenn Sie jedoch Ihre Lebensenergie nutzen und kreativ durch Ihr Leben gehen wollen, dann ist es unbedingt notwendig, diese Seite Ihres Innenlebens nicht nur wahrzunehmen, sondern sie auch in Ihr Alltagsleben zu integrieren. Dadurch stärken Sie Ihre intuitiven Fähigkeiten und Sie können Dinge vorausahnen und so sicherer durchs Leben gehen.
Chaos tritt im Traum immer auf, wenn die Gefahr der Erstarrung droht. Man könnte auch sagen, daß sich das Chaos immer dann im Traum äußert, wenn der Träumer oder die Träumerin zu einseitig dem

männlichen Archetyp verfallen ist.

**Dunkelheit:** Das Traumsymbol Dunkelheit ist ähnlich zu deuten wie das der Blindheit: Das Bewußtsein des Träumers ist schwach. Allerdings ist die Dunkelheit weniger drastisch als die Blindheit, da man in ihr noch etwas, zumindest Konturen, erkennen kann. Es handelt sich also bei diesem Traumsymbol nicht um eine Bewußtseinslücke, sondern um eine Bewußtseinsschwäche. Es fehlt die Unterscheidungsfähigkeit und die Differenzierung.
Das Traumsymbol Dunkelheit deutet immer darauf hin, daß der Träumer oder die Träumerin Licht in ihr Bewußtsein bringen sollte; das heißt, bewußter werden sollte.
Die Dunkelheit ist ein archetypisches Symbol für die lebensspende Kraft des Weiblichen, da aus dem Dunkel jedes Leben erwächst. So war auch die Farbe Schwarz am Anfang der Kulturen, so sagt man, die heilige Farbe der Großen Mutter. In patriachalischer Zeit mit dem Aufkommen der Lichtmysterien wird jedoch das Dunkel dämonisiert und eine Dunkelangst entsteht, da der männliche Geist in der Dunkelheit seine Orientierung verliert. Der Dunkelheit muß man sich hingeben, sie hängt mit der Passivität zusammen.

**Labyrinth:** Das Labyrinth oder der Irrgarten ist ein archtypisches Symbol, das in vielen Kulturen auftritt. Bekannt ist das Labyrinth im Palast von Kreta, in dem der griechische Held Theseus mit Ariadnes Hilfe den Minotauros erschlägt. Auch die Kelten kannten Rasenlabyrinthe, und es wird angenommen, daß Sie in diesen Labyrinthen tanzten.
Im Traum treten labyrinthartige Formen wie Spiralen und Irrgärten immer dann auf, wenn der Träumer sich verwirrt und orientierungslos fühlt oder wenn er an einem zu starren Lebenskonzept sich festklammert. Das Labyrinth ist grundsätzlich als der Lebensweg des Träumers zu deuten, der niemals geradlinig verläuft. Sich in das Labyrinth zu begeben, heißt auch, die Chancen des Lebens zu nutzen und sich in den Lebensfluß zu begeben. Und um es nochmals zu betonen: Lassen Sie sich ruhig verwirren. Die Verwirrung ist oftmals ein Zeichen für eine heilsame Änderung Ihres Lebens. Bedenken Sie immer, daß in der griechischen Mythologie der Held das Ungeheuer im Labyrinth erschlägt. Im Labyrinth werden also die destruktiven Triebe besiegt und

das mit Hilfe der Weiblichkeit – nämlich Ariadnes Faden.

**Sich verlaufen und umherirren:** Sehr häufig verlaufen wir uns im Traum oder irren umher, ohne zu wissen, wo und wie es lang geht. Kennen Sie dieses Gefühl aus Ihrem Leben? Falls ja, dann beziehen Sie die Traumsituation auf Ihre Lebenssituation und versuchen Sie die genauen Umstände zu beschreiben. Wie beim Traumsymbol Labyrinth bedenken Sie auch immer, daß man durch das Umherirren und Sich-Verlaufen in neue Gebiete kommt, die man sonst nicht gesehen hätte. Es liegt also eine Chance darin, den rechten Weg zu verlieren. Wenn man jedoch zu häufig den rechten Weg und sein Ziel aus dem Auge verliert, dann sollte man sich diszipliniert um eine Orientierung bemühen. Es kommt immer auf das Maß an: Sich treiben zu lassen und Zielgerichtetheit sollten idealerweise ausgeglichen sein. Deswegen treten diese Traumsituationen auch gerade dann auf, wenn man zu zielgerichtet und nur zielgerichtet durch sein Leben gehen möchte. Das entspricht der Natur.

**Verwirrtheit:** Verwirrtheit zeigt im nächtlichen Traum fast immer an, daß der Träumer oder die Träumerin auch in ihrem alltäglichen Leben verwirrt ist. Dieses Traumsymbol ist als ein Hinweis zu deuten, daß man sich seine Verwirrung bewußt macht und damit den ersten Schritt unternimmt, sie auch abstellen zu können. Da fast jedes Traumsymbol zwei Seiten besitzt und aus der Spannung lebt, die seine Polarität erzeugt, tritt die Verwirrtheit im Traum auch als Hilfe auf. Sieht man eine Situation im Alltagsleben zu starr und eindimensional, dann muß diese ungute Starrheit durch eine Verwirrtheit wieder aufgelockert werden, so daß man neue Möglichkeiten und Zugangsweisen erkennn kann.

**Wahnsinn:** Der Wahnsinn deutet im Traum daraufhin, daß man eine Situation mit dem falschen Sinn belegt. Man hat den Kontakt mit dem wahren Sinn verloren und lebt im Wahn, das heißt, die Ansicht des Träumers geht an seiner Realität vorbei. Das Traumsymbol Wahnsinn ist ein Hinweis, einen neuen Sinn zu finden. Das mag nun ein neuer Lebenssinn oder eine veränderte Sicht der Situation sein. Sie brauchen keine Angst zu haben, dieses Traumsymbol zeigt normalerweise nicht an, daß Sie wahnsinnsgefährdet sind, sondern nur, daß Sie Ihre Sicht der Dinge und Situationen korrigieren müssen.

**Wiederholungen:** Wiederholungen kommen im Traum als zwanghaftes Verhalten vor oder als ständig wiederkehrende Traumsymbole. Wiederholungen, die uns unglücklich machen, bezeichnete Sigmund Freud als Neurose.
Treten in einem Traum oder in Traumserien immer wieder gleiche Verhaltensweisen, gleiche Situationen oder gleiche Traumsymbole auf, möchte einem der Traum sagen, daß man seine zwanghaften Wiederholungen im Alltagsleben aufgeben sollte. Der Traum möchte mit dieser Information bei Ihnen ein Bewußtsein für Ihre Wiederholungen schaffen. Wenn dieses Bewußtsein gegeben ist, kann man die Wiederholungen auch – zumindest auf die Dauer – ablegen.

## Zeit, Zeiten

An dieser Stelle möchte ich die wenigen wichtigen Symbole der *Zeit* im Traum betrachten.

**Jahreszeiten:** In einigen Träumen kann man deutliche Hinweise auf die Jahreszeiten finden. Wie sieht die Natur aus? Welches Wetter und welche Lichtverhältnisse herrschen vor?

*Frühling:* Der Frühling symbolisiert im Traum die Zeit des Neuanfangs. Die Lebensenergien kehren zurück, was auf Aktivität und »bessere Zeiten« verweist.
*Herbst:* Im Herbst vermindert sich die Lebensenergie, was im Traum anzeigt, daß eine Zeit für eine Verringerung der Aktivitäten angesagt ist. Zugleich ist der Herbst die Jahreszeit der Ernte. Man kann jetzt das nutzen und aus dem schöpfen, das man sich erarbeitet hat.
*Sommer:* Der Sommer ist durch Sonnenschein und Wärme geprägt. Im Traum verweist diese Jahreszeit auf eine positive Stimmung und/oder Bewußtseinsklarheit.
*Winter:* Der Winter symbolisiert im Traum die Zeit der Ruhe und Besinnung. Man wendet sich nach innen.

**Kalender:** Der Kalender und besonders der Terminkalender verweist immer auf die Zeit im Traum und meistens auf die Zeit, die man im alltäglichen Leben nicht hat. Je gehetzter man sein Leben führt, um so eher erscheint dieses Traumsymbol im Traum. Es verweist darauf, daß man seinen Alltag besser planen sollte.

**Lebensalter:** Traumpersonen haben ein bestimmtes Alter, das

man meistens im Traum nicht beachtet. Es kann aber bei der Deutung helfen, dieses Alter mitzuberücksichtigen. Treten im Traum Kinder oder alte Menschen auf? Gehören alle Traumpersonen einer Altersgruppe an?
*alte Menschen:* Alte Menschen im Traum verweisen erstaunlicherweise für viele Traumdeuter/innen auf Langsamkeit. Das scheint mir jedoch allzu vordergründig zu sein. Mit Sicherheit kann ich aufgrund meiner Therapieerfahrungen sagen, daß wichtiger und häufiger alte Menschen auf die Auseinandersetzung mit den eigenen Vorfahren, auf Wünsche und Ängste in bezug auf die eigenen Lebensziele sowie schließlich auf gewisse archetypische Erfahrungen (der oder die alte Weise, Großvater und Großmutter als großer Vater und große Mutter u.a.m.) verweisen.
*Kinder:* Kinder deuten im Traum auf die volle Lebensenergie und auf das, was wachsen möchte.

**Tageszeiten:** Die Tageszeiten werden ähnlich wie die Jahreszeiten häufig im Traum übersehen. Allerdings kann man zumindest bei fast jedem Traum ausmachen, ob er am Tag oder in der Nacht stattfindet.
*Abend:* Der Abend ist auch im Traum die Zeit der Besinnung und des Übergangs zur Dunkelheit. Das kann auch darauf verweisen, daß man nicht mehr so klar und deutlich seine Situation sieht.
*Abenddämmerung:* Die Abenddämmerung ist die magische Zeit, jene Zeit in der die Fledermäuse fliegen und das Tagesbewußtsein sich zurückzieht.
*Mittag:* Der Mittag ist die Zeit des Sonnenhöchststandes und damit ein Traumsymbol für ein hohes Bewußtsein.
*Morgen:* Der Morgen als Traumsymbol verweist auf einen Neuanfang oder eine neue Chance.
*Nacht:* Die Nacht ist im Traum die Zeit des Besuchs der Anderswelt. Das zieht nicht mehr Geist (Intellekt), sondern das Gefühl (das Unbewußte). Die Nacht wird von dem Mond beherrscht. Sie ist die weibliche Zeit.

**Uhr:** Wie der Kalender, so deutet auch die Uhr im Traum meist auf die fehlende Zeit oder die Zeitnot hin. Achten Sie darauf, ob die Uhr die richtige Zeit anzeigt oder vor- oder nachgeht (man hat oft im Traum dafür ein Gefühl). Stehengebliebene Uhren verweisen häufig darauf, daß man eine Pause einlegen sollte.

*Armbanduhr:* Die Armbanduhr verdeutlicht im Traum sozusagen auf die Zeit, die man immer mit sich herumträgt. Dieses Traumsymbol ist ein verbreitetes Symbol für den verinnerlichten Zeitdruck.
*Bahnhofsuhr:* Das Traumsymbol Bahnhofsuhr deutet an, daß man immer unterwegs ist und sich deswegen gehetzt fühlt. Es kann auch darauf hindeuten, daß es höchste Zeit für eine notwendige Veränderung ist.
*Digitaluhr:* Die Digitaluhr ist die technische Uhr, die im Traum auf eine entfremdete Einstellung zur Zeit verweist. Man erlebt den Zeitablauf nicht mehr als einen Prozeß.
*Eieruhr:* Die Eieruhr verweist im Traum auf kleine Zeitabschnitte hin. Dies mag ein Hinweis darauf sein, daß man seine Zeit genauer, also in kleineren Abschnitten planen sollte.
*Kirchenuhr:* Die Kirchenuhr ist die große Uhr, die vom Kirchturm aus den Überblick besitzt und das Leben der Bewohner beherrscht. Zugleich wird hiermit auf die Spiritualität verwiesen und damit auf den inneren Rhythmus. Meiner Erfahrung nach tritt dieses Traumsymbol stets dann auf, wenn auf die Diskrepanz zwischen von außen bestimmter Zeit und innerem Rhythmus verwiesen werden soll.
*Pendeluhr:* Bei der Pendeluhr wird im Traum meistens auf den Ausschlag des Pendels verwiesen. Dieses Traumsymbol zeigt an, daß es auf und ab geht.
*Standuhr:* Die Standuhr verweist meistens im Traum auf die »gute, alte Zeit«.
*Wanduhr:* Die Wanduhr ist in ihrer Symbolik im Traum auf den Raum zu beziehen, in dem sie angebracht ist. Sie beherrscht die Zeit in diesem Raum, mit dem ein innerer Raum oder Bereich des Träumers oder der Träumerin angesprochen ist.
*Wecker:* Der Wecker oder die Weckuhr deutet als Traumsymbol fast immer daraufhin, daß man endlich erwachen sollte. Das heißt, daß man mit mehr Bewußtsein durch sein Leben gehen sollte. Das ist der Kampf gegen den Schlaf in Sinne von Gurdjieff.

Bei allen Zeitangaben im Traum sollte man zuerst darauf achten, ob diese Zeitangabe eine spezielle Bedeutung im Leben des Träumers oder der Träumerin hat. Das ist sofort einsichtig bei Daten, aber auch die tägliche Uhrzeit mag auf die Zeit des Aufstehens, einer Verabredung oder Sitzung verweisen.
Bei Personen und Orten im Traum sollte man sich stets

auch fragen, an welche Zeit sie einen erinnern. Häufig treten Personen oder auch Gegenstände im Traum auf, um den Träumer oder die Träumerin an eine spezielle in ihrem Leben zu erinnern. Es ist dabei wichtig zu beachten, in welcher geistigen und emotionalen Situation man damals lebte. Beziehen Sie das auf Ihre heutige Situation.
Oft kommt es vor, daß im Traum die Zeit stehenbleibt (Stagnation) oder rast (Streßsymbol). Das scheinbare Anhalten der Zeit kann als *Zeitlupe* verstanden werden, die Ihnen die Möglichkeit gibt, sich etwas genauer anzuschauen. Die Beschleunigung der Zeit wie im *Zeitraffer* kennzeichnet häufig ebenso eine Bewußtseinserweiterung.

In einem einzigen Traum und erst recht in Traumfolgen, die sich über eine längere *Zeit* erstrecken, können sich die verschiedenartigsten Zeiten, Zeitalter, Zeiträume, Zeitverläufe usw. mühelos und im Nu abwechseln. Vergessen Sie dabei bitte nicht, alles, was Sie im Traum erleben, ist Ihre *Gegenwart,* die sich so und nicht anders in Ihren Träumen darstellt. Auch die Vergangenheit, die Zukunft und sonstige nahe und ferne Zeiten, von denen Sie träumen, sind gegenwärtig. *Die Zeitverhältnisse im Traum sind ein Spiegel Ihrer Persönlichkeit.* Diese Regel läßt sich auf alle Traum-Symbole, bei denen die Zeit von Bedeutung ist, anwenden. Wer sagt: »Ich habe keine Zeit«, sagt symbolisch: »Ich habe keine *Persönlichkeit*« (zumindest keine, die für die eigenen Lebensumstände ausreichend entwickelt wäre). Die phantastische Fülle von Zeitepochen und Zeitebenen, die zum Teil synchron und zum Teil völlig verschieden verlaufen, sind insoweit ein deutlicher Spiegel für die vielen Epochen und Ebenen der eigenen Persönlichkeit, die es zu verwalten und zu gestalten gilt.

# Natur und Garten

## Wald

Der Wald ist wohl eines der häufigsten Symbole des Unbewußten. Dort leben die wilden Tiere im Gegensatz zu den domestizierten Tieren, die im Haus beziehungsweise im Stall leben. Die Märchen und die romantischen Dichter pflegten den Wald zum Schauplatz der Abenteuer zu machen, die stets als Abenteuer unserer Seele anzusehen sind. Im Wald leben die Räuber, hier also ist der Ort des Wilden und der aus der Gesellschaft (dem Bewußtsein) Ausgestoßenen. Ich erinnere nur an Helden wie Robin Hood, die nur im Wald leben können.
Gerade heutzutage in einer Zeit, in der der Wald abgeholzt und die Bäume sterben oder zu Papier werden, verlieren wir im Außen Orte des Wilden. Was man im Außen verliert, das sollte man zumindest noch im Inneren zu wahren versuchen. Wenn der »innere Wald« auch noch verschwindet oder durch Plastikbäume ersetzt wird (wie es an den highways in den USA geschieht), dann haben wir nicht nur unsere Wildheit verkauft, sondern auch den Bezug zu unserer Kreativität verloren.
Im Englischen nennt man die unberührte Natur *wilderness*, das ist die Wildheit, die es in unserem kalkulierten Alltagsleben nicht mehr gibt. Um so wichtiger ist es, diese Wildheit in unserem Inneren und zu erleben. Reste dieser undomestizierten Wildheit zeigen sich im Traum in den Bildern vom Wald, in dem nicht selten – wie zu Rotkäppchens Zeiten – die wilden Tiere leben. Der Wald ist voller Geheimnisse, da man nie weiß, was man hinter dem nächsten Baum treffen mag. Er ist das Dunkle und letztlich Unergründliche – also ein ideales Bild für unser Unbewußtes.

## Bäume

Ohne Bäume kein Wald. Der Baum symbolisiert die Verbindung von Himmel und Erde. Seine Wurzeln verankern

ihn tief in der Erde, und der Mythologie zufolge bergen sie einen wohlversteckten Schatz: Die Weisheit des Lebens. Wir sprechen auch vom Lebensbaum, den wir ironischerweise häufig auf Friedhöfen finden. Aber das ist schon die domestizierte Form des Baums. In all seiner Kraft erscheint er uns in den heiligen Bäumen der Germanen, zu denen besonders die mächtige Eiche, die harte Esche und die Eibe gezählt werden. Das sind Symbole der Urkräfte des Lebens. Alle diese Bäume gehen vermutlich auf den Archetyp des Baums der germanischen Weltenesche *Yggdrasil* zurück. Dieser immergrüne Baum breitet schützend seine Zweige über Himmel und Erde aus und auf seiner Spitze sitzt der Adler, der die Welt beobachtet, und ein Habicht, der das Wetter macht. Die das Schicksal symbolisierenden Nornen leben an seinem Stamm, und bei Unwettern suchen hier die wilden Tiere Schutz . . .
Im folgenden nun eine Liste der wichtigsten Bäume, die im Traum vorkommen können.

**Apfelbaum:** Den Druiden war der Apfelbaum heilig und das mythologische Avalon, wo König Artus begraben wurde, war die Insel der Apfelbäume. Als der Druidenorden in der Neuzeit wieder belebt wurde, trafen sich die Gründungsmitglieder unter einem Apfelbaum. Der Apfelbaum drückt als Traumsymbol romantische Sehnsüchte nach der Situation aus, in der die Welt noch in Ordnung ist. Oftmals tritt dieses Traumsymbol auf, wenn der Träumer oder die Träumerin sich vom Großstadtleben gestreßt fühlt.
*Apfel:* Der Apfel spielt in vielen Mythologien eine hervorragende Rolle. Paris reichte in Homers *Ilias* der schönen Helena den Apfel, womit er den Kampf um Troja auslöst. In der christlichen Mythologie reichte Eva Adam den Apfel als verbotene Frucht, wodurch nach gnostischer Tradition der Mensch sich vom strafenden Gott emanzipierte. Allerdings folgte auch hier das Desaster in Form der Vertreibung aus dem Paradies. Da der Apfel – wie die Äpfel der Hesperiden – ein Objekt der Begierde darstellt, kommt es durch ihn auch leicht zum Streit, weswegen der Volksmund auch den Begriff des Zankapfels geprägt hat.
Auf der anderen Seite besitzt nicht nur nach druidischer Auffassung der Apfel auch heilende Wirkung. Der Traum vom Apfel meint also sowohl das Objekt der Begierde und warnt so vor zu großer Gier, als er auch

auf heilende Kraft des Apfels verweist. Immer schwingt auch im Symbol des Apfels die Sehnsucht nach der Natur und einem natürlichen Leben mit. Die Erkenntnisfunktion, mit der die christliche Mythologie den Apfel belegt, wird nur sehr selten im Traum angesprochen.

**Buche:** Die Buche ist dem Volksglauben entsprechend derjenige Baum, in den der Blitz nicht einschlägt. Das heißt, daß die Buche ein verbreitetes Schutzsymbol darstellt.
*Blutbuche:* Die Blutbuche oder Rotbuche verweist durch ihre Farbe auf die volle Lebenskraft der Natur. In einigen Gegenden Europas war es üblich, Blutbuchen an Wegkreuzungen zu pflanzen (das ist heute noch in Somerset/England zu bewundern), wodurch diese rotblättrige Buchenart auch zum Symbol der Entscheidung wird.

**Buchsbaum:** Der Buchsbaum wird von vielen Menschen als »Friedhofsbaum« gekennzeichnet. Er verweist auf die Ruhe des Friedhofs, als den Park, in dem man seinen Frieden findet. Zum anderen ist er ein Baum, der unseren Breiten und besonders in England oft in besondere geometrische Formen geschnitten wird. Die Natur wird vom menschlichen Geist gestaltet und somit deutet dieses Traumsymbol an, daß man seine eigene Natur mehr gestalten sollte oder daß man sie zu sehr gestaltet und ihr zu wenig freie Entfaltungsmöglichkeit läßt.

**Eiche:** Die Eiche ist seit germanischen Zeiten ein heiliger Baum. Unter der Eiche fand man sich zusammen, um zu richten, aber auch um sich auszutauschen und gesellig zusammenzusein. Der Eiche wohnt eine starke männliche Energie inne und sie symbolisiert Bodenständigkeit. Symbolisch ist die Eiche auch Deutschland verbunden, wo es bezeichnenderweise viele Plätze mit dem Namen »deutsche Eiche« gibt.

**Feigenbaum:** Der Feigenbaum wird von den meisten Träumern entweder mit Urlaub oder mit dem Feigenblatt assoziiert, mit dem in Paradiesdarstellungen Adam und Eva ihre Geschlechtsorgane verhüllen.
*Feige:* Die Feige gilt als erotische Frucht, die süß wie die Sünde an das weibliche Geschlecht denken läßt.

**Linde:** Die Linde ist seit Walter von der Vogelweide der Baum, unter dem man sich trifft, um Freude und Spaß zu haben. Ihre Blüten wirken besonders bei fiebrigen Erkrankungen heilend. Als Traumsymbol kann die Linde im Sinne von Freude, Geselligkeit, Natursehnsucht und Heilung durch die Natur gedeutet werden.

**Nadelbaum:** Nadelbäume sind immer grün und werfen ihre Blätter, wie es im Volkslied heißt, nicht ab. Der Nadelbaum unterliegt nicht so sichtbar den Zyklen der Zeit wie die Laubbäume. Er drückt damit aus, daß man sich in die Natur begeben und seinen Zeitdruck vergessen sollte.

**Obstbaum:** Obstbäume besitzen etwas Anheimelndes, Liebliches und Nährendes. Mit diesem Traumsymbol wird wie bei den meisten Bäumen auf die harmonische und heilende Wirkung der Natur angespielt. Speziell steht hier die nährende Seite der Natur (in jeder Hinsicht für Körper und Psyche) im Vordergrund.
*Birne:* Die Birne gilt wegen ihrer Form als ein Symbol für den weiblichen Körper. Manchmal allerdings Symbol für einen deutschen Bundeskanzler.
*Kirsche:* Die Kirsche gilt wegen ihrer roten Farbe als erotisches Symbol.
*Pfirsich:* Der Pfirsich gilt wegen seiner Farbe und seiner weichen Haut als Traumsymbol, das auf die weibliche Haut und somit auf die Sinnlichkeit verweist.
*Pflaume:* Die Pflaume gilt auf Grund ihrer Form als Symbol für das weibliche Geschlecht.

**Olivenbaum:** Das Traumsymbol Olivenbaum läßt meistens Erinnerungen an den Urlaub aufsteigen oder auch an Zähigkeit und Alter. Teilweise, unter Einfluß des Orients, wird der Olivenbaum auch als ein Traumsymbol für Reichtum und Besitz angesehen.

**Palme:** Die Palme gilt in der christlichen Mythologie als ein Symbol des Friedens. Auch als Traumsymbol hat sich diese Bedeutung durchgesetzt. Phallussymbol. – Datteln, Kokosnüsse!

**Tanne:** Die Tanne läßt die meisten Träumer sofort den Weihnachtsbaum erinnern, und damit symbolisiert sie Harmonie und eine angenehme Stimmung in Kreise seiner Familie.

**Weidenbaum:** Die Weide tritt als Traumsymbol fast ausschließlich als Trauerweide auf und verweist so auch auf eine meist verdrängte Trauer. Träumen Sie von einer Weide, sollten Sie sich zur Trauerarbeit anregen lassen.

**Zypresse:** Die Zypresse weckt bei fast allen Träumern und Träumerinnen Urlaubserinnerungen und ist damit im Sinne von Ausspannen zu deuten.

## Garten

Der Garten ist ein ähnliches Symbol wie der Wald, nur ist er lieblicher und ein Stück domestizierter Natur. Dem Garten fehlt die wilde Kraft des (ursprünglichen, traditionellen) Waldes, aber ist er der Ort der Liebe und der Verführung. In den traumhaften Geschichten aus Tausendundeiner Nacht findet der sexuelle Genuß stets im Garten statt. Das einzig erotische Buch der *Bibel*, das erstaunlicherweise das Konzil von Nicäa überlebte, nämlich das Hohelied, das etwa im vierten Jahrhundert vor unserer Zeitrechnung aufgeschrieben wurde, spielt bezeichnenderweise in einem Garten.
Wer heute vom Garten träumt, bei dem schwingt, zumindest im Hintergrund, sicherlich auch die Sehnsucht nach Liebesgenuß, Verführung und nach Abenteuer mit. Allerdings ist das nicht die einzige Bedeutung dieses Traumsymbols – der Garten ist auch der Ort der Ruhe und der Erholung. Daß es aber der Garten und nicht die wilde Natur ist, die der Träumer sieht, zeigt auch seine »Verzagtheit«. Ein bißchen Natur ist erlaubt, zuviel Natur jedoch vom Übel – nach dieser Devise läßt der Traum nur noch das Bild des Gartens zu, um den großen Zensor in uns zu umgehen, der Bilder der wilden Natur zu erschreckend findet.
Im Garten drückt sich die Angst vor dem gefährdeten Leben aus, in dem sich der Mensch den Kreisläufen und Abläufen der Natur ausgesetzt fühlt. So schafft man das Bild des Gartens als ein Abbild des Paradieses.
Anders sind da die klassischen Gärten der Mythologie, wie beispielsweise derjenige der Hesperiden (»Hesperos« ist der griechische Ausdruck für den Abendstern). Er ist ein Obstgarten, in dem wie im keltischen Avalon Apfelbäume mit goldenen Äpfeln stehen. Diese Bäume wurden Hera als Hochzeitsgeschenk von der Mutter Erde gegeben, damit Braut und Bräutigam mit der heiligen Hochzeit (*hieros gamos*) die Fruchtbarkeit der Erde erhalten.
Hier ist auch im Symbol des Gartens die ursprüngliche Macht der Natur zu spüren.

Die moderne Tiefenpsychologie und besonders C.G. Jung sehen

im relativ häufig auftretenden Traumsymbol des Gartens ein Symbol der Individuation, das sich im Unbewußten des Menschen konstelliert, und den Träumer auf die Aufgabe seiner Individuation aufmerksam macht.
Mir fiel bei den Träumen meiner Klienten und meinen eigenen Träumen auf, daß sich hinter dem Traumsymbol Garten oftmals eine Weltflucht verbirgt.

Wenn Sie vom Garten träumen, dann versuchen Sie, diesen Garten immer wilder werden zu lassen. Beleben Sie ihn in der Tagtraumtechnik mit wilden Tieren und statten Sie ihn mit mächtigen Bäumen und Pflanzen aus: Spüren Sie die Kraft der Natur, die Sie dabei durchströmt. Öffnen Sie sich Ihr.

## Blumen

Da im Garten die Blumen eine große Rolle spielen, folgt nun eine kurze Übersicht, was verschiedene Blumen im Traum symbolisieren. Die Nonne Dorothea Forstner schreibt in ihrem Lexikon christlicher Symbole, daß die Blumen »Kinder des Lichts [sind], die ihren Kelch der Sonne öffnen.«

**Krokus:** Der Krokus verbreitete sich vom Orient ausgehend über ganz Europa. Der im Herbst gelbblühende Safran wurde in der Antike der Rose gleich hochgeachtet. Safran galt als ein Symbol des Lichts, als das er auch noch in heutigen Träumen auftritt. Sicherlich schwingt beim Traumsymbol des Krokus ebenfalls mit, daß er mit dem Schneeglöckchen zusammen zu den ersten Blumen des Jahres gehört. Er zeigt an, daß die kalte Zeit des Winters vorbei ist.

**Lilie:** Die Lilie mit ihren weißen Blütenkelchen symbolisiert die Reinheit. Von Persien ausgehend breitete sich das Symbol der Lilie als Symbol der Lichtgeburt in ganz Europa aus und wurde zu einem beliebten heraldischen Zeichen. Man spricht von der »königlichen Lilie«. Als Traumsymbol tritt sie meist dann auf, wenn der Träumer sich reinigen möchte. Sie kommt auch im Christlichen als Symbol der Jungfräulichkeit vor.

**Nelke:** Konventionelle Gefühlsäußerung.

**Rose:** Die Rose wird nicht nur die Königin der Blumen genannt, sie tritt auch am häufigsten von allen Blumen im Traum auf. Wegen ihrer Schönheit und ihres betörenden Duftes wird sie zum Symbol der Liebe, wobei ihre Dornen nicht zu übersehen sind. Für die Traumsymbolik sind besonders die Aspekte der Schönheit der Rose und auf der anderen Seite ihre Dornen und ihre Kurzlebigkeit wichtig. So ist sie ein perfektes Symbol der *Einmaligkeit* eines Menschen.

**Schneeglöckchen:** Das Schneeglöckchen besticht durch seine weiße Farbe, die Unschuld und Reinheit symbolisiert. Im Traum verweist das Schneeglöckchen oft darauf, daß man sich trotz schwieriger Situationen entfalten kann, so wie das Schneeglöckchen in einer blumenfeindlichen Zeit unverhofft aufblüht.

**Seerose** (Lotosblume): Die Seerose gehört zu einem der beliebtesten Symbole des fernen Ostens. So wird der Sitz eines Erleuchteten als Seerose dargestellt. Die Symbolik der Seerose ist besonders von ihrer Eigenschaft geprägt, am Abend nicht nur wie viele Blumen ihre Blüten zu schließen, sondern diese auch unter Wasser zurückzuziehen. Mit dem ersten Licht tauchen sie am Morgen wieder auf und richten ihren Kelch gen Osten. Immer wieder wird es beschrieben, daß der wunderschöne Lotos seine Wurzeln tief in den häßlichen Schlamm des Sees verankert. Das ist ein deutlicher Hinweis auf die Kraft der Transformation. Im Traum verweist die Seerose auf Ruhe, innere Schönheit und oftmals zeigt sie eine positive Persönlichkeitsentwicklung an.

**Tulpe:** Bei der Tulpe im Traum kommt es darauf an, welche Farbe diese Blume aufweist. Bei ihr ist die Bedeutung völlig von der gezeigten Farbe abhängig (zur Symbolik der Farben siehe genauer die umfangreichen Ausführungen über die Farben weiter oben im Kapitel »Haus und Wohnung«).

**Veilchen:** Wegen seiner blauen Farbe wird das Veilchen als Seelenblume angesehen. Es gilt als der Bote des Frühlings. Im Traum symbolisiert diese kleine Blume die Sehnsucht. Sie tritt bei Träumern auf, die sich mehr ihrem Gefühlen zuwenden sollten oder mehr auf ihr Gefühl vertrauen sollten.

Was bei der Tulpe im Extrem auftritt, daß nämlich ihre Symbolik allein von ihrer Farbe abhängt, trifft im gewissen Sinn für die meisten Blumen zu. Der erste Zugang zur Symbolik einer Blume im Traum ergibt sich über deren Farbe. Danach kann man noch die spezielle Symbolik der einzelnen Blumenarten betrachten.

## Früchte

Die Früchte des Felds und des Gartens sind in vielen Träumen von großer Bedeutung:

**Ähre:** Fruchtbarkeit, Wohlstand. Symbol der Ernte und der Reife.

**Apfel:** Gesundheit, auch Erneuerung des Lebens, Symbol des ewigen Lebens (goldener Apfel). Verführung und Sexualsymbol der Brust. Eva und Adam. Paris am Scheideweg.

**Banane:** »Alles Banane ...« ? Penissymbol. Ausgelassenheit, Blödsinn oder gute Stimmung.

**Beeren:** Freuden, Lebensgenuß. Appetit auf Beeren als Ausdruck sexueller Bedürfnisse.

**Birne:** Der weibliche Körper, speziell der Bauch.

**Bohnen:** Nahrhaft, jedoch geringgeschätzt (nicht die Bohne wert).

**Erbse:** Weibliches Sexualsymbol (Kitzler). Sprichwörtlich: Die »Erbsenzählerei« (s. Aschenputtel) sowie die Empfindsamkeit der »Prinzessin auf der Erbse«.

**Erdbeere:** Sexualsymbol in Analogie zu Brustwarze. Fraulichkeit, Mutterschaft, Sommerfreuden. Symbol der frühen Ernte.

**Getreide:** Neben den Aspekten von Nahrung, Ernte und dem Brot als Symbol der irdisch-himmlischen Doppelnatur des Menschen kommt es auch hier auf den *Acker des Lebens* und das Feld der Erfahrung an, das im Getreide symbolisch Früchte trägt.

**Kirsche:** Symbol der Lippen und Zeichen der Liebe.

**Kohl:** Einfachheit.

**Nuß:** Symbol der Ganzheit – oft auch des Kopfs und speziell des Gehirns. Den Kopf zerbrechen, um »Nüsse« zu knacken.

**Orange/Apfelsine:** Sexuelle Bedeutung, Symbol der weiblichen Brüste. Sonnensymbol.

**Pflaume:** Symbolisiert das weibliche Geschlechtsorgan und abwertende Bedeutungen (»sei keine Pflaume ...«).

**Pilze:** Kräfte der Erde. Reiz des Niederen und Winzigen.

**Trauben:** Wein, Weinberg: Höchste Genüsse, harte Arbeit. Symbol der Reife.

## Tiere

Tiere stellen Energiefelder aus den Tiefen der Seele dar und repräsentieren unsere Triebe und Instinkte. Es ist das Tierische in uns, das sich im Tiersymbol im Traum zeigt. Da wir in einer Gesellschaft leben, in der das Wilde mehr und mehr unterdrückt und ausgerottet wird, ist es sehr wichtig, daß es zumindest noch in unseren Innenwelten überlebt. Jeder hat sicherlich schon von einem wilden Tier geträumt und dabei auch seine eigene Wildheit gespürt. Träume von wilden Tieren sind als sehr positiv zu sehen, da sich in ihnen unsere Lebensenergie äußert. Träumen wir dagegen von domestizierten Tieren, sollten diese mit der Tagtraumtechnik in wilde Tiere verwandelt werden. Domestizierte Tiere verweisen darauf, daß das Wilde nicht eigentlich angenommen, sondern verharmlost wird.
Tiere im Traum symbolisieren auch unser Gefühlspotential, das sich im alltäglichen Leben fast nur in Krisensituationen äußert, um uns neue Möglichkeiten zu zeigen. Wenn wir in Krisensituationen Wut, Haß, Eifersucht und Gier empfinden, dann tauchen in unseren Träumen wilde Tiere auf, die uns verschlingen wollen. Das sind diejenigen Seiten in uns, die wir als Kinder weder zeigen noch ausleben durften.
Typisch ist der Traum eines Mannes, der gerade von seiner Frau verlassen wurde. Unter dem Schock der Situation träumte er von einem wilden Tiger, der ihn fressen wollte. Als er einen Stein aufhob, um den Tiger zu erschlagen, wachte er auf.
Der wilde Tiger symbolisiert hier sowohl seine Wildheit als auch seine Aggressivität, die er im Elternhaus nie zeigen durfte, ohne die Mißachtung durch seine Mutter zu riskieren. Seine eigene vitale Männlichkeit blieb an die Mutter gebunden. Bei Frauen tritt eine vergleichbare Situation ein, wenn bei Krisen ihre Anteile freigesetzt werden, die sie im Elternhaus nicht zeigen durften. Diese Anteile zeigen sich auch bei Frauen oft in

wilden Tieren, die einen fressen oder zerreißen wollen. Um nun diese Anteile zurückzubekommen, ist es notwendig, sie nicht zu töten, sondern sie sich genau anzuschauen. Das bedeutet, daß wir im Traum solche uns bedrohenden Tiere nicht töten, sondern sie leben lassen sollten. Man begibt sich mit Hilfe der Tagtraumtechnik wieder in seinen Traum hinein und tötet oder verjagt jetzt nicht das wilde Tier, sondern macht es sich wie im Märchen zu seinem Helfer. Psychologisch gesehen integriert man damit die Anteile, die an die Eltern gebunden waren.

Wer sich ausführlich über die Tiersymbolik informieren möchte, dem sei die Lektüre der Fabelliteratur empfohlen, in der den Tieren besondere Charaktereigenschaften zugesprochen werden. Dort tritt beispielsweise der listige Fuchs und majestätische Löwe auf. Einer der klassischen Fabeldichter ist der legendäre Äsop, der in der Mitte des sechsten Jahrhunderts in Griechenland die mündlichen Fabelüberlieferungen niederschrieb. Das Original seiner Tierfabeln ist verloren gegangen, seine Fabeln sind uns nur durch spätere Bearbeitungen zugänglich.
Im folgenden finden Sie eine Liste der wichtigsten Tiersymbole und ihre Bedeutung im Traum heutiger Menschen.

*Vögel*
Der Vogel symbolisiert häufig rein geistige Eigenschaften, die sich die menschliche Psyche seit ewigen Zeiten als leichtbeschwingte Vögel vorstellte. Da sich der Vogel auf der Erde bewegen als auch in den Himmel auffliegen kann, galt er als Bote der Götter. Bei den Ägyptern und bei Homer wird die menschliche Seele als Vogel angesehen.
Auch heute noch symbolisiert der Vogel im Traum die Leichtigkeit und eine Verbindung zum Höheren und Göttlichen. Bisweilen gehen im Traum Vögel in Engel über.
Daß der Vogel auch eine negative, aggressive Seite aufweist, hat der englische Filmregisseur Alfred Hitchcock (1899 – 1980) in seinem Klassiker »Die Vögel« (1963) gezeigt.
***Adler:*** Der Adler ist ein Symbol der Macht und Stärke und zugleich des sich hoch aufschwingenden Geistes. Der »König der Lüfte« symbolisiert im Traum die geistige Klarheit, aber auch eine einseitig intellektuelle Kontrolliertheit.
***Eule:*** Die Eule ist ein bekanntes Symbol der Weisheit und zugleich ein Räuber der Nacht. In

beiden Bedeutungen tritt sie im heutigen Traum auf.

*Ente:* Die Ente symbolisiert häufig die noch schwache weibliche Seite in Mann und Frau.

*Hahn:* Der Hahn wird heutzutage fast ausnahmslos mit männlicher Sexualität verbunden. Dazu gehört nicht nur sein »gockelhaftes« Auftreten, sondern auch seine Aggressivität. Auf ihn wird die männliche Sehnsucht nach vielen Sexualpartnern projiziert.

*Henne:* Die Henne kann als ein Bild für weibliches Rollenverhalten angesehen werden. Meistens sind ihre Flügel gestutzt und sie kann nicht richtig hoch hinaus fliegen. Nach Plutarch symbolisiert die Henne die Liebe der Mutter zu ihren Kindern.

*Pfau:* Der Pfau, der ursprünglich wild in den indischen Wäldern lebte, gilt als schönster und zugleich eitelster aller Vögel. Den Indern wie auch den Alchimisten galt er als ein Symbol der Unsterblichkeit und als Verkörperung der Sonne. Im Buddhismus wird der Pfau als ein Lichtwesen angesehen, und selbst Buddha wurde als Pfau dargestellt. Im heutigen Traum verweist der Pfau meist auf die Eitelkeit des Träumers hin.

*Rabe:* Der Rabe war trotz seiner schwarzen Farbe in der Antike den Lichtgöttern geweiht. Raben gelten als Götterboten, was man auch an Odins beiden Raben Hugin und Munin sehen kann. Hugin, der Gedanke, und Munin, das Gedächtnis, fliegen in die Welt hinaus, um diese auszukundschaften.

Neben den positiven Eigenschaften des Raben, überwiegen jedoch häufig in der Traumsymbolik seine negativen Eigenschaften. Er wird als unrein, Unglücksbringer und ausschweifend angesehen. Das steigert sich bis zur Sicht des Raben als Todesboten. Wenn Sie vom Raben träumen, wird das jedoch nicht auf Ihren physischen Tod verweisen, sondern eher darauf, daß Sie etwas in Ihrem Leben ändern sollten. Tatsächlich geht es hier höchstwahrscheinlich um eine Klärung von bisherigen Tabu-Bereichen.

*Schwalbe:* Schwalben sind Frühlingsboten, die mit Leichtigkeit und Beschwingtheit assoziiert werden. Im Traum kann die Schwalbe als Symbol der Freude und der Leichtigkeit angesehen werden.

*Spatz:* Der Spatz oder Sperling gilt wohl unter anderem wegen seiner Größe als der Geringste unter den Vögeln. So benutzte die *Bibel* den Spatz häufig als Bild des Wertlosen. In dieser Bedeutung kommt der Spatz heute seltener im Traum vor. Wir sehen heute eher, daß Spatzen

sehr gesellige und laute Vögel sind, die die Städte dem Land vorziehen. Im Traum symbolisiert der Spatz unsere klugen und zugleich frechen Anteile.
***Storch:*** Bei den Ägyptern, Griechen und Römern galt der Storch als Sinnbild der Liebe zwischen den Eltern und ihren Kindern. Daraus wurde später die Vorstellung vom Kinder bringenden Storch, die auch die heutige Traumsymbolik prägt.
***Taube:*** Die Taube ist wohl eines der noch heute meistbenutzten Vogelsymbole. Ich erinnere nur an die Friedenstaube. Außer den Frieden symbolisiert die Taube weiterhin die weibliche Weisheit (*Sophia*) und die Zärtlichkeit (Turteltaube). – Symbol auch der Taubheit und der Betäubung ... (Vgl. P. Süskinds Erzählung »Die Taube«).

*Tiere der Luft*
Grundsätzlich schwingt bei allen Tieren der Luft der Geistaspekt – oder konkreter: der intellektuelle Aspekt – mit. Sie symbolisieren fast immer auch Freiheit und Überblick.
***Biene:*** Die Biene verkörpert die sprichwörtliche Emsigkeit. Sie ist ein soziales Wesen, das mit der Arbeit verbunden wird.
***Mücke:*** Die Mücke verbildlicht die Kleinigkeiten, die uns alltäglich nerven und ferner kann sie allgemein als ein Symbol der Nervosität angesehen werden.
***Schmetterling:*** Der Schmetterling tritt im Traum als Wesen der Wandlung auf. Aus der häßlichen Raupe entsteht der schöne Schmetterling. Schmetterlingsträume treten häufig dann auf, wenn die Situation des Träumers sich zum Positiven hin wandelt.

*Tiere der Erde*
Bei den Landtieren geht es unter anderem um die Erdung des Träumers, das heißt darum, wie er im Alltagsleben mit seinen tierischen Anteilen umgeht. Landtiere haben oftmals etwas Schwerfälliges.
***Affe:*** Der Affe symbolisiert unsere spielerische Seite als auch das Lustige und Ungehemmte im Traum. Bei den Ägyptern und Indern wurde der Affe als heiliges Tier verehrt. Sprichwörtlich ist die Liebe der Affenmutter zu ihren Kindern (Affenliebe). Im Christentum wurde der Affe zum Symbol des Teufels, eine Symbolik, die sich jedoch nicht in unseren Träumen und auch sonst in der Symbolgeschichte niedergeschlagen hat.
***Ameise:*** Die Ameise gilt als fleißiges und hochgradig sozial organisiertes Tier, das das erdge-

bundene Gegenstück zur Biene darstellt. Ferner gilt die Ameise als klug und fleißig. In der klassischen Traumdeutung ging man davon aus, daß sich Ameisenträume auf nervöse Störungen zurückverfolgen lassen. Das ist meines Erachtens nur dann der Fall, wenn der Träumer ein Gefühl hat, daß Ameisen über seinen Körper laufen würden.

*Bär:* Der Bär wird weitgehend als gutmütiges Tier betrachtet, das nur dann gefährlich wird, wenn man ihn angreift oder er vom Hunger getrieben ist. Es kommt darauf an, ob man im Traum eine erschreckende Begegnung mit einem Bär hat, oder ob man den Bär als gutmütig und lustig erlebt. Nach dem analytischen Psychologen Hans Jellouschek symbolisiert der Bär den wilden Mann, der in der heutigen Männerbewegung so sehr gesucht wird.

*Eidechse:* Eidechsen gelten als magische Tiere, weil der Mensch mit ihnen fast keine Kommunikation aufbauen kann. Die Eidechse wurde in der Antike wegen ihrer Liebe zur Sonne als Sonnensymbol angesehen. Allerdings stand dem die Sicht der Eidechse als Schädling gegenüber, den der Mensch vernichten müsse. Im heutigen Traum symbolisiert die Eidechse das Geheimnisvolle und Unergründliche unserer Triebseele.

*Einhorn:* Das Einhorn ist ein schneeweißes Fabeltier, das erstaunlicherweise bis ins 18. Jahrhundert hinein eine große Rolle spielte. Ktesios, Aristoteles, Plutarch und Plinius waren der Überzeugung, daß es reale Einhörner gäbe, die man nur mit Hilfe einer Jungfrau fangen kann. Damit bekommt das Horn des Einhorns eine ausgesprochen phallische Bedeutung, da nach verbreiteter Meinung das Einhorn sein Horn in den Schoß der Jungfrau legt, worauf es dann mit Netzen gefangen wird. Der Traum vom Einhorn weist heutzutage auf die Sehnsucht nach der Anderswelt der Märchen hin. Man möchte dem realen Leben entfliehen und geheilt werden.

*Elefant:* Der Elefant wird auch ein Dickhäuter genannt und damit ist angesprochen, daß er ein gutmütiges Tier ist, daß man nicht so leicht aus der Ruhe bringen kann. Ferner symbolisiert der Elefant Langlebigkeit und war in der Antike ein Symbol der Ewigkeit. Oftmals ist der Elefant im heutigen Traum ein Symbol der Erdung.

*Esel:* Esel, so sagt der Volksglauben, seien störrisch und dumm. Im Traum deutet der Esel sicherlich auf die dumme Seite in einem hin. Auf der anderen Seite ist der Esel aber ein nützliches Arbeits- und Reittier. In dieser Symbolik tritt er allerdings seltener im Traum auf.

***Frosch:*** Der Frosch ist ein Tier, das das Land und das Wasser miteinander verbindet. Es gilt als häßliches, kaltes Tier, das in vielen Märchen durch die Liebe zur Schönheit befreit werden kann (vgl. zum Beispiel »Der Froschkönig« und das russische Märchen »Die Froschprinzessin«). Die Befreiung positiver und schöner Seiten durch die Liebe spielt wohl im Traum die hervorragende Rolle. Seltener symbolisiert der Forsch die Feigheit, eine Charakteristik des Frosches, die noch in Aussprüchen wie »sei kein Frosch« anklingt.

***Fuchs:*** Der Fuchs gilt als listiges Tier und tritt als solches in der Fabelliteratur von Äsop bis hin zu Goethes »Reinecke Fuchs« auf. Auch im heutigen Traum symbolisiert der Fuchs Schlauheit, Vorsicht und Hinterlist. In der mittelalterlichen Kunst wird der Teufel häufig als Fuchs dargestellt.

***Hase:*** Was fast jeder Träumer sogleich zum Symbol des Hasen assoziiert, ist dessen sprichwörtliche Feigheit. Neben dieser verweist er aber ferner auf Fruchtbarkeit und den Herbst. In der Antike symbolisierte er die Jagdgöttin Artemis.

***Hirsch:*** Der Hirsch ist wohl zusammen mit dem Hahn als das tierische Symbol der Männlichkeit anzusehen. Mit dem Hirschen wird entweder die machohafte Seite des Männlichen angesprochen oder seine starke Seite. Besonders hervorstechend ist der bittere Kampf der Hirsche zur Brunftzeit von Anfang September bis Mitte Oktober.

***Hund:*** Der Hund ist ein domestiziertes Tier, das oftmals das sogenannte hündische Verhalten zeigt. Die ursprüngliche Wildheit ist dem Hund abhanden gekommen und er ist zum Nutztier geworden, dessen Aufgabe es ist, Haus und Hof zu bewachen. Damit wird er zum treuen Begleiter des Menschen. Außerdem symbolisiert der Hund den Spürsinn. Er deckt Geheimnisse auf.

***Katze:*** Die Katze ist wie der Hund ein domestiziertes Tier, das jedoch keineswegs derart abhängig vom Menschen ist wie der Hund. Katzen sind immer noch zugleich Haustiere und wilde Tiere, die Kaninchen, Vögel und bisweilen junge Eichhörnchen jagen. Durch diese Spannung von Haustier und Raubtier symbolisiert die Katze gefährliche Frauen für den Träumer. Man könnte auch sagen, sie verbildlicht die männliche Angst vor dem Weiblichen.

Daß die Katze im Gegensatz zum Hund als weiblich erlebt wird, hängt auch mit ihren eleganten Bewegungen und ihrer Lust zum Schmusen (Schmusekatze) zusammen. Katzen weisen häufig im Traum auf ungehemmte weibliche Sexualität hin.

*Löwe:* Der Löwe gilt als hochherrschaftliches, edles Tier, das meistens faul herum liegt, nichts desto trotz aber sehr gefährlich ist. Wegen seiner Feuernatur sieht man ihn als Sonnensymbol und als Symbol männlicher Potenz. Der Löwe kommt in folgenden Symbolbedeutungen im heutigen Traum vor: Stärke (vgl. die Tarotkarte »Die Kraft«), Wachsamkeit, Schönheit und Macht (Potenz).

*Pferd:* Pferde gelten als besonders edle Tiere, wobei immer zu beachten ist, welche Farbe das Traumpferd besitzt. Im Traum sehen wir sehr häufig rein schwarze oder weiße Pferde, wobei die schwarzen Pferde den wilden, kraftvollen Aspekt betonen, weiße Pferde den geistigen Aspekt. Das Pferd deutet immer auf die Kraft des Träumers hin.

*Reh:* Das Reh gilt als eines der scheuesten Tiere des Waldes und wird auch oft im Traum als Bild eines eher verzagten Seelenlebens in einem angesehen. Das drückt sich in kitschiger Weise in Walt Disneys Bambi deutlich aus.

*Rind:* Beim Rind müssen wir unbedingt zwischen dem Stier, dem Ochsen und der Kuh unterscheiden. Während Stier und Ochse als männliches Symbol dienen, gilt die Kuh als Urbild des nährenden Weiblichen.

Träumt man vom Stier, wird darin fast immer auf die sexuelle Potenz und Kraft des Träumers verwiesen.

Träumt man vom Ochsen, dann handelt es sich hierbei um einen Hinweis auf die domestizierte und/oder kastrierte Männlichkeit. Während der Stier wild ist, ist der Ochse gezähmt.

Die Kuh galt schon vor der Antike als Fruchtbarkeits- und Mondsymbol. Sie symbolisiert den nährenden Aspekt der Mutter.

*Schaf:* Das Schaf gilt landläufig als dümmlich und zugleich überaus gutmütig. Es ist ein Herdentier, das als frühes Haustier gilt. Wer vom Schaf träumt, der sollte versuchen, mit Hilfe der Tagtraumtechnik auch von wilden Tieren zu träumen. Er sollte sich fragen, ob er nicht (aus Bequemlichkeit) zu sanftmütig lebt.

*Schlange:* Die Schlange gehört zu einem der komplexesten Tiersymbolen. Die Schlange ist gefährlich und giftig auf der einen Seite, heilend auf der anderen Seite (*Soterschlange*). Sie verführt und hilft den Menschen, und dennoch bleibt immer etwas Dämonisches, da sie nur schwierig zu zähmen ist. Interessanterweise gehört die Schlange zu einem der wenigen Symbole, die sowohl männlich als auch weiblich sind. Die weibliche Verführung wie der Phallus werden beide in der Schlange gesehen. Wichtig ist auch die sprichwörtliche List der Schlange. Die Schlange ist ein allgemeines Libido-Symbol, ein Erd- und Wasserwesen, das als Kaltblütler dem Menschen sehr fern ist. Durch ihre Fähigkeit zur Häutung wird die Schlange zum Wiedergeburtssymbol.

In dem Umkreis des Schlangensymbols finden wir noch den Drachen, der wie die Schlange männlich und weiblich zugleich ist. Er behütet den Reichtum und die Schätze und gilt als Herr der Unterwelt wie der Drache Faffnir der germanischen Mythologie.

*Krokodile* und alle *Reptilien* weisen eine ähnliche Symbolik wie die Schlange auf.

***Schwein:*** Schweine waren ursprünglich ein hochgeachtetes Symbol der Muttergottheit, das erst mit Aufkommen des Patriarchats dämonisiert wurde. Das Schwein kann heutzutage als Traumsymbol ungehemmter und befreiter Sexualität angesehen werden. Häufig verweist das Schwein auf das kreative Potential des Träumers. In seiner negativen Bedeutung wird die Eigenschaft des Schweins angesprochen, im Schmutz zu wühlen.

***Spinne:*** Spinnen spielen als Traumsymbole fast nur bei Frauen ein Rolle. Dabei ist eine Angst vor Spinnen nicht selten. Diese Angst zeigt sich häufig auch im Wachleben. Ist es die Angst des Weiblichen, im unsichtbaren Netz gefangen und dann ausgesaugt zu werden? Aber warum tritt diese Angst seltener beim Männlichen auf, das sich auch nicht selten von dem Weiblichen gefangen und ausgesaugt fühlt? Vielleicht ist es auch die Angst davor, daß Spinnen in alle Löcher und Ritzen kriechen können, letztendlich eine Penetrationsangst.

Neben dieser negativen Bedeutung des Traumsymbols Spinne tritt dieses Symbol aber auch in positiver Bedeutung von Fleiß, großem Geschick und handwerklichem Können auf.

***Tiger:*** Der Tiger gilt als äußerst wildes Tier und wird oft im Traum mit der Frau verbunden. Noch mehr als beim Traumsymbol Katze zeigen sich hier die männlichen Ängste vor einer starken Frau. Wenn Frauen vom Tiger träumen, ist das oft

ein positives Zeichen dafür, daß sie zu ihrer eigenen Identität finden und zu ihrer Kraft stehen.
***Wolf:*** Der Wolf ist ein gefährlicher Einzelgänger, der allerdings auch im Rudel leben kann. Mit diesem Traumsymbol wird unsere männlich aggressive Seite angesprochen.

*Tiere des Wassers*
Die Tiere des Wassers sind dem Gefühl verbunden, in dem sie sich frei bewegen.
***Fisch:*** Der Fisch ist ein altes Fruchtbarkeitssymbol, das auf Lebensfülle und Lebensfreude verweist. Im Christentum symbolisierte der Fisch Jesus Christus, der die Fischer des See Genezareth als erste zu seinen Jüngern berief. Im heutigen Traum symbolisiert der Fisch ein sich völliges Einlassen auf sein Gefühl und eine damit zusammenhängende Leichtigkeit der Bewegung.
***Delphin:*** Der Delphin gilt als überaus kluges Tier, das eine hohe soziale Intelligenz besitzt. Es scheint so, daß der Mensch mit den Delphinen kommunizieren kann. Der Delphin tritt zunehmend häufiger in den Träumen moderner Menschen auf. Er verweist auf eine Sehnsucht nach einer engen Kommunikation mit der Natur und einer höheren sozialen Intelligenz, als diejenige, die wir zur Zeit als Menschen zeigen. Außerdem symbolisiert der Delphin auch unsere spielerische und lustvolle Seite.
***Hai:*** Der Hai gilt durchweg als männlich aggressives Symbol. Träumt man vom Hai, sollte entweder diese männlich aggressive Seite in einem gestärkt werden oder man lebt diese Seite zu sehr aus. Was hier zutrifft, ist dem Träumer immer spontan klar.

Damit haben Sie einen Überblick über die wichtigsten Tiersymbole, die im heutigen Traum auftreten. Daß das Tier im Traum einen symbolischen Wert besitzt, zeigt die Beobachtung, daß wie im Märchen so auch im Traum Tiere häufig sprechen und sich verwandeln können. Sie symbolisieren also Eigenschaften von uns, die sich gerade in der Veränderung befinden.

## Die vier Elemente im Traum

Jeder Traum weist Symbole für zumindest eines der vier Elemente auf. Dieser archetypische Symbolbereich der Elemente bildet oft den ersten und einfachsten Zugangspunkt, um einen Traum zu deuten.

*Wasser*
Das Wasser wird als die Mutter der Schöpfung angesehen, da aus dem Meer das erste Leben hervorging, und es ist deswegen weiblich besetzt. Es symbolisiert stets den Gefühlsbereich. Wichtig ist im Traum darauf zu achten, in welcher Beziehung man zu dem Wasser steht: Schwimmt man in ihm, fährt man im Boot auf ihm, strandet man oder sieht man es nur vom Strand oder einer Brücke aus. Grundsätzlich kann man sagen, je indirekter wir mit dem Wasser Kontakt machen, um so ferner stehen uns unsere Gefühle. Der Schwimmer kann sich also im Bereich seiner Gefühle bestens bewegen (wenn er nicht gerade untergeht), der Kapitän auf seinem Schiff macht dagegen viel indirekteren Kontakt mit dem Wasser, und wer nur vom Land aus das Wasser sieht, steht seinem Gefühl noch distanzierter gegenüber.
Wasser reißt in Angstträumen oft mit (Wildwasser oder Strudel), oder große Wellen wollen einen verschlingen. Hier drückt sich wie im Symbol der wilden Tiere letztendlich wieder die furchtbare Mutter aus. Die Angst vor dem überwältigenden Gefühl zeigt sich im Bild vom wilden Wasser.
Einen ungewöhnlichen historischen Traum vom Wasser möchte ich noch beispielhaft anführen.
Der amerikanische Präsident Abraham Lincoln (1809 – 1865) träumte ein paar Tage vor seinem Tod, daß er mit einem Schiff auf einem reißenden Strom fährt und plötzlich ins Wasser fällt.
Obwohl Lincoln sehr beliebt war, hatte er erbitterte Feinde, da er für die Sklavenbefreiung eintrat und den Sessionskrieg damit auslöste. Die ihn überwältigenden Haßgefühle seiner Feinde bilden sich in diesem vorausdeutenden Traum ab. Das Gefühl überwältigt den distanzierten Mann auf dem Boot und reißt ihn mit. Er wurde von einem Fanatiker erschossen. Was im Inneren abgebildet wurde, fand im äußeren statt: Die wilden Gefühle werden Lincoln zum Verhängnis.

Welche Bilder bringt der Archetyp des Wassers hervor?
***Bach:*** Der Bach symbolisiert das romantische Gefühl. Dieses Traumbild ist meistens Ausdruck einer Sehnsucht nach Idylle und der heilen Welt. Der Träumer möchte Ruhe und positive Gefühle haben.
***Fluß:*** Der Fluß ist eine Wasserstraße, auf der unterschiedlich starker Verkehr herrschen kann. Stark befahrene Flüsse nach dem Vorbild des Rheins

verweisen auf eine emotionale Kommunikation. Wenig befahrene Flüsse, oder wenn man sich auf dem Fluß allein befindet, mögen Einsamkeit ausdrücken. Beim Fluß ist auch immer das Ufer zu betrachten und seine Strömung. Hat das Ufer eher etwas Abweisendes oder Einladendes? Ist es bewohnt? Zeigt der Fluß eine starke Strömung oder fließt er gemächlich dahin? Solche und ähnliche Fragen sollte man sich beim Traumbild Fluß stellen.

***Meer:*** Das Meer fasziniert durch seine Weite und Tiefe, damit ist es ein Symbol unserer Seele oder unserer Gefühlswelt. Wie die Gefühle weist das Meer einen Rhythmus mit den Gezeiten auf und es kann wild und aufbrausend werden, oder einladend und ruhig. Ferner ist zu bedenken, daß der Ursprung des Lebens im Meer zu finden ist. Das Meer symbolisiert die großen Gefühle der Urmutter und damit auch unsere Gefühle in frühster Kindheit.

***Regen:*** Der Regen bringt Fruchtbarkeit, aber in den modernen Städten schafft der Regen eher eine verdrießliche und eher depressive Stimmung. Beim Regen kommt es sehr darauf an, in welcher Situation es regnet und welche Gefühle das auslöst.

***See:*** Der See ist das ruhigste aller Gewässern und an ihn knüpfen sich idyllische Vorstellungen. Achten Sie bei Ihrem Traumsee besonders darauf, in welcher Landschaft er liegt. Ist er tief oder flach, groß oder klein? Brauchen Sie zur Zeit eher die großen oder kleinen, die tiefen oder oberflächlichen Gefühle?

***Pfütze:*** Die Pfütze ist eine kleine Wasseransammlungen, die einem im Traum oft den Weg erschwert. Bei ihr ist auf die Trübung des Wassers zu achten. Ist es klar, trübe oder schmutzig? Genauso können auch Ihre Gefühle charakterisiert werden, die Sie behindern.

*Erde*

Erde symbolisiert unseren Wirklichkeitsbezug. Mir sagte einmal ein Astrologe, daß wer nie von Symbolen der Erde träumt, sehr abgehoben lebt. Ich konnte jedoch das Gegenteil beobachten. Menschen, die mehr Erdung brauchen, träumen von der Erde. Menschen, die mehr Gefühl im Leben zeigen sollten, träumen auch oft vom Wasser. Erde hängt mit Arbeit und Sicherheit zusammen.

Erde ist in allen Kulturen ein weibliches Element, was mit ihrer Fruchtbarkeit zusammenhängt. In der Erde sind auch die Schätze verborgen, die unsere

Stärken und Fähigkeiten symbolisieren.

Die folgenden archetypischen Bilder der Erde kommen relativ häufig im Traum vor.

*Acker:* Der Acker mit seinen Furchen ist nach Freud ein Symbol der Frau. Auf jeden Fall weist sowohl der gepflügte Akker als auch das Ährenfeld auf die Fruchtbarkeit hin. Ferner wird mit dem Acker das einfache Leben verbunden, das dann im Traum zum Thema wird, wenn man zu entfremdet lebt. Der brache Acker weist stets auf ungenutzte Möglichkeiten hin.

*Berg:* Der Berg stellt eine Herausforderung dar; man bewährt sich, wenn man ihn besteigt. Von unten gesehen wirkt er oft übermächtig und wirft einen großen Schatten, was häufig ein Bild der Beziehung zu den Eltern oder einem Elternteil darstellt.

Bei der Deutung ist die Position des Traum-Ich am Berg sehr wichtig, wobei die Spitze oft Klarheit und Überblick, Leistungsfähigkeit und Ausdauer bedeutet. Am Fuß des Berges hat man im übertragenen Sinn etwas Mächtiges vor sich. Geht man den Berg hinauf, sind hier die Mühen des Erfolgs angesprochen, geht man ihn hinunter, begibt man sich oft symbolisch in seine Gefühlswelt. Beschneite oder vereiste Berge, der kalte Wind am Gipfel weisen auf Gefühlskälte hin.

*Lehm:* Die hervorragende Eigenschaft von Lehm ist, Wasser zu stoppen. Außerdem wurden aus Lehm die ersten Kulturgegenstände, nämlich Gefäße, geformt. Lehm erinnert uns an Einfachheit. Die Glätte des nassen Lehms zeigt uns, wie gefährlich es ist, unser Gefühl (Wasser) zu stoppen.

*Moor* (Erde und Wasser): Wie im Märchen sind der Sumpf und das Moor Bilder für die gefährlichen Orte unseres Unbewußten. Hier wirkt der weibliche Archetyp, der einen verschlingen will. Beide weiblichen Elemente, die Erde und das Wasser mischen sich und so kommt es, daß diese Orte vom Geist der furchtbaren Mutter geprägt sind, die einen festhalten und versinken läßt. Träumen Sie von einem Sumpfloch, dann können Sie versuchen mit Hilfe der Tagtraumtechnik in dieses Loch hinabzusteigen.

*Sand:* Der Sand bietet keine gute Grundlage, um auf ihn etwas zu bauen. Die Wüste und Sand symbolisieren das Unfruchtbare und Karge. Gleichzeitig kann jedoch ein Sandstrand an Urlaub und Entspannung erinnern.

*Feuer*
Das Feuer ist eine Urkraft. Es läßt alle Dinge zu Wärme, Hitze, Licht und Kraft werden und verwandelt sie so. Aus diesem Grund symbolisiert es die Läuterung, die Leidenschaft und die Liebe.
Man muß im Traum das kontrollierte Feuer und das unkontrollierte Feuer unterscheiden. Das unkontrollierte Feuer zeigt sich deutlich als männliches Element, indem es eine zerstörerische Funktion besitzt. Hier zeigt sich der Schatten des Männlichen. Das kontrollierte Feuer ist dagegen kulturschaffend und wurde seit Menschengedenken als Herdfeuer verehrt.
Das Feuer wärmt, verwandelt das Ungare in das Gar; es gibt Licht und schafft somit Erkenntnis.

In folgenden Bilder tritt das Element Feuer uns im Traum entgegen:
***Herd:*** Der Herd gilt als Zentrum des Heims. Er ist der Ort der Verwandlung und zugleich der Ort der Frauen. Wer vom Herd träumt, wird auf seine gefühlsmäßige Einstellung seiner Familie gegenüber aufmerksam gemacht. Wenn er selbst keine Familie hat, geht es um seine Stellung in der elterlichen Familie. Das Herdfeuer symbolisiert auch die Verwandlung der Leidenschaften in Kulturgüter.
***Lagerfeuer:*** Wie der Herd ist auch das Lagerfeuer ein kontrolliertes Feuer. An ihm kommt man zusammen, um zu feiern und auszuruhen. Letztendlich ist das Lagerfeuer die etwas wildere Variante des Herdfeuers. Auf jeden Fall ist das Lagerfeuer mehr mit Romantik verbunden als der Herd.
***unkontrolliertes Feuer:*** Das unkontrollierte Feuer symbolisiert destruktive Aggressionen, Zerstörung und Haß. Oft träumt man von einem solchen Feuer, wenn man von seinen Leidenschaften überwältigt wird. Ein Klient erkannte seine zerstörerische (zwanghafte) Sinnlichkeit nach einem Traum von einem Steppenbrand.
***Brand:*** Der Brand gehört zu dem unkontrollierten Feuer. Es ist wichtig darauf zu achten, was brennt und ob Versuche unternommen werden, es zu löschen.
***Blitz:*** Affektstau, Ausbruch, Befreiung, Erkenntnis. Unkontrollierte Entladung großer Energien. Streit (»jemanden abblitzen lassen«).
***Feuerwerk:*** Illusionsspiel, Blendwerk. Höhepunkt. Lust, Orgasmus, Begeisterung.

*Luft*
Die Luft ist das Reich der geistigen Aktivitäten, des Geistes und der Geister. Sie ist auch der Lebenshauch (Atem) und das Medium, das unfaßbar alles in der Welt verbindet.
Alle Bilder des Fliegens gehören in dieses Symbolfeld. Außerdem Luftblasen und Luftballons, Luftschlössser, Luftverschmutzung und vieles mehr:

Das Element Luft zeigt sich im Traum in folgenden Bildern:
***laue Luft:*** Die laue oder die Frühlingsluft hängt mit Sehnsüchten nach Harmonie und Liebe zusammen. In seltenen Fällen, in denen dieses Symbol vom Träumer negativ erfahren wird, kann es auch auf fehlendes Bemühen verweisen und oberflächliches Denken.
***Wind:*** Der Wind bewegt etwas. Das ist der Gedanke, der Dinge bewirkt. Der Wind schafft Klarheit; wird er als unangenehm empfunden, kann er ein Symbol der Verwirrung sein.
Sie finden im Kapitel »Natur und Garten« unter *Elemente* noch weitere Informationen zum Traumsymbol Wind.
***Sturm:*** Seinen männlichsten Ausdruck findet das Element Luft im Sturm. Der Sturm sind die gefährlichen und zerstörerischen Gedanken und die aggressive Form des Denkens. Sie finden im Abschnitt »Natur und Garten« unter *Elemente* noch weitere Informationen zum Traumsymbol Wind.
***Wolken:*** Dort, wo sich Wasser und Luft mischen, entstehen Wolken. Die Wolken zeichnen sich durch Leichtigkeit aus. Allerdings gibt es auch Gewitterwolken oder eine tiefliegende, in sich geschlossene Wolkendecke. Diese Art der Wolken verweisen auf eine beängstigende oder bedrückte Stimmung. Aus den Gewitterwolken kommt allerdings der Blitz der Erleuchtung.

## Das Wetter

Das Wetter ist im Traum wie in der Literatur immer eng mit der Stimmung des Träumers verbunden. So verwundert es nicht, daß man sich von dem Tod Carl Gustav Jungs erzählt, daß er in einer Nacht starb, in der ein furchtbares Unwetter herrschte und der Blitz in einen Baum auf seinem Grundstück fuhr. Bei Thomas Mann und Hermann Hesse, den Romantikern und andeutungsweise schon in der mittelalterlichen Literatur zeigt das beschriebene Wetter stets Gemütszustände an. Genauso verhält es sich im Traum.

Normalerweise entgeht dem Träumer oder Träumerin die Wetterlage, wenn sie nicht gerade im besonderen Maße von dem Traum hervorgehoben wird. Es sind eigentlich nur die dramatischen Wetterlagen wie beispielsweise Unwetter, Gewitter, starker Nebel und Regen, die bemerkt werden. Sie können sich jedoch darauf trainieren, besonders auf das Wetter im Traum zu achten und werden bemerken, daß sich dann Träume fast immer sehr viel leichter deuten lassen. Speziell für Menschen, denen ihr Gefühlsleben nicht so vertraut ist, können Wetterphänomene im Traum eine Hilfe darstellen, mehr über ihr Innenleben zu erfahren und sich ihrer Gefühle bewußter zu werden.
Mir hat es immer sehr geholfen, auf das Licht in meinen Träumen zu achten, das wie kein anderes Wetterphänomen meine Stimmung widerspiegelte.

Im folgenden finden Sie eine Auswahl von Wetterphänomenen, die in Ihren Träumen einen wichtigen Hinweis auf Ihre emotionale Befindlichkeit bieten.

**Abendrot:** Das Abendrot ist im Traum fast ohne Ausnahme ein Hinweis darauf, daß nach der dunklen Nacht ein heiterer Tag zu erwarten ist. So sagt der Volksmund: Abendrot, gut's Wetter droht. Rot als Farbe des Lebens zeigt an, daß das Leben wieder lebenswert wird, weil man mehr Bewußtsein über seine Situation gewinnt. Das Rote ist beim Abendrot bekanntlicherweise eine Erscheinung der Reflexion des Lichts an den Wolken beziehungsweise des Blicks auf das Licht der Sonne durch die Trübe der Atmosphäre. Man sieht also auf das Licht, was im Traum immer auf eine Bewußtseinserweiterung hin zu sehen ist.

**Blitz:** Der Blitz wurde in früheren Zeiten als männliches Zeugungssymbol angesehen. Nach dieser Vorstellung befruchtet der Blitz die Erde. Auch noch bei heutigen Träumern und Träumerinnen schwingt diese Bedeutung mit, wenn sie auch mehr in den Hintergrund getreten ist. Meiner Erfahrung entsprechend symbolisiert im Traum moderner Menschen der Blitz häufig den sogenannten Gedankenblitz. Man wird sozusagen plötzlich erleuchtet. Zum anderen stellt der Blitz ein dramatisches Energiephänomen dar. Energien und damit Spannungen entladen sich, um die Atmosphäre zu klären. So ist es verständlich, daß der Blitz wie Donner und Gewitter auf einen

Gefühlsausbruch verweist, der nötig ist, um eine Situation zu klären. Der Blitz bringt ja Licht in Dunkelheit, er macht uns bewußt, was wir einen Moment zuvor noch sehen konnten.
Außerdem kann der Blitz auch als ein Symbol aggressiver Energien angesehen werden, da er Bäume spalten, in Häuser einschlagen und Menschen und Tiere töten kann.

**Donner:** Im Donner spricht die Stimme der Götter, so erlebten unsere Vorfahren dieses akustische Entladungsphänomen im Himmel. Wir sprechen auch von der Donnerstimme und Zeus wurde beispielsweise als »der Donnerer« bei Homer bezeichnet. Mit Donner verbindet sich also Autorität und Durchsetzungskraft. Allgemein kann man sagen, daß der Donner auf das Wirken mächtiger Gewalten verweist.

**Gewitter:** Das Gewitter ist eines der dramatischsten und beängstigendsten Wetterphänomene in unserem Kulturbereich. Hier spüren wir die Naturgewalten, die die ungeheuerliche Macht unseres Unbewußten verbildlichen. Wichtig ist hier die Entladung. Was sich in unseren Gefühlen aufgestaut hat, wird entladen. Daß dabei aggressive Kräfte freigesetzt werden, ist nur zu verständlich. Aber diese Aggression ist jenseits von Gut und Böse. Sie wird als Naturphänomen dargestellt und die Natur steht jenseits moralischer Bewertungen.
Das sehr häufige Traumsymbol Gewitter verweist den Träumer also auf die enormen Kräfte seines Unbewußten, auf angestaute (meist aggressive) Energien, auf eine notwendige Entladung und auf eine anstehende Klärung der Atmosphäre.
Wird jedoch durch das Traum-Gewitter eine Katastrophe ausgelöst, dann sollte man das als Hinweis darauf deuten, daß man disziplinierter und bewußter mit seinen Gefühlen umgehen sollte. Es wird empfohlen, seine Gefühlsausbrüche mehr zu kontrollieren, um es nicht in seinem Leben zu einer Katastrophe kommen zu lassen.

**Morgenrot:** Das Morgenrot, so sagt eine bekannte Bauernregel, bringt schlechtes Wetter. Auch im Traum warnt uns das Morgenrot vor einer Verschlechterung der Situation. Da aber meiner Erfahrung nach Träume immer auch positive Lösungen aufzeigen, sollten Sie darauf achten, welche Lösungen der Traum Ihnen vorschlägt. Es ist also wichtig zu sehen, was in dieser Morgenstimmung stattfindet.

Morgen und Rot symbolisieren in diesem Zusammenhang auch Neuanfang und Lebensenergie. Es handelt sich bei diesem Traumbild nicht selten um einen Hinweis, wie Sie Ihre Lebensenergien einsetzen können, um zu einem produktiven Neuanfang zu gelangen.

Ob man dieses Traumsymbol nun eher positiv oder als Warnung deutet, hängt von dem Gesamtzusammenhang des Traums und der Lebenssituation des Träumers oder der Träumerin ab.

**Nebel:** Der Nebel verschleiert etwas. Astrologisch gesehen, ist hier die verzaubernde Energie des Neptun am Werk. Wir kennen das alle vom klassischen englischen Kriminalroman, in dem die Stimmung des undurchdringlichen Nebels ein Geheimnis andeutet. Im Traum handelt es sich oft um einen Hinweis auf ein vernebeltes Bewußtsein. Man sieht nicht klar und hat keinen Durchblick. Der Nebel läßt einen umherirren, man kann sein Ziel nicht mehr verfolgen, man fühlt sich verloren. Tritt dieses Traumsymbol öfters auf, sollten Sie mit all Ihrer Disziplin versuchen, mehr Klarheit in Ihr Leben zu bekommen, was häufig bedeutet, daß Sie Ihr Leben ordnen müssen.

**Regen:** Der Regen gehört zum Symbolfeld des Wassers und spielt auf unser Gefühl an. Wenn wir als Träumer oder Träumerin naß werden, ist mehr Gefühlskontakt und Gefühlsausdruck angesagt. Sehen wir den Regen aus einem Gebäude oder Fahrzeug, ohne naß zu werden, dann heißt das meistens, daß wir unseren Gefühlen oder denen anderen zu distanziert gegenüber stehen.

*Landregen:* Der Landregen ist ein lange anhaltender Regen, der unsere Stimmung leicht drücken kann. Als Traumsymbol mag er auf eine depressive Verstimmung des Träumers oder der Träumerin verweisen. Zeichen der Reinigung, Stunde der Besinnung und der Ehrlichkeit mit sich und seinen Nächsten.

*Nieselregen:* Beim Nieselregen geht es eher um die subtilen, feinen Gefühle, mit denen wir Kontakt machen sollten.

*Wolkenbruch:* Beim Wolkenbruch ist ähnlich wie beim Traumsymbol Gewitter ein Gefühlsausbruch angesagt. Wirkt sich dieser Wolkenbruch allerdings zerstörerisch aus, dann sollten wir uns vor Gefühlsausbrüchen in acht nehmen.

**Schnee:** Schnee deutet im Traum auf Winterfreuden, symbolisch jedoch zum einen auf

(Gefühls-) Kälte und Distanz, zum anderen auch auf ein Hindernis hin. Desweiteren kann das Traumsymbol Schnee auch im Sinne von Geheimnis gedeutet werden, da der Schnee die Landschaft verhüllt.

**Sonnenschein:** Wenn wir längere Zeit verstimmt waren, oder wenn wir uns am Ende einer längeren Krise befinden, tritt häufig das Symbol des Sonnenscheins auf, um uns daran zu erinnern, daß jetzt wieder alles oder vieles besser wird. Ferner symbolisiert seit dem Aufkommen der Lichtmysterienreligionen im vorderen Orient der Sonnenschein das göttliche Bewußtsein. Die Sonne bringt es an den Tag, heißt es in der Literatur, und damit ist gemeint, daß ein klares Bewußtsein einen Durchblick und ein Verstehen schafft. Ferner ist die Sonne ein Symbol für die ungebrochene Lebensenergie.

**Sonnenaufgang:** Der Sonnenaufgang zeigt an, daß nach der Zeit der Finsternis das Licht nun siegt. Nach schweren Zeiten kommen nun leichtere Zeiten, die Phase der dunklen Stimmungen ist überwunden.

**Sonnenuntergang:** Beim Sonnenuntergang läßt unsere Bewußtseinsklarheit nach. Wir begeben uns in den Bereich des Dunklen und damit in den Bereich der weiblichen Mysterien. Die Nacht ist die Zeit des Mondes, des Traums und damit auch des Geheimnisses. Oftmals tritt der Sonnenuntergang als Traumsymbol auf, wenn es für den Träumer oder die Träumerin anliegt, sich mehr der eigenen weiblichen Seite zuzuwenden. Das Leben ist nicht rational und logisch, sondern auch geheimnisvoll, will dieses Traumsymbol sagen.

**Sturm:** Der Sturm ist eine mächtige Energiebewegung der Luft, das heißt, daß sich in unserem Bewußtsein etwas tut, was natürlich auch enorme emotionale Konsequenzen haben kann. Achten Sie besonders darauf, wie befreiend oder zerstörerisch der Sturm wirkt. Ein Schaden verursachender Sturm verweist auf destruktive innere Kräfte des Träumers oder der Träumerin.

**trübes Wetter:** Bei trübem Wetter fallen nicht wenig Menschen in trübe Stimmungen. »Trüb« heißt auch immer, daß keine Klarheit vorhanden ist. Die Unklarheit ist zwar nicht so stark wie beim Traumsymbol Nebel, aber immerhin fehlt es an letzter Klarheit. Der Träumer oder die Träumerin werden aufgefordert, sich um diese letzte Klarheit zu bemühen.

**Wolken:** Die Wolken wurden in früheren Zeiten unter anderem zur Orakelbefragung benutzt. Man versuchte aus den Wolkenbildern die Zukunft zu ergründen. Achten Sie also darauf, woran Sie Ihre Wolkenbilder im Traum erinnern. Was assoziieren Sie zu diesen Formen der Wolken?
Ferner steht natürlich die Wolke für Leichtigkeit, wie es oft die poetische Dichtung betont. Sieht man im Traum die Wolken am Himmel langsam entlang ziehen, dann ist das häufig ein Hinweis für den Träumer oder die Träumerin, das Leben leichter zu nehmen und leichter durch sein Leben zu gehen. Dieses Traumsymbol sagt: Machen Sie es nicht zu schwer.
Dadurch, daß die Wolken ein Phänomen des Himmels darstellen, ist hiermit auch das Bewußtsein oder der Geist des Träumers oder der Träumerin angesprochen.

# Gesundheit und Wohlbefinden

Traum-Symbole für die Gesundheit und das Wohlbefinden beziehen sich beispielsweise auf Ernährung, indem Träume bisweilen sogar Ernährungstips geben, auf Sport, auf Freizeit und die Gesundheit. Falls Sie sich unwohl oder krank fühlen, sollten Sie bei der Deutung Ihrer Träume speziell auf diese Hinweise achten und sie ausführlich deuten. Mit den im folgenden angegebenen Hinweisen sollte Ihnen eine praktische Deutung gelingen. Aber bedenken Sie, daß es mit der Deutung allein nicht getan ist. Sie müssen auch die Konsequenz aufbringen, sich nach den Traumlehren zu verhalten. Der Traum nimmt Ihnen nicht die Verantwortung für Ihre Gesundheit und Ihr Wohlbefinden.

## Nahrung

Bei den Traumsymbolen, die die Ernährung behandeln, können alle möglichen Gerichte und Nahrungsmittel auftreten, von denen ich nur ein kleine Auswahl behandeln kann. Treten Gerichte oder Lebensmittel in Ihrem Traum auf, ist es wichtig darauf zu achten, mit welchen Gefühlen sie diese wahrnehmen. Speisen, bei denen Appetitlosigkeit oder gar Ekel auftritt, würde ich Ihnen raten zu meiden. Speisen, die Sie im Traum begehren, die in harmonischer Atmosphäre gegessen werden und die Ihnen im Traum schmecken, werden wahrscheinlich auch im Leben für Sie gesund sein. Sie können auch darauf achten, ob in Ihren Träumen eher vegetarische Nahrung auftritt oder nicht. All das können Sie als Hinweise und Tips für eine individuelle gesunde Ernährung deuten.
Alle Nahrungsmittel im Traum sind symbolisch für das zu sehen, was wir »schlucken« und verdauen müssen. Nahrung wird im Traum oft im übertragenen Sinn wie zum Beispiel als geistige oder emotionale Nahrung gebraucht und sollte auch dementsprechend beachtet werden.

Die wichtigsten Nahrungsmittel und -gewohnheiten finden Sie im folgenden aufgeführt. Einige Träumer und Träumerinnen berichten oft über ausgeprägte Geschmacksempfindungen während ihrer Träume. Für andere sind solche sinnlichen Erfahrungen selten oder nicht existent. Wahrscheinlich ist diese Sensibilität im Traum eine direkte Widerspiegelung der Sensibilität, die man im Alltagsleben für den Geschmack entwickelt hat.

**Bier:** Das Bier ist ein männliches Traumsymbol und steht für männliche Orte der Gemütlichkeit und für Unterhaltung, Entspannung, aber auch für einen hohen Nährwert. Bei Träumern und Träumerinnen, die Probleme mit dem männlichen Archetyp aufweisen, ist dieses Traumsymbol oft negativ besetzt. Für Träumerinnen und Träumer, die dem männlichen Archetyp positiv gegenüberstehen, ist dieses Traumsymbol ausnahmslos positiv besetzt.

**bitter:** Der bittere Geschmack verweist im Traum darauf, daß man etwas emotional verinnerlicht, dem man nicht positiv gegenüber steht. Im Traum sollte man das, was einem bitter schmeckt, meiden – es sei denn, dieser Geschmack wird vom Träumer oder der Träumerin positiv bewertet.

**Braten:** Der Braten ist das Symbol für den Sonntag und speziell für das Mittagessen am Sonntag im Kreise der Familie. Wenn der Braten im Traum abgelehnt wird, steht dahinter oftmals die Ablehnung dieser bürgerlichen Familienrituale, und man sollte über seine Emanzipation in und die Aussöhnung mit der Familie nachdenken. Freut man sich im Traum über den Braten, dann kann man unter anderem dahinter eine Sehnsucht nach der (vorgeblich) heilen Welt der Familie vermuten.
Das Gebratene steht auch für die Kultur, denn es ist ein Gegensatz zum Rohen. Einige Träumer und Träumerinnen assoziieren zum Traumsymbol Braten eine gute Ernährung und daß man sich mehr um seine Ernährung kümmern sollte. Mehr Sorgfalt ist bei der Bereitung der Speisen angesagt.

**Brot:** Das Brot verweist auf die Bescheidenheit und die Besinnung auf grundsätzliche Werte. In unserer Kultur kann das Traumsymbol Brot als das wesentlichste und häufigste Traumsymbol für die Nahrung allgemein angesehen werden.
Da wir vom Brotlaib sprechen, symbolisiert das Brot auch den

menschlichen Körper, was im Abendmahlsritus der Christen betont wird, wo das Brot zum Körper und der Wein zum Blut wird.

**Fisch:** Der Fisch stellt ein weitverbreitetes Fruchtbarkeitssymbol dar. Den frühen Christen galt der Fisch als Erkennungszeichen, da das griechische Wort für Fisch und Christos sich ähnlich schreiben.
Der Fisch als Wesen des Wassers verweist auch oft auf das Gefühl. Fische zu essen, bedeutet in diesem Sinn, Gefühle zu verinnerlichen.
Der Fisch besitzt ein lange Tradition als Fastenspeise und wird somit als karges Mahl angesehen.

**Fleisch:** Das Fleisch ist stets dem menschlichen Körper verbunden. Es kommt bei der Deutung eines Traums sehr darauf an, ob das Fleisch im Traum im rohen oder gekochten beziehungsweise gebratenen Zustand gesehen wurde.
Fleischgerichte stehen auch oft für eine gute Ernährung oder gar für ein Festmahl. Allerdings mag sich die Deutung dieser Traumsymbolik allmählich unter dem Einfluß der Fleischskandale ändern. Erstaunlicherweise träumen aber auch einige Vegetarier im positiven Sinn vom Fleisch, was anzeigt, daß die Sprache unseres Unbewußten teilweise wesentlich langsamer reagiert, als unsere bewußten Bewertungen.

**Gemüse:** Alle Gemüsearten stehen grundsätzlich für eine gesunde Ernährung. Bei diesem Traumsymbol ist speziell auf die Symbolik der einzelnen Gemüse zu achten, die durch deren Farbe und Form weitgehend bestimmt wird.

**Käse:** Käse wird als Traumsymbol meistens als weiblich angesehen, da sein Grundbestandteil die Milch ist. Er kann häufig als das nährende Weibliche gedeutet werden.
Allerdings besitzt in der Umgangssprache der Käse auch eine negative oder zumindest abwertende Bedeutung. So sagt man, wenn etwas erfolglos verläuft: Es ist alles Käse.

**Kaffee:** Der Kaffee bekommt seine Traumbedeutung hauptsächlich durch seine schwarze Farbe und verweist so auf das Weibliche. Er macht einen wach, kann mit Entspannung, aber auch mit Arbeit verbunden werden. Durch die vielen Möglichkeiten, in denen der Kaffe im alltäglichen Leben auftreten kann, sind äußerst viele unterschiedliche Deutung möglich.

Um herauszufinden, welche dieser Deutungen im aktuellen Traum zutreffen, sollte man zu diesem Traumsymbol frei assoziieren.

**Limonade:** Die Limonade stellt das typische Kindergetränk dar. Sie verweist als Traumsymbol entweder auf die Zeit unserer Kindheit oder auf regressive Wünsche, sich wieder wie ein Kind verhalten zu dürfen. Die Farbe der Limonade kann unter Umständen eine Deutung konkretisieren.

**Milch:** Die Milch stellt ein typisches weibliches Symbol dar. Der Archetyp der fruchtbaren Mutter wird durch sie angesprochen. Ob bei diesem Traumsymbol auch Kindheitserinnerungen und/oder regressive Tendenzen mit zu berücksichtigen sind, muß im konkreten Fall geklärt werden und hängt sowohl vom Träumenden als auch vom Zusammenhang des Traums ab.

**Nudeln:** Nudeln stellen meiner Erfahrung nach ein Traumsymbol dar, das häufig auf regressive Tendenzen verweist. Das mag daran liegen, daß viele Kinder gerne Nudeln essen.

**Obst:** Das Traumsymbol Obst steht wie das Traumsymbol Gemüse für gesunde Ernährung. Weitere Informationen über die verschiedenen Obstsorten finden Sie im Kapitel »Natur und Garten«.

**Pizza:** Erstaunlich viele Menschen träumen heutzutage von der Pizza und verbinden damit einen informellen, erholsamen Abend mit Freunden. Psychologisch stellt die *Pizza* ein Freizeitsymbol – und ein Mandala dar!

**Saft:** Das Traumsymbol Saft steht grundsätzlich für gesunde Ernährung. Um es weiter zu konkretisieren, muß die Farbe des Saftes und seine Geschmacksrichtung gedeutet werden. Es ist auch wichtig, von welcher Frucht er stammt.

**sauer:** Sauer stellt im Traum eine Geschmacksrichtung dar, die häufig auf Ablehnung oder schlechte Stimmung verweist. Deswegen sagen wir auch, daß man sauer ist, wenn man schlechte Laune hat.
Zum anderen sagt der Volksmund auch, daß sauer lustig macht. Ziehen Sie beim Traumsymbol sauer stets beide Bedeutungen in Betracht und schauen aus dem Zusammenhang des Traums, welche der Bedeutungen im konkreten Fall zutrifft.
Sauer zieht zusammen und auch diese zentrierende Bewegung

mag in diesem Traumsymbol mitschwingen.

**scharf:** Scharf wird als Traumsymbol häufig mit aggressiv verbunden. Bisweilen tritt dieses Traumsymbol auch in der Bedeutung von klug auf.

**Schinken:** Das Traumsymbol Schinken deutet auf die Pobakken und die Oberschenkel hin und ruft »schweinische« Assoziationen hervor.

**Schnaps:** Der Schnaps als Oberbegriff für alle hochkonzentrierten alkoholischen Getränke kann als Traumsymbol sowohl auf eine Suchttendenz, als auch auf Aggressivität verweisen. Man sagt, daß Schnäpse aggressiv machen und spricht damit die Bewußtseinsveränderung an, die an den Genuß hochprozentigen Alkohols gebunden ist. Als geistiges Getränk, wie man hochprozentigen Alkohol auch bezeichnet, verweist dieses Traumsymbol speziell auf die geistige Komponente der Bewußtseinsveränderung.
Schnapstrinken im Traum wird häufig auch mit Verruchtheit assoziiert.

**süß:** Das Süße ist das Angenehme und Verführerische, als das es auch im Traum vorkommt.

**Tee:** Der Tee verweist als Traumsymbol auf Entspannung und Ruhe. So prägt der Volksmund den Spruch: Abwarten und Teetrinken. Teetrinken hängt mit der Pause zusammen, eben damit, daß man seine Routine und Arbeit unterbricht und innehält.

**Wasser:** Wie das Traumsymbol Brot verweist das Wasser als Getränk auf Bescheidenheit und Selbstbeschränkung. Vergleiche zum Traumsymbol Wasser – allerdings nicht als Getränk – auch die Ausführungen unter dem Stichwort Elemente im vorigen Abschnitt »Natur und Garten«.

**Wein:** Der Wein symbolisiert das Geistige und die Liebesekstase. Ferner deutet der Wein auf Kultiviertheit und sinnliche Entspannung hin. Es ist darauf zu achten, ob es sich um süßen oder sauren Wein handelt.
*Rotwein:* Der Rotwein wird als Traumsymbol des Blutes angesehen.
*Weißwein:* Der Weißwein wird als Symbol der Klarheit angesehen.

**Wurst:** Die Wurst ist ein altbekanntes Penissymbol.

Orte, an denen man ißt und trinkt oder Nahrungsmittel

kauft, kommen sehr häufig im Traum vor und ihre Symbolik wird leicht übersehen, da man sie leicht nur als Kulisse betrachtet. Damit nimmt man sich aber Deutungshinweise für den entsprechenden Traum.

**Café:** Das Café symbolisiert im Traum die Entspannung, die Freizeit und die Ruhe. Teilweise wird es von Träumer und Träumerinnen auch mit der Bedeutung Luxus oder Ferien verbunden.

**Gemüseladen:** Das Traumsymbol Gemüseladen wird oft wegen seiner Buntheit mit Freude und mit sinnlichem Genuß verbunden. Ferner deutet dieses Traumsymbol auf eine gesunde Ernährung hin. Achten Sie darauf, welche Gemüse speziell Ihre Aufmerksamkeit anziehen.

**Küche:** Ort der Verwandlung. Dort wird die Nahrung zubereitet, und bei der Deutung kommt es besonders auf den Zustand der Küche an. Ist sie aufgeräumt und sauber, unordentlich und dreckig? Wird gerade gekocht oder gegessen? Ist die Küche leer oder gefüllt?
*Abwasch:* Es muß etwas bereinigt werden.
*Herd:* Im Herd wurde ursprünglich das heilige Feuer verehrt und deswegen galt er als kulturspendendes Symbol. Heute tritt dieses Symbol gehäuft bei Rollen-Konflikten zwischen Mann und Frau auf. (Eine ausführliche Deutung finden Sie im Kapitel »Haus und Wohnung«.)

**Markt:** Der Markt symbolisiert das Leben und Treiben, Handel und Wandel. Auf dem Markt kauft man nicht nur ein, sondern macht auch seine Kontakte. Normalerweise deutet dieses Traumsymbol auf Aktivität, Schwung und Lebenslust hin.

**Restaurant:** Das Restaurant symbolisiert als Traumsymbol wie das Café die Freizeit und Entspannung. Es mag auch die Bedeutung Luxus mitschwingen. Um das Traumsymbol Restaurant genauer bestimmen zu können, kommt es darauf an, um welches Restaurant es sich handelt. Der Charme und die Fröhlichkeit symbolisieren beispielsweise das italienische Restaurant, der erlesene Luxus wird durch das französische Restaurant verdeutlicht, die Exotik durch japanische, indonesische oder indische Restaurants. Das deutsche Restaurant mit gutbürgerlicher Küche mag für viele Träumer und Träumerinnen Biederkeit symbolisieren, der Landgasthof Gemütlichkeit und der Schnellimbiß Ungemütlichkeit und Abstieg.

**Supermarkt:** Der Supermarkt ist der Ort der Fülle und zugleich der Unpersönlichkeit. Als solcher tritt er auch sehr häufig im Traum auf. Auch Symbol der Unwirtlichkeit, des »Großstadtdschungels« oder des Alltagschaos.

**Wirtschaft** (Kneipe): Die Wirtschaft ist der männliche Ort der Entspannung. Sie symbolisiert als Traumsymbol den Feierabend und die Entspannung. Auf der Ebene der Traumsymbolik stellt die Wirtschaft den männlichen Ort der Entspannung dar und das Café den weiblichen Ort der Entspannung.

## Sport, Sportarten

Symbole aus dem Bereich Sport und Bewegung treten zunehmend häufiger in den heutigen Träumen auf. Das mag daran liegen, daß die Fitneßwelle jetzt auch von Amerika auf Europa übergeschwappt ist und sich immer mehr Menschen bis zum Fanatismus hin sich um ihre Fitneß kümmern. Solche kulturellen Entwicklungen spiegeln sich auch stets in den Träumen wider, wenn auch mit einer gewissen zeitlichen Verzögerung.

Jede Sportart kann im Traum auftreten, allerdings sind einige Sportarten wie beispielsweise Fußball und Golf, Bogenschießen und Reiten mehr symbolisch besetzt als andere. Ich habe in diesem Abschnitt nur die Sportarten aufgeführt, die ich auch in realen Träumen bei Klienten und Klientinnen und bei mir selbst beobachten konnte.

Wenn man von einer Sportart träumt, heißt das nicht unbedingt, daß man auch diese Sportart betreiben sollte. Es kommt oftmals nur auf deren symbolischen Wert an.

Grundsätzlich zeigen Sportarten im Traum eine konkurrenzgeprägte Einstellung an. Dabei ist jedoch zu beachten, wie stark konkurrenzgeprägt die entsprechende Sportart ist – da bestehen nämlich enorme Unterschiede. Ferner finden Sie hier auch spirituelle Bewegungsübungen, die jedoch gar nicht konkurrenzgeprägt sind, sondern die Einheit aller Menschen und Lebewesen betonen. Diese spirituellen Übungen wie zum Beispiel Yoga, Tai Chi, Karate und Judo habe ich unter zwei Stichworte – und zwar Kampfsportarten und Yoga – zusammengefaßt. Darin drückt sich keine Bewertung, sondern nur eine Ähnlichkeit der symbolischen Bedeutung aus.

Hier kann nur eine kleine Auswahl dieses äußerst großen Bedeutungsfeldes wiedergegeben werden.

**Autorennen:** Das Traumsymbol Autorennen kommt erstaunlich häufig vor und deutet auf die Faszination der Beherrschung der Maschine durch den Menschen hin. Gleichzeitig spiegelt sich auch in diesem Traumsymbol die Faszination des Autos und der Geschwindigkeit in unserer Kultur wider. Dabei verbindet sich auf der symbolischen Ebene Erotik mit Schnelligkeit. Eine Mischung, die in perfekter Weise unsere Kultur charakterisiert.
Das Autorennen stellt im Traum oftmals ein Streßsymbol dar, mit dem viele Ängste verarbeitet werden. Häufig ist mit diesem Traumsymbol verbunden, daß man entweder nicht mehr bremsen kann oder zu schnell in die Kurve fährt. Das alles ist auf den Lebensweg des Träumers oder der Träumerin zu beziehen.

**Ballspiele:** Ballspiele erinnern zum einen an die Kinderzeit und werden auch mit Erholung und Freizeit assoziiert. Zum anderen stellt der Kampf um den Ball oder die rechte Behandlung des Balls immer auch ein erotisches Symbol dar. Zur genaueren Deutung ist es wichtig, die Art und Weise des Ballspiels zu charakterisieren und auf die eigene Lebenseinstellung zu beziehen.

**Bergsteigen:** Beim Bergsteigen sehnt man sich nach Gipfelerlebnissen ( siehe dazu den folgenden Abschnitt dieses Kapitels »Abenteuer und Gipfelerlebnisse«) und nach dem Überblick. Oftmals tritt das Traumsymbol Bergsteigen gerade dann auf, wenn man sich nach Erfolgen sehnt.

**Bogenschießen:** Das Bogenschießen ist im Traum wie im Alltagsleben von dem Treffen eines Ziels geprägt. Man möchte unbedingt ein Ziel erreichen und es ist wichtig, ob im Traum getroffen wird oder nicht. Dabei kommt es nicht so sehr darauf an, ob das Traum-Ich oder eine andere Traumperson schießt.

**Boxen:** Boxen gehört zu einer der aggressivsten Sportarten. Wer von diesem Symbol träumt, der sollte entweder aggressiver im Sinne von durchsetzungsstärker werden oder er ist zu aggressiv.

**Fußball:** Fußball ist die volkstümlichste aller Sportarten und verweist als Traumsymbol auf Normalität bis hin zur Biederkeit. Auf der anderen Seite verschiebt es sich heute immer mehr zu einem Symbol großer Geschäftemacherei.

**Golf:** Golf ist zumindest in Deutschland ein sehr exklusiver Sport. Das Traumsymbol Golf verweist oftmals auf die Sehnsucht, in höhere Kreise aufzusteigen und aufgenommen zu werden. Auf der anderen Seite ist gerade das Golfspiel eine Sportart, bei der man häufig gegen sich selbst spielt und die großer Selbstdisziplin bedarf.

**Gymnastik:** Im Traum verbildlicht Gymnastik die Anmut des Körpers und als Traumsymbol verweist sie häufig darauf, daß man mehr für seinen Körper tun sollte. Achten Sie darauf, welche Übungen im Traum vorgestellt werden. Womöglich werden Ihnen damit Hinweise gegeben, was Ihnen gut tut. Probieren Sie, sofern es möglich ist, diese Übungen einmal aus.

**Kampfsportarten:** Zu den Kampfsportarten gehören unter anderem Karate, Judo und ähnliche meditative Kampfformen. In diesem Traumsymbol wird in spezieller Weise die Aggression mit der Spiritualität verbunden und an dieser Spannung hat auch die Deutung anzusetzen.

**Laufen:** Das Traumsymbol Laufen verdeutlicht entweder, daß man aus eigener Kraft schnell an sein Ziel gelangt, oder daß man vor etwas wegläuft.

**Reiten:** Spielt Reiten im Traum eine Rolle, dann sollte die Deutung stets berücksichtigen, daß es sich hierbei um die Verbindung mit dem Tierischen – im Sinne des Tiers in sich – handelt und zugleich um die Beherrschung des Tierischen.
Im Traum von Frauen wurde konventionellerweise das Reiten stets als Hinweis auf sexuelle Wünsche gedeutet.

**Ringen:** Ringen als Traumsymbol verweist meistens darauf, daß man mit sich selbst ringt oder sich und anderen etwas abringen muß. In selteneren Fällen kann dieses Traumsymbol auch als ein Hinweis auf die Sehnsucht nach Körperkontakt gesehen werden.

**Segeln:** Segeln wird mit Freizeit und mit Reichtum assoziiert. Zugleich verweist Segeln im Traum auch auf ein geschickte Ausnutzung des Windes. Man weiß also, wie der Wind weht, das heißt, man agiert klug. Wenn man allerdings wegen einer Flaute nicht vorankommt, dann ist das als ein Hinweis auf eine ungünstige Situation zu sehen, in der man nur abwarten kann.

**Skifahren:** Siehe auch Schnee weiter vorne im Abschnitt »Wege und Reisen« unter dem Stichwort Wetter. Skifahren hängt wie Schnee mit Kälte und Distanz zusammen, allerdings kommt bei diesem Traumsymbol hinzu, daß man diese Distanz zu beherrschen sucht.

**Surfen:** Beim Traumsymbol Surfen versucht man seine Gefühle zu beherrschen, indem man auf dem Wasser fährt. Zugleich ist beim Surfen die rechte Ausnutzung des Windes wichtig, was zeigt, daß die Beherrschung der Gefühle vom Intellekt her versucht wird. Oftmals spielt bei der Deutung dieses Traumsymbols die Farbe des Segels eine Rolle.

**Turnen:** Turnen deutet im Traum auf die Beherrschung des Körpers hin.

**Yoga:** Das Traumsymbol Yoga verweist auf Ganzheitlichkeit. Das Ziel des Yoga besteht darin, Körper, Gefühl und Bewußtsein zu beherrschen. Meist wird mit diesem Traumbild eine Empfehlung an den Träumer oder die Träumerin verbunden, sich ganzheitlich zu entwickeln und sich solchen spirituellen Disziplinen zuzuwenden.
Im gleichen Sinn können auch Tai Chi und andere spirituelle Bewegungsübungen gedeutet werden.

## Handicaps, Krankheit

Selbstverständlich stellt der Umgang mit Krankheiten, Behinderungen und Einschränkungen nicht nur einen »Betriebsunfall«, sondern eine unabänderliche Voraussetzung unseres Daseins dar. Es ist nicht nur nicht zu vermeiden, daß man sich im Traum mit den verschiedensten Beschwerden oder Handicaps beschäftigt; es ist sinnvoll und wünschenswert. Und zwar wiederum *nicht*, um irgendeinen verborgenen Sinn in Krankheiten oder Schmerzen hineinzugeheimnissen.
Unter der Voraussetzung, daß es Krankheiten gibt, ist es sinnvoll und wünschenswert, davon zu träumen, solange dies der Verarbeitung von Erfahrungen und Ängsten sowie der konkreten Achtsamkeit und Vorbeugung dient. Unter diesem Aspekt

lohnt es und hilft es, auch zunächst unangenehme Traum-Szenen aufmerksam zu erinnern und zu untersuchen.
Hier kann nur eine kleine Auswahl der möglichen Krankheitssymbole wiedergegeben werden. Ich habe die gängigsten ausgesucht.

**Bruch:** Ein Knochenbruch verweist im Traum immer auf einen Bruch im Sinne von Abbruch und Beendigung. In selteneren Fällen ist mit Traumsymbol der Hinweis verbunden, daß man etwas überbelastet und deswegen zu Schaden kommen kann. Es ist bei diesem Traumsymbol sehr wichtig zu betrachten, welcher Knochen bricht. Das ist symbolisch zu deuten. In den seltensten Fällen weist dieses Traumsymbol auf reale Verletzungsgefahr hin.
*Armbruch:* Der Armbruch schränkt die Handlungsfähigkeit des Träumers oder der Träumerin enorm ein. Man kann nicht mehr greifen, das heißt im übertragenen Sinn, daß man nicht mehr begreifen und etwas erfassen kann. So kann man auch nicht mehr sinnvoll handeln.
*Beinbruch:* Der Beinbruch schränkt die Fortbewegung des Träumers oder der Träumerin empfindlich ein. Damit schränkt man sich in seiner Beweglichkeit und *Freiheit* ein.

**Durchfall:** Der Durchfall zeigt im Traum immer an, daß man etwas nicht verdauen kann und es unbedingt loswerden sollte. Meistens handelt es sich dabei um Gefühle.

**Erkältung:** Das Traumsymbol Erkältung deutet darauf hin, daß man entweder selbst zu unterkühlt und distanziert reagiert und sich damit schadet, oder daß man in einer zu unterkühlten und distanzierten Umgebung lebt. Es tritt häufig bei akuten Beziehungskrisen auf. Zuviel Kälte und/oder zuwenig Feuer!
*Husten:* Der Husten weist im Traum auf verdrängte Aggressionen hin: Man will den anderen etwas husten, wie die Umgangssprache es symbolisch ausdrückt.
*Schnupfen:* Beim Schnupfen im Traum (und nicht nur dort) hat man die Nase voll. Das bedeutet, daß die Situation, in der man sich befindet, einem zu viel ist.

**Hauterkrankungen:** Die Haut grenzt uns von der Außenwelt ab und so symbolisieren Hauterkrankungen aller Art im Traum ein Problem mit der Abgrenzung von anderen Personen. Ob man sich zu sehr oder zu wenig abgrenzt, muß die genauere Analyse des betreffenden Traums zeigen.

**Herzerkrankungen:** Immer wenn das Herz im Traum angesprochen wird, werden auf die Gefühle und häufig speziell auf das Mitgefühl des Träumers oder der Träumerin hingewiesen. Es geht um Liebe und Beziehungsfähigkeit, um das Problem mit dem Einlassen auf andere Personen und um Hingabe.

**Geschwür:** Beim Traumsymbol Geschwür bricht etwas aus dem Inneren durch und macht sich im Außen sichtbar. Meistens verweist dieses Traumsymbol auf verdrängte Gefühle, die plötzlich aufbrechen. Ferner wird man durch ein Geschwür unattraktiv, was auf eine (unbewußte) Distanz anderen Menschen gegenüber verweist.

**Kreislauferkrankungen:** Bei Kreislauferkrankungen, die seltener im Traum thematisiert werden, ist der Lebensfluß gestört. Das Blut fließt nicht mehr frei, Blockaden treten auf. Mit diesen Blockaden sind fast immer emotionale Blockaden gemeint.

**Lähmung:** Sehr häufig tritt in Angstträumen das Phänomen der Lähmung auf. Man möchte vor der Gefahr weglaufen, was einem jedoch nicht gelingt, da man sich einfach nicht von der Stelle wegbewegen kann. Das wird dadurch ausgelöst, daß man sich im Traum und speziell im Angsttraum nahe der Aufwachgrenze befindet. Im Traum ist jedoch aus Gründen des Schutzes die Motorik bis auf die Augenmotorik abgeschaltet. Gelangt man plötzlich in die Nähe der Aufwachgrenze, wird man sich bewußt, daß man sich nicht bewegen kann, weil die Motorik erst einen Bruchteil später wieder aktiviert wird. Dieses Phänomen wird sogleich traumhaft verarbeitet.
Das Traumsymbol Lähmung ist als Unbeweglichkeit im geistigen und/oder emotionalen Sinn zu deuten. Es ist ein Hinweis auf mehr Beweglichkeit.

**Verstauchung:** Bei der Verstauchung im Traum wird auf eine Beschränkung der Bewegung verwiesen, die jedoch nicht so drastisch wie beim Bruch ist. Ist der Arm verstaucht, ist das Begreifen und damit die Handlungsfähigkeit eingeschränkt, ist der Fuß verstaucht, kann man sich nicht mehr frei und mühelos fortbewegen. Oftmals kann man dieses Traumsymbol als Hinweise auf Geduld und Abwarten deuten.

**Verstopfung:** Bei der Verstopfung als Traumsymbol hält man Wünsche und Ängste fest (besonders auch »unterschwellige« und triebhafte Bedürfnisse) und drückt sie nicht aus. Man läßt sie nicht los und nicht heraus. Es gibt auch die geistige Verstopfung, die auf starre Gedanken und im Extrem auf Zwangsgedanken (fixe Ideen) hindeutet.

**Wunde:** Eine Wunde im Traum ist immer als Zeichen einer emotionalen Verletzung zu deuten. Zur genaueren Deutung ist zu beachten, an welcher Körperstelle diese Wunde auftritt.
*Brandwunde:* Brandwunden kommen im Traum oftmals durch die Leidenschaft zustande.
*Schnittwunde:* Schnittwunden kommen im Traum häufig durch eigene Aggressionen oder die anderer zustande.
*Schürfwunde:* Schürfwunden sind häufig im Traum Verletzungen, die durch eine gewisse Oberflächlichkeit erzeugt werden.

# Angst, Horror

Einer der wichtigsten Faktoren der Vor-»Sorge« (warum nicht Vor-Bereitung oder sogar Vor-Freude) für Gesundheit und Wohlbefinden besteht in der *Auflösung von Ängsten.* Die Psychologinnen und Psychologen der verschiedensten Schulen gehen davon aus, daß Ängste bei jedem Menschen vorhanden sind: Einesteils als notwendige Schutzschalter und Sicherungen, anderenteils als historische Erblast.
Wenn es in diesem Sinne »normal« ist, daß man gewisse Ängste hat, dann ist derjenige oder diejenige besser ausgestattet, der oder die von den eigenen Ängsten auch *träumt!*
Die anderen, die *nicht* von ihren Ängsten träumen, haben genauso viel Ängste – nur sie haben es viel schwerer, diese Ängste zu bearbeiten, was wiederum die einzige Methode ist, um sie aufzuheben und loszuwerden.
Die Auseinandersetzung mit der Angst gehört zum Menschsein. Verständlicherweise (!?) wollen wir jedoch nicht von dieser Angst berührt werden und verdrängen sie deswegen.

*Was bedeutet Verdrängung?*
Unter Verdrängung versteht man in der Tiefenpsychologie

einen inneren Abwehrmechanismus, der einem das, was man befürchtet oder ablehnt und was einen bedroht, nicht mehr wahrnehmen läßt. Verdrängung ist also ein motiviertes Vergessen. Die Motivation wird davon geprägt, daß wir Zustände der Angst oder allgemein der Unlust nicht erleben möchten.

Dadurch daß wir dahin tendieren, unsere Ängste zu verdrängen, suchen sie uns im nächtlichen Traum heim. Wenn ich also Angst habe, meine Aggressionen offen auszudrücken, werde ich wahrscheinlich Träume haben, in denen ich mit dieser Aggression konfrontiert werde. Alles, was uns Angst einjagt und was wir im Wachzustand deswegen umgehen, treffen wir im nächtlichen Traum. Ein solcher Angsttraum kann sich bis zum Alptraum steigern, aus dem wir schweißüberströmt oder bisweilen sogar schreiend aufwachen.

Der Begriff »Alptraum« stammt von »Albina«, der weißen Göttin, von der auch das Wort »Elfe« abgeleitet ist. Der Alptraum ist der mit den Elfen verbundene Traum, in welchem die negativen und gefährlichen Aspekte, die die Elfen symbolisieren, aufsteigen.

Man muß sich mit dieser Angst im Traum konfrontieren und darf sie keinesfalls verdrängen, indem man sich sagt, daß sei nur ein Traum gewesen, den man am besten schnellstens vergißt. Am besten schaut man sich nach dem Angst- oder Alptraum die Art und Ursache der Angst genau an.

Wenn Sie einen solchen Traum deuten möchten – und Sie sollten derartige Träume unbedingt deuten, da sie sonst eine Tendenz aufweisen, immer wiederzukehren –, stellen Sie sich folgende Fragen:

Was macht mir in diesem Traum konkret Angst?

Schauen Sie sich die Ihnen angsteinflößende Situation genau an und fragen Sie sich, woher Sie diese Situation aus Ihrem alltäglichen Leben kennen.

Wie reagiere ich auf diese Angst im Traum?

Fragen Sie sich, ob Sie in dieser Weise öfters im Alltagsleben reagieren. Zu welchem Ergebnis führt diese Reaktion?

Welche anderen Reaktionsmöglichkeiten wären denkbar?

Spielen Sie zumindest in Ihrer Phantasie alternative Reaktionsmöglichkeiten durch. Besser ist es jedoch, sich vorzunehmen, die alternativen Reaktionsmuster im Wachzustand auszuprobieren.

Warum träumen Sie gerade jetzt diesen Angst- oder Alptraum?

Meistens treten beängstigende Träume gerade dann auf, wenn kurz vorher das Angsteinflößende bewußt oder unbewußt erlebt wurde. Gehen Sie also noch einmal genau die letzten Tage vor diesem Traum durch und schreiben Sie sich alle angsteinflößenden Momente auf. Wie können Sie diese oder einen von ihnen auf Ihren Traum beziehen?
Haben Sie einen vergleichbaren Traum schon zuvor gehabt?
Versuchen Sie sich speziell daran zu erinnern, ob Sie in Ihrer Kindheit ähnliche angsteinflößende Träume gehabt haben. Ist dies der Fall, versuchen Sie, diese Träume zu verstehen und machen Sie sich klar, daß Ihre Reaktion sozusagen verjährt ist. Das bedeutet, daß Sie als Erwachsener diese Ängste, die in Ihrer Kindheit verständlich und womöglich funktional waren, heutzutage nicht mehr benötigen.
Wenn Sie sich mit diesen fünf Fragen ausführlich beschäftigen, sollte das nicht in einer distanzierten, unemotionalen Weise geschehen, sondern lassen Sie sich von der Angst und der Verunsicherung berühren. Wenn Sie sich einem Partner oder einem Freund anvertrauen wollen, dann können Sie, durch dessen Beisein gestärkt, diese Ängste untersuchen und in Ihrer Phantasie diese Ängste Stück für Stück »erinnern, wiederholen und durcharbeiten« (S. Freud). Danach ist es jedoch unabdingbar, Ihre Phantasien und Gefühle aus der Distanz zu betrachten. Gehen Sie aber sogleich distanziert an Ihre Ängste heran, werden diese Sie nicht zu ihren Ursprüngen führen.
Im Grunde machen Sie bei dieser Technik die Ängste zu Ihrem Verbündeten, indem sie Ihnen zeigen, woher sie stammen. Wenn Sie das verstanden haben, können Sie meistens auch diese Ängste auflösen. Sollte das jedoch wider allen Erwartens nicht möglich sein, sollten Sie einen Psychotherapeuten um Rat fragen, der im Umgang mit Träumen Erfahrung hat.
Siehe zu diesem Themenbereich das Kapitel »Sie und Ihre Mitmenschen« und zwar dort am Ende die kurze Besprechung der Schatten- und Horrorgestalten. Wichtig sind in diesem Zusammenhang die Verfolgungsträume, die Sie weiter hinten im Abschnitt »Abenteuer und Gipfelerlebnisse« beschrieben finden. Die häufig im Traum auftretende Lähmung finden Sie im vorigen Abschnitt unter dem Stichwort Krankheiten wieder.

**Bedrohung:** Bedrohliche Situationen verweisen im Traum darauf, daß man im seinem Alltagsleben vorsichtiger seien sollte.

**Dunkelheit:** Die Dunkelheit stellt eine der häufigsten Situationen im Traum dar, die auf Verwirrung und Angst verweisen. Die Dunkelangst ist eine der verbreitetsten Ängste der Menschheit.
Siehe die ausführliche Beschreibung dieses Traumsymbols weiter vorne im Abschnitt »Labyrinth und Chaos«.

**Erstickung:** Bei der Erstickung bekommt man keine Luft und gerät normalerweise in Panik. Symbolisch ist das als Gefühl des Freiheitsverlustes zu deuten.

**Folter:** Bilder der Folter im Traum treten oft dann auf, wenn der Träumer oder die Träumerin sich unbewußt nach Hingabe sehnen, bewußt jedoch sich nicht hingeben wollen oder können. Ist das Traum-Ich derjenige, der foltert, dann weist das auf tief verdrängte Aggressionen hin. Zur genaueren Deutung ist zu betrachten, welche Art der Folter gewählt wird.

**Gefangenwerden:** Wird man im Traum gefangengenommen, ist das wie beim Traumsymbol Erstickung als Freiheitsverlust zu deuten. Allerdings ist in diesem Fall die Angst vor dem Verlust nicht derart stark wie beim Traumsymbol Erstickung. Der Gefangennahme kann man immerhin noch eventuell entkommen.

**Verstümmelung:** Wird man im Traum verstümmelt oder sieht man Menschen, die verstümmelt sind, ist das als Verlust von Eigenschaften und Fähigkeiten anzusehen. Dabei ist es unbedingt notwendig zu beachten, welcher Körperteil verstümmelt wurde.

Typische Reaktionsweisen des Traum-Ichs in diesem Symbolfeld:

**Angst haben:** Wenn Sie vor einer Traumperson Angst haben, macht Ihnen diejenige Seite in Ihnen Angst, die diese Traumperson symbolisiert. Es handelt sich hierbei meistens um lang unterdrückte Seiten von einem selbst.

**kämpfen:** Der Kampf symbolisiert wie in Märchen und Sagen den inneren Kampf. Die verschiedenen Ichs kämpfen um ihre Vorherrschaft, was sich in Entscheidungsschwierigkeiten, Launen und Unklarheit des Träumers bemerkbar macht. Wichtig ist mit Hilfe der Tagtraumtechnik diese Kämpfe freundlich zu beenden. Vielleicht möchte Ihnen diese Traumsituation aber auch zeigen, daß Sie mehr kämpfen müssen oder viel zu viel kämpfen.

**fliehen:** Wovor das Traum-Ich flieht, dem sollte sich der Träumer annähern. Mit der Flucht begibt man sich in die Opferhaltung, wenn man sich jedoch dem zuwendet, wovor man flieht, kann man selbst die Situation bestimmen.

## Ekel, Peinlichkeiten

Nach Krankheiten und Ängsten scheint es vielleicht vollends unsäglich, »unnötig« oder »unmöglich«, sich nun auch noch mit einigen Widerwärtigkeiten zu befassen. Aber wir wissen, daß die hier aufgeschriebenen Traum-Themen *nicht* so kraß sind wie manche Träume und vor allem wie das Leben mit etlichen seiner täglichen Nachrichten.
Was für Schmerzen und Verletzungen im Traum, das gilt auch für die Ekel-Symbole: Es ist besser, sich bei gegebenem Anlaß damit *auseinanderzusetzen,* als diese zu verdrängen. So gelingt es uns, die notwendigen Grenzen und Abgrenzungen zu ziehen und zugleich nichts Wesentliches abzuspalten – mit allem Menschlichen verbunden zu sein.
Jeder Träumer und jede Träumerin bekommt irgendwann einmal Träume, in denen sie oder er Ekel empfindet oder sich in peinlichen Situationen befindet. Diese Träume werden durch die Verarbeitungsmechanismen der Psyche erzeugt und sind als *Reinigungsträume* anzusehen.

**Eiter:** Beim Traumsymbol Eiter bricht etwas Innerliches aus und kommt nach außen. Damit sind fast immer unakzeptierte und lang verdrängte Gefühle angesprochen. Ein störender Fremdkörper wird herausgespült.

**Gestank:** Der Gestank im Traum zeigt an, daß etwas zum Himmel stinkt, wie der Volksmund es treffend ausdrückt. Mit diesem Traumsymbol wird in drastischer Weise auf einen Mißstand aufmerksam gemacht.

**Kloake:** Das Traumsymbol Kloake weist meistens daraufhin, daß man Innerliches – und damit sind meistens seine Gefühle und speziell der Schatten gemeint – ablehnt und damit verdrängt. Man muß sich im

Sinne der Individuation (Selbstwerdung) auch mit seinen negativen Produkten auseinandersetzen.

**Kot:** Das Traumsymbol Kot ist ähnlich wie das Traumsymbol Kloake zu deuten. Man lehnt seine eigenen Produkte ab und will keine Verantwortung für sie übernehmen.

**Nacktheit:** Nacktheit im Traum weist stets darauf hin, daß Sie sich so zeigen und geben sollten, wie Sie sind. Seien Sie ehrlich sich selbst gegenüber. Dieses Traumsymbol tritt fast unweigerlich immer dann auf, wenn man etwas im alltäglichen Leben zwanghaft vor seinen Mitmenschen verstecken möchte.

**Schleim:** In der buddhistischen Medizin verweist die übermäßige Schleimbildung auf Gier. Meistens verweist das Traumsymbol Schleim auf eine sogenannte schleimige Haltung. Das heißt, man nimmt keine klare Haltung ein und verhält sich opportunistisch, um einen Vorteil zu erreichen.

**Toilette:** Die Toilette stellt nur dann ein Traumsymbol des Ekels dar, wenn sie dreckig ist. Eine verschmutzte Toilette zeigt im Traum an, daß man unsauber handelt und sich nicht um die Konsequenzen seiner Handlungen kümmern möchte.

**Urin:** Der Urin weist fast immer auf die Sexualität hin, da der Harnröhrenausgang an den Sexualorganen liegt. Lehnt man den Urin ab und empfindet man im Traum Ekel vor ihm, läßt sich das häufig auf eine Sexualablehnung beziehen. Man lehnt ferner auch sein eigenes Produkt ab.
Der Urin kann auch positiv im Traum besetzt werden, was allerdings sehr viel seltener der Fall ist.

**Verdorbenes:** Sieht man im Traum Verdorbenes, dann hängt die Deutung davon ab, was hier verdorben ist. Verdorbenes bedeutet immer, daß man sich um etwas Wichtiges nicht genügend gekümmert hat.

**Verfaultes:** Das Traumsymbol Verfaultes ist ähnliches wie das Traumsymbol Verdorbenes zu deuten. Allerdings schwingt bei diesem Traumsymbol noch die Bedeutung faul im Sinne von untätig mit.

## Heilung

Es werden immer wieder Träume berichtet, in denen ein Arzt oder Heiler auftritt, der einem persönliche Gesundheitstips mitteilt. Das mag die alltägliche Lebensweise des Träumers betreffen oder eine Heilmethode sein, die ihm mitgeteilt wird.

Eine berühmte Legende von einem Heiltraum der Antike erzählt von dem makedonischen Herrscher Alexander der Große (356 – 323 v.Chr.), dessen Freund Ptolemäus (nicht mit dem griechischen Astronom zu verwechseln, der etwa 200 Jahre früher lebte) von einem vergifteten Pfeil verwundet wurde und im Sterben lag. An seinem Lager bekam Alexander einen Traum, in dem seine Mutter einen Fisch mit einer ihm unbekannten Wurzel fütterte. Daraufhin zeigte dieser Fisch Alexander, wo jene Wurzel zu finden sei und sagte ihm, daß diese Wurzel das Leben seines Freundes retten würde. Nach diesem Traum suchte Alexander die Wurzel und verabreichte sie Ptolemäus, der darauf wieder gesund wurde.

Beachten Sie dabei: Heilung im Traum beginnt nicht unbedingt mit weisen Männern oder Frauen, die Ihnen Rezepte oder Heilkräuter im Traum überreichen. Häufig sind es extrem ruhige Traum-Szenen oder, umgekehrt, besonders kämpferische Traumsequenzen, die von einer beginnenden Heilung künden: Da wird eine Mauer übersprungen oder etwas Defektes repariert; vielleicht wird ein Fluß durchschwommen, ein Widerstand bezwungen oder umgangen, eine Tür geöffnet, eine Unordnung aufgeräumt. Etwas taucht aus dem Wasser oder aus der Versenkung empor. Licht am Ende des Tunnels. Eine Blume blüht auf. Ein Kran hebt etwas in die Höhe. Etwas Neues und Ungewohntes findet sich in einer altvertrauten Umgebung. Da taut etwas auf, man ist einem Abgrund entkommen . . . und viele andere Varianten mehr!

**Ärztin/Arzt:** Wenn man im Traum zu ihr oder ihm geht: Suche nach oder auch noch bestehende Abwehr gegen Trost, Hilfe und Anteilnahme. – Symbolfigur mit vielen erotischen und partnerschaftsbezogenen Komponenten, aus dem Kontext des Traums zu erschließen. – Versuchen Sie im Traum oder in Ihrer Phantasie, wenn Sie den Traum erinnern, mit dem Arzt oder der Ärztin zu sprechen und ihm/ihr *eine* Frage zu stellen, die Ihnen in dem Moment beson-

ders am Herzen liegt. Die Antwort kann einen wichtigen Schlüssel, nicht nur für Ihren Gesundheitszustand, darstellen.
Beachten Sie, daß Ärztin und Arzt im Traum *auch* Sie selber darstellen. Übernehmen Sie selber die Verantwortung für Ihr Wohlergehen.
Wenn man selber im Traum Arzt oder Ärztin ist (nur im Traum und nicht auch im Alltag), dann kann es gerade um diesen Prozeß der Eigenverantwortung und der persönlichen Vor-»Sorge« gehen, möglicherweise aber auch um ungute Machtphantasien.

**Arzthelfer/in – Krankenpfleger/in:** Den Bedeutungen von »Ärztin/Arzt« und von »Krankenhaus« zu vergleichen. Oft mit erotischen Wünschen, mit kindhaften (aus Patientensicht) und elternhaften (aus der Helferperspektive) Versorgungsbedürfnissen.

**Krankenhaus:** Im Krankenhaus und Krankenzimmer werden psychische oder physische Leiden geheilt. Verarbeitung realer Krankenhauserfahrungen mit entsprechenden Erinnerungen und Erwartungen. Symbolisch ist zu beachten, wer oder was im Traum als »krank« erscheint. Sehnsucht oder Widerstand in bezug auf Hilfeleistung. Helfersyndrom, Krankenhaus als Flucht vor nötigen persönlichen Veränderungen. Helfen als Verzicht auf eigene Selbständigkeit. – Auch: Die Fähigkeit und Bereitschaft, Leiden, Schmerzen und Schwächen nicht zu verdrängen.

**Kur:** Ebenso wie das Traumsymbol Faulenzen und Entspannen weist auch das Traumsymbol Kur darauf hin, daß man etwas für sich und besonders für seine Gesundheit tun muß. Beim Traumsymbol Kur liegt die Betonung auf der körperlichen Seite der Entspannung. Es ist ein Zeichen dafür, daß man etwas für seine Gesundheit unternehmen sollte.
*Kurkonzert:* Das Kurkonzert erinnert uns im Traum an die Entspannung, die im ästhetischen Genuß liegt. Es hierbei darauf zu achten, welche Musik gespielt wird.
*Kurschatten:* Der berühmt-berüchtigte Kurschatten verweist darauf, daß erotisch-sexuelle Abenteuer heilend wirken können. Häufig treten Symbole dieser Art auf, wenn man vor lauter Arbeit sein Beziehungsleben vernachlässigt.
*Kurpark:* Der Kurpark ist der Ort, an dem man sich ziellos bewegt, um sich zu erholen. Es ist nicht unbedingt notwendig, daß

man sich immer zielgerichtet bewegt. Außerdem erinnert er den Träumer oder die Träumerin daran, daß man in der Natur und speziell im Garten Erholung findet. So sagt der Volksmund: Der Gang in den Garten erspart den Gang zum Arzt. Mit dem Kurgarten ist häufig der eigene Garten gemeint.

## Urlaub und Freizeit

Der Urlaub stellt im Traum immer ein Symbol für Ausspannen, Freizeit und Freiheit dar. Oftmals ist auch die Sehnsucht damit verbunden, mit seinem Partner oder seiner Partnerin oder mit seiner Familie das Leben genießen zu können. Gerade in Situationen hohen Arbeitstresses treten Bilder aus diesem Symbolfeld gehäuft auf. Sie sollten auch als Warnung genommen werden, denn wenn man jetzt nicht »langsamer tritt«, können leicht Fehler und im Extremfall Unfälle oder psychosomatische Störungen entstehen. Der Urlaub ist die Zeit der Erholung, und selbst oder gerade der größte Workaholik braucht Erholung.

Ferner treten Symbole aus diesem Bedeutungsfeld auch immer dann auf, wenn man mit seiner Arbeit oder seiner persönlichen Lage unzufrieden ist. So kann das Traumsymbol Urlaub auch als Fluchtsymbol angesehen werden. Vielleicht jedoch auch als ein wichtiger Hinweis, daß da eine Sehnsucht in einem steckt, anders zu leben. Der Urlaub ist auch ein Spiegel oder eine Projektionsfläche für persönliche Sehnsüchte danach, ein anderer oder eine andere zu sein - ein Kaleidoskop illusorischer Sehnsüchte, doch auch ein Brennglas wesentlicher Wünsche und realistischer Alternativen ...

Für manche zum Beispiel zum Zwanghaften neigende Menschen stellt der Urlaub auch eine Zeit dar, in der Anspannungen erlebt werden. Dieses Erleben der Anspannungen kann als ein Reinigungsprozeß angesehen werden, der unbedingt notwendig ist, um sich gesund und fit zu halten.

Häufig werden auch Urlaubserinnerungen im Traum verarbeitet. Das geschieht unter anderem dadurch, daß Träume in Ländern stattfinden, in denen man Urlaub gemacht hat, oder Situationen aufnehmen, die man im Urlaub erlebt hat. Auch wenn Sie im Traum Urlaubsbekanntschaften sehen, können Sie das unter dem Aspekt des Urlaubs deuten, wenn hierbei auch die Eigenschaften dieser Urlaubsbekanntschaften auf Sie selbst zu beziehen sind (Subjektfunktion des Traumsymbols).

Im folgenden finden Sie eine Auswahl von Symbolen, die zum Bedeutungsfeld Urlaub gehören und immer auch auf die Polarität von Anspannung und Entspannung hin gedeutet werden sollten.

**Ausschlafen:** Wer vom Ausschlafen träumt, der braucht mehr Ruhe und Entspannung. Er muß lernen, abzuschalten und sich nicht vom Streß zermürben und krank machen zu lassen.
In sehr seltenen Fällen kann dieses Traumsymbol auch daraufhin deuten, daß man zuviel schläft, das heißt in der Sprache des Traums, daß man zu unbewußt durch sein Leben geht.

**Badematte oder Badetuch:** Die Badematte oder das Badetuch und verwandte Symbole verweisen auf eine Sehnsucht nach Entspannung und nach dem das Gefühl symbolisierende Wasser.

**Bergbahn:** Die Bergbahn verweist darauf, daß man auch im entspannten und bequemen Zustand, also ohne Anstrengung, ein hohes Ziel erreichen kann. Es ist kein Streß und es sind keine Anstrengungen nötig, um etwas zu erreichen. Man könnte fast sagen, daß dieses Traumsymbol Ihnen zurufen möchte: Take it easy! (Nimm's leicht).

**Diskothek:** Die Diskothek verweist zum einen auf den körperlichen Aspekt der Entspannung, zum anderen auf deren erotischen Aspekt. Da die meisten Menschen in unserer Kultur sich während ihrer Arbeit zu wenig bewegen, weist das Traumsymbol Diskothek daraufhin, daß mehr Bewegung angesagt ist, um sich gesund zu halten. Zum anderen hängt das Tanzen in der Diskothek auch mit einer erotischen Selbstdarstellung zusammen, die oftmals am Arbeitsplatz nicht anliegt.
Bei diesem Traumsymbol sollte auch der Charakter der gespielten Musik, die Mittänzer und der Raum, wie auch das Licht symbolisch gedeutet werden.

**Entspannung:** Wenn Sie von Situationen träumen, in denen Sie sich entspannen, indem Sie am Strand liegen oder die Zeit in einem Café vertrödeln, dann ist es höchste Zeit, daß Sie ausspannen. Machen Sie sich klar, daß Sie nicht immer arbeiten können, das hält keine/r aus. Es ist typisch, daß in Träumen von Arbeitssüchtigen dieses Symbol immer wiederkehrt. Das Höhere Selbst sagt dem Träumer oder der Träumerin, daß sie sich jetzt unbedingt entspannen müssen. Tritt also dieses Traumsymbol öfters auf, sollten Sie unbedingt dieser Aufforderung zur Entspannung Folge leisten. – Jedoch auch: Angst vor und Widerstand gegen eine sinnvolle oder notwendige Anspannung.

**Faulenzen:** Faulenzen drückt wie das Traumsymbol Entspannung aus, daß es jetzt anliegt, weniger zu tun und auch einmal nicht zu arbeiten. Wie das Faulenzen sich gestaltet, hängt von dem Träumer beziehungsweise der Träumerin ab. Oftmals muß bei diesem Traumsymbol gelernt werden, daß es keine Sünde ist zu faulenzen und man auch nicht deswegen gleich in der »Gosse« landet. »Wer faul ist, ist auch schlau.«

**Koffer:** Der Koffer weist einmal auf Reiselust hin und zum anderen kann er allerdings auch die Bedeutung besitzen, daß man viel zu viel Ballast emotionaler oder anderer Art mit sich herumschleppt. In dem zweiten Fall ist es dann wichtig zu beachten, ob der Koffer schwer oder leicht ist. Auch ist der Zustand und die Farbe des Koffers, wie auch sein Material zu deuten.

**Lesen:** Das Traumsymbol Lesen kann sehr viele Bedeutungen besitzen, wobei Erholung und Bildung im Vordergrund stehen. Natürlich kommt es darauf an, was man liest. Lesen deutet auch oftmals daraufhin – speziell wenn man Romane liest, daß man sich in andere Welten begeben und seine Phantasie anregen sollte.
*Buch:* Liest man einen Roman oder Gedichte, dann ist der Entspannungswert betont, wobei der Bildungsaspekt mitschwingt. Liest man einen Kriminalroman steht der Unterhaltungswert im Vordergrund. Bei Sachbüchern wird dagegen der Bildungs- und Informationswert betont.
*Magazin:* Liest man ein Magazin oder eine Illustrierte, liegt die Betonung auf dem Erholungswert.
*Zeitung:* Bei der Zeitung liegt der Symbolwert auf der Information. – Welche Einfälle haben Sie zur Art Ihrer Urlaubslektüre im Traum? Thema, Inhalt, Reiz, Zweck?

**Sonnenhut:** Der Sonnenhut schützt den Kopf und beschattet das Gesicht. Er ist ein charakteristisches Freizeitutensil, das romantische Assoziationen weckt.

**Sonnenöl:** Das Sonnenöl stellt wie der Sonnenhut einen typischen Gegenstand dar, der Ferien und Ausspannen sybolisiert. Zum anderen ist hier auch die Schutzfunktion angesprochen. Und zwar die Schutzfunktion der Haut, die immer auch auf die Abgrenzung verweist.

**Sonnenschirm:** Der Sonnenschirm tritt in unseren Breiten nicht selten im Traum auf. Er beschwört Assoziationen von Lustwandeln und lasziver Bewegung in heißer Sonne. Das ist Ferien- und Freizeitstimmung pur - denkt man vielleicht zuerst. Doch dann zeigen sich Ängste, die in diesem Symbol mitschwingen, tatsächliche vor den Auswirkungen eines fehlenden Schutzschirms aufgrund des Ozonlochs in der Atmosphäre, symbolische vor der Annahme und Umsetzung der stärksten Energien, die ein Mensch kennt: Der »göttlichen« Energien, ihrer Anforderungen, ihrer Unmittelbarkeit . . .

**Skihütte:** Die Skihütte in den Bergen ist ein verbreitetes romantisches Freizeitsymbol. Man hat die Alltagswelt hinter sich gelassen und ist in eine andere Welt eingetaucht. Hier herrscht die heilende Natur, hier kann man sein, wie man ist. Außerdem ist mit diesem Traumsymbol sowohl die Stille als das Vergnügen mit Freunden angesprochen. Gerade wenn der moderne Großstadtbewohner unter Streß leidet, dann steigen solche Traumbilder wie Skihütte und Zelten auf. Dahinter verbirgt sich auch eine Sehnsucht nach Einfachheit und Normalität.

**Strand:** Der Strand im Traum kann viele Bedeutungen besitzen. Jener Reiseprospekt-Strand mit weißem Sand und Palmen stellt das typische Urlaubssymbol unserer Zeit dar. Er läßt Sehnsüchte nach Ruhe, nach Ferien, nach Erotik und auch sportlicher Betätigung assoziieren, je nach Situation des Träumers oder der Träumerin. Es ist auch möglich, daß Sehnsüchte nach dem einfachen Leben und Abenteuer mitschwingen.

**Wandern:** Die Bewegung in der Natur hat einen großen Erholungswert, auf den mit diesem Traumsymbol angespielt wird. Beim Traumsymbol Wandern hängt die Bedeutung weitgehend davon ab, in welcher Landschaft man sich bewegt und ob man allein oder in einer Gruppe wandert. Wandert man in den Bergen, wird darauf hingewiesen, daß eine gewisse körperliche Anstrengung zur Erholung notwendig ist. Wandert man am Meer, stehen die weiten Blicke und das Gefühl von Freiheit im Vordergrund. Wandert man alleine, möchte man sich von allen sozialen Verpflichtungen frei machen und sich selbst erleben. Wandert man in einer Gruppe, kommt es sehr darauf an, welche Stimmung in dieser Gruppe herrscht.

**Zelten:** Mit dem Traumsymbol Zelten und Zelt wird der Erholungswert angesprochen, der darin liegt, allen Luxus hinter sich zu lassen und im direkten Kontakt zur Natur zu leben.

## Feste, Veranstaltungen

*Feste und Veranstaltungen* lassen sich eigentlich unter allen Kapiteln in diesem Buch einordnen. Wir haben sie hier unter die Rubrik »Gesundheit und Wohlbefinden« in der Überzeugung aufgenommen, daß, wie die Gesundheitsvorsorge, wie Urlaub und Freizeit, so auch eine Kultur sinnvoller Feste und Feiern für das seelische und leibliche Wohlergehen sehr wesentlich ist.
Das Wort »Fest« stammt von dem lateinischen Wort »festivus« ab, was soviel wie freudig und auch lustig bedeutet. Auch als Traumsymbol haben Feste und Veranstaltungen die Bedeutung von freudigen und sozialen Zusammenkünften mit anderen Menschen. Eine Ausnahme ist jedoch die Totenfeier. Träumen Sie also von Festen und Veranstaltungen, dann weist der Traum Sie häufig daraufhin, daß Sie sich anderen Menschen öffnen sollten.
Die meisten Feste gehen entweder auf Initiationen, also Riten des Übergangs, zurück oder auf den Jahreslauf. Auch im Traum ist bei solchen Festen und Veranstaltungen eine Situation des Übergangs oder/und der Hoch-Zeit des Lebens angesprochen. Der Träumer wird in der Nacht darauf hingewiesen, um sich mit vergangenen Änderungen erneut auseinanderzusetzen oder um sich auf kommende Ereignisse vorzubereiten. Möglicherweise sind diese ihm noch gar nicht bewußt.
Im folgenden finden Sie die spezielle Bedeutung von Festen und Veranstaltung, die im Traum öfters vorkommen (die Hochzeits- und Hoch-Zeit-Feier folgt im Kapitel »Liebe, Lust und Zärtlichkeit«).

**Abschiedsfeier:** Träumt man von einer Abschiedsfeier, ist das als ein Hinweis zu deuten, daß etwas abgeschlossen ist oder bald abgeschlossen werden sollte. Was abzuschließen ist, zeigt normalerweise der Traum, indem das Abgeschlossene im Traum bezeichnet ist.

**Abschlußball:** Der Abschlußball stellt ein gesellschaftliches Ereignis dar. Der Träumer oder die Träumerin wird durch ihn in die Gesellschaft eingeführt. Somit verweist dieses relativ häufige Traumsymbol auf die Integration in die Gesellschaft und auf soziale Konventionen. Ferner zeigt das Traumsymbol Abschlußball auch an, daß man eine bestimmte körperliche und soziale Fähigkeit gelernt hat, mit der man jetzt fähig ist, in die Öffentlichkeit zu treten. In seltenen Fällen besitzt der Abschlußball wie das Traumsymbol Tanzen auch eine erotische oder gar sexuelle Bedeutung.
Möglicherweise kann dieses Traumbild auf die Jugend, die erste Verliebtheit und die jetzige Sehnsucht nach romantischen Gefühlen und nach einer harmonischen Liebesverbindung abzielen.

**Ausstand:** Dieses Traumsymbol deutet daraufhin, daß etwas beendet werden soll. Mit dem Ausstand tritt man aus einem Berufsverhältnis aus und wechselt entweder in ein anderes über oder geht in den Ruhestand. Auch im Traum zeigt dieses Traumbild an, daß man sich in einer Zeit des Übergangs befindet. Tritt dieses Traumsymbol in Ihren Träumen auf, sollten Sie sich überlegen, was in Ihrer beruflichen Karriere einer Veränderung bedarf. In seltenen Fällen kann hier der Beruf oder die Arbeit verwendet werden, um auf eine anliegende Veränderung in Ihrem Privatleben aufmerksam zu machen.

**Einstand:** Dieses Traumsymbol handelt offensichtlich von einem Neuanfang. Freuen Sie sich darauf, oder befüchten Sie den Eintritt einer neuen Lage? Wahrscheinlich liegt dieser Neuanfang im beruflichen Bereich, was aber nicht in jedem Fall sein muß. – Auch: Wunsch nach oder Widerstand gegen Aufnahme und Anerkennung im Kollegenkreis.

**Einweihung:** Wenn etwas im Traum eingeweiht wird, dann werden dem Träumer oder der Träumerin damit neue Möglichkeiten gezeigt, die er oder sie unbedingt nutzen sollte. Besonders wenn die Einweihungsfeier harmonisch verläuft, sollte man das Neue, das eingeweiht wird, als Hinweis auf eine Möglichkeit betrachten, die erfolgreich zu nutzen ist.

**Erstkommunion:** Die Erstkommunion im Traum stellt eine spirituelle Einweihung dar. Man wird damit in das geistige Leben eingeführt. Meiner Beobachtung nach verweist dieses Traumsymbol häufig darauf, seiner inneren Wahrheit zu folgen. Zugleich geht es um eine Erinnerung an Jugendträume. Wurde jedoch die religiöse Erziehung als Druck und Belastung von dem Träumer oder der Träumerin empfunden, dann deutet das Traumsymbol Erstkommunion auf Verlogenheit, gesellschaftlichen Zwang und tote Konventionen hin.

**Firmung:** Bei dem Traumsymbol Firmung handelt es sich wie bei der Kommunion um ein religiöses Fest. Alle Traumsymbole, die religiöse Feste betreffen, weisen den Träumer oder die Träumerin darauf hin, daß eine Rückbindung an etwas anliegt, das höher ist als ihr eigenes Ich und weltliche Werte. Wurde allerdings die religiöse Erziehung als Zwang oder Leere empfunden, dann erinnert dieses Symbol an Falschheit, Heuchelei und sinnlose Rituale.

**Kino:** Das Kino im Traum gilt als deutlicher Hinweis auf die *Projektion.* Freud prägte seinen Begriff der Projektion zur gleichen Zeit, als Projektoren die ersten beweglichen Bilder auf die Leinwand warfen. Ferner ist hiermit auch die Scheinwelt angesprochen.
Das Kino stellt häufig den Ort der ersten erotischen oder sexuellen Erfahrungen dar.
Bei diesem Traumsymbol ist besonders auf den Symbolgehalt des Films zu achten, der gespielt wird.

**Kirmes/Jahrmarkt:** Die Kirmes erinnert den Träumer und die Träumerin an ihre Kindheit. Dieses Traumbild bezeichnet die Abenteuer und Freuden der Kindheit. Hier ißt man Zuckerwatte, fährt auf dem Karussell und zieht Lose und genießt den Geruch von gebrannten Mandeln. Es ist die Märchen- und Anderswelt, auf die hier verwiesen wird und zugleich ist der prickelnde Geschmack des »Anrüchigen« angesprochen. Viele meiner Klienten und Klientinnen wurden durch dieses Traumsymbol an erste heiße Küsse und fragwürdige Faszinationen erinnert.

**Konfirmation:** Die Konfirmation stellt eine religiöse Feier dar, bei der der Konfirmand oder die Konfirmandin in die Gemeinde der Gläubigen aufgenommen wird. So deutet dieses Traumsymbol darauf hin, daß man sich nach einer Verbindung mit Menschen sehnt, die ebenso glauben und fühlen wie man selbst. Vergleiche das Stichwort »Erstkommunion«.

**Namenstag:** Der Namenstag als Traumsymbol ist als Hinweis auf die eigene Identität zu deuten. Der Name ist etwas Individuelles, das zum Beispiel im Märchen »Rumpelstilzchen« ein magisches Geheimnis birgt. Auf der anderen Seite mag hier auch »nur« das freudige Fest mit Geschenken und gutem Essen und Trinken angesprochen sein.

**Oper:** Der Gang in die Oper ist ein gesellschaftliches Ereignis, bei dem es neben dem Kunstgenuß auch darauf ankommt, sich sehen zu lassen. In diesem Sinne ist auch im Traum die Oper zu deuten. Ferner spielt natürlich die Theatralik wie beim Traumsymbol *Theater* eine wichtige Rolle bei der Deutung.
Deuten Sie, um welche Oper es sich handelt und welche Verwicklungen in ihr dargestellt werden. Ist Ihnen der Inhalt der entsprechenden Oper nicht geläufig, schauen Sie in einem Opernführer nach.

**Ostern:** Das Osterfest war ursprünglich ein Fruchtbarkeitsfest zu Ehren der Göttin Ostara, woran noch der Brauch der Ostereier erinnert. Im Traum ist jedoch seltener der Fruchtbarkeitsaspekt angesprochen, als der Hinweis auf den Frühling. Frühling hängt mit Freude, einer hellen Zeit und langen Tagen zusammen. Wenn nicht spezielle negative persönliche Erfahrungen mit diesem Fest verbunden sind, zeigt Ostern die Freude über oder auf einen strahlenden Neuanfang. – Bewußt oder unbewußt spielt jedoch ebenfalls der *Inhalt* des Osterfestes hinein: Die Überwindung des Todes und die Gewißheit des ewigen Lebens . . .

**Pfingsten:** Im christlichen Mythos ist Pfingsten das Fest des Heiligen Geistes. Auch als Traumsymbol spricht Pfingsten ein Erwachen des Bewußtseins an. Oftmals ist dem Träumer oder der Träumerin dieses Erwachen nicht bewußt. Dieses Traumsymbol hat die Funktion, dem Träumer oder der Träumerin einen Bewußtseinsfortschritt zu dokumentieren, so daß er genutzt und ausgebaut werden kann.
Außerdem weist das Traumsymbol Pfingsten allgemein auf Ferien und eine warme, helle Zeit der Freude hin.

**Polterabend:** Der Polterabend geht auf einen alten Brauch zurück, der böse Geister vertreiben soll, um die anstehende Liebesverbindung zwischen zwei Menschen zu schützen. In dieser Bedeutung tritt das Traumsymbol Polterabend besonders häufig während Beziehungskrisen auf, um darauf hinzuweisen, daß die bösen Geister, die zur Krise führen, vertrieben werden müssen. Mit bösen Geistern sind in diesem Falle destruktive Verhaltensmuster gemeint.
Ferner kann jedoch dieses Traumsymbol bei Verheirateten auch eine Erinnerung an den schönen und ausgelassenen Anfang der Liebesbeziehung bedeuten. – Auch: Wunsch danach oder Angst davor, selber zu »poltern«, Wut herauszulassen und »Geschirr« zu zerschmeißen.

**Richtfest:** Beim Richtfest ist der Dachstuhl des Hauses fertiggestellt und der Rohbau beendet. In diesem Sinn deutet das Richtfest an, daß eine wichtige Grundlage für etwas Neues geschaffen wurde. Nun liegt es an, sich dem Innenausbau zuzuwenden, was soviel bedeutet, wie daß man sich um seine Emotionen und sein Innenleben kümmern muß.

**Schützenfest:** Dieses Traumsymbol läßt das Wort »Schutz« anklingen. Ursprünglich stellten die Schützen u.a. eine Bürgerwehr zum Schutz der städtischen Bevölkerung dar. Heute ist diese Aufgabe nicht mehr nötig und das Schützenfest ist zu einem gesellschaftlichen Ereignis geworden. Dennoch werden hier militärische Assoziationen geweckt.
Ansonsten besitzt das Schützenfest ähnliche Bedeutungen wie die Kirmes oder der Jahrmarkt im Traum.

**Schulentlassung:** Diese Feier im Traum holt vor Ihr geistiges Auge, daß eine Lektion oder eine lange Zeit des Lernens abgeschlossen ist. Ein Lebensabschnitt wird beendet, und ein neuer steht bevor. Häufig ist dieses Traumsymbol auch mit der Bedeutung verbunden, daß man sich nun mit dem Gelernten im Alltagsleben bewähren muß - daß man sich danach sehnt und/oder mit bangen Gefühlen darauf schaut!

**Sonnenwende:** Die Sonne besitzt nicht nur in der Traumsymbolik die Bedeutung des Bewußtseins. Wenn die Sonne sich wendet, dann ist hiermit auch eine Bewußtseinsveränderung angesprochen. Meiner Beobachtung nach tritt dieses

Traumsymbol fast immer als ein Hinweis darauf auf, daß sich das Bewußtsein des Träumers oder der Träumerin zu verändern beginnt oder verändern sollte.

**Sylvester:** Mit einem neuen Jahr beginnt ein neuer Lebensabschnitt und daher stammt der Brauch, sich zu Sylvester für das neue Jahr bestimmte Verhaltensänderungen vorzunehmen. Im Traum deutet die Sylvesterfeier stets darauf hin, daß man von einer Lebenssituation in eine andere übergeht.
Außerdem werden hier Fröhlichkeit und Unbeschwertheit angesprochen.

**Taufe:** Die heutige Taufe geht auf alte Bräuche aus dem Christentum, aber auch aus vielen anderen Kulturen wie der keltischen, zurück, bei denen der Initiand beziehungsweise die Initiandin im Wasser untergetaucht wird. Diese Berührung mit dem Wasser deutet auf einen tief emotionalen Vorgang hin, der hier angesprochen wird.
Wie der Jungbrunnen im Märchen symbolisiert die Taufe eine seelische *Wiedergeburt*, die Sehnsucht nach einem emotionalen und spirituell bedeutsamen Neuanfang.

**Theater:** Das Traumsymbol Theater deutet meiner Erfahrung nach immer auf einen theatralischen, das heißt übertriebenen Gefühlsausdruck hin. So sagt der Volksmund bezeichnenderweise: »Mach nicht solch ein Theater«, wenn eine/r übertrieben reagiert. Natürlich geht es beim Traum-Theater auch um ein gesellschaftliches Ereignis, und es ist wesentlich, den Inhalt des Stückes zu deuten. Ist er Ihnen nicht geläufig, hilft es, sich in einem Schauspielführer zu informieren.
Stärker noch als die Oper oder das Kino symbolisiert das Theater ein Kunst-Leben – mit der Warnung vor lebensferner Künstlichkeit, jedoch der Ermunterung zur kultivierten Lebensqualität und zur *Lebenskunst*!

**Totenfeier und Leichenschmaus:** Totenfeier und Leichenschmaus stellen Feste dar, die keinen fröhlichen Anlaß haben. Dennoch kennzeichnen sie wie die meisten Feste einen Übergang. Das Alte ist gestorben und muß angemessen verabschiedet werden, auf daß das Neue Platz findet. So sagte man in früheren Zeiten: Der König ist tot, es lebe der König! Wenn Sie danach schauen, wie Sie den Toten charakterisieren, dann gibt Ihnen das einen Hinweis darauf, was absterben muß, um für etwas Neues Platz zu schaffen. Meistens handelt es sich hierbei um eine Eigenschaft oder Verhaltensweise.

Bei der Totenfeier und dem Leichenschmaus treffen die Familie und viele Verwandte zusammen. Es kann sich hierbei auch für ein Symbol für Familie oder den Abschied von Familienbindung handeln.

Jede Begegnung mit dem Tod im Traum wirft in der Deutung auch die Fragen auf: Was gilt es zu beerdigen oder loszulassen? Was muß jetzt erledigt werden? Und in Anspielung auf den »Tod« als Schnitter: Was kann jetzt geerntet werden? Was soll am tatsächlichen Lebensende zu ernten sein?

**Weihnachten:** Weihnachten stellt im deutschsprachigen und skandinavischen Bereich das wichtigste Familienfest dar. Insofern schwingt bei diesem Traumsymbol immer auch die Bedeutung Familie mit. Ein harmonisches Weihnachtsfest verweist auf eine angenehme Familienbindung und häufig auch auf die Sehnsucht nach einer solchen intakten Familie. Zeigt der Traum das Weihnachtsfest als unharmonisch und spannungsgeladen, dann sollte man seine Familienbeziehungen genauer betrachten.

Ferner steht das Traumsymbol Weihnachten für etwas Heiliges. Das Licht wird geboren und damit wird auf Erlösung und »Ostern« angespielt. Nach einer dunklen Zeit wird es wieder hell, was heißt, daß es nach Zeiten des Mühsals und Leidens wieder einfacher und leichter wird.

Auch Schenken und Beschenktwerden können symbolisch eine Rolle spielen und die Frage nach Geben und Nehmen aufwerfen.

# Beruf und Finanzen

Der Beruf und die Finanzen stellen für viele Menschen eine ständige Quelle von Problemen dar, für viele jedoch eine Quelle der Freude: So oder so ist es nicht verwunderlich, daß Symbole aus diesem Bereich sehr häufig unsere Träume bevölkern. Da treten die Kollegen und der Chef im Traum auf, Verarmungsängste machen sich in bizarren Bildern bemerkbar, und die Sehnsucht nach Reichtum schafft ebenfalls traumhafte Bilder. Wie nun diese einzelnen Symbole konkret zu deuten sind, finden Sie in den folgenden Abschnitten wiedergegeben.

## Arbeitsgegenstände

Wir träumen häufig von Arbeitsgegenständen, die entweder mit unserem Beruf oder mit anderen Berufen zu tun haben. Wichtig ist, diese Arbeitsmaterialien und -gegenstände in bezug auf ihre Funktion zu deuten. Ferner ist auch die Farbe dieser Gegenstände wichtig – falls sie erinnert wird.

**Büroartikel:** Alle Büroartikel verweisen im Traum zunächst einmal auf die Arbeit und meistens besitzen sie auch die Bedeutung von Ordnung. Zur genaueren Deutung ist zu betrachten, wofür dieser Gegenstand benutzt wird und wie er zu charakterisieren ist.

**Computer:** Das Traumsymbol Computer deutet ebenfalls auf die Ordnung hin und die rationale Seite des Lebens. Auf der anderen Seite stellt das Traumbild Computer auch fast immer einen Hinweis auf die fehlende menschliche beziehungsweise persönliche Kommunikation dar.

**Drucker:** Der Drucker, die im Traum wie im Leben zunehmend die Schreibmaschine verdrängt, weist schon von seinem Namen her auf den Druck hin, der am Arbeitsplatz empfunden wird.

**Fax:** Der Fernkopierer (Fax) ist ein Traumsymbol für die problemlose Kommunikation. Allerdings ist dabei zu bedenken, daß diese Kommunikation nicht auf einem persönlichen Zusammentreffen beruht. Es ist eine indirekte Kommunikation. Deswegen kommt es häufig im Traum vor, daß das Fax nicht durchläuft. Damit wird auf eine Kommunikationshemmung verwiesen und häufig auch auf die Sehnsucht nach direkter Kommunikation.

**E-Mail:** Im Gegensatz zum Fax stellt die E-Mail – die elektronische Post – eine noch indirektere Kommunikation dar. Das sieht man schon daran, daß die meisten E-Mail-Nachrichten (aus Kostengründen) erschreckend kurz und unpersönlich abgefaßt sind. Das Traumsymbol E-Mail deutet auf eine hochentfremdete Kommunikation hin, der die Seele abhanden gekommen ist.

**Kopierer:** Das Traumsymbol Kopierer zeigt oftmals an, daß man etwas nachmacht und somit nicht den eigenen Impulsen folgt. In seltenen Fällen mag es auch darauf verweisen, daß man etwas – meistens ein bestimmtes Verhalten oder eine spezifische Einstellung – nachahmen sollte.

**Papier:** Der Volksmund sagt, daß das Papier geduldig ist. Damit ist gemeint, daß man Vieles schriftlich darstellen kann, was der Realität nicht entspricht. Ferner schüchtert ein leeres Blatt ein und symbolisiert damit eine Hemmung in der Darstellung. Sieht man viel beschriebenes oder bedrucktes Papier im Traum ist das häufig ein Hinweis darauf, daß man unter der Informationsflut leidet oder daß man sich besser informieren sollte.

**Schreibzeug:** Das Schreibzeug weist im Traum auf Reflexion hin, denn wenn man etwas niederschreibt, muß man es genau durchdenken. Es kann übrigens auch ein Hinweis dafür sein, seine Träume niederzuschreiben.

**Schreibmaschine:** Die Schreibmaschine wurde bisweilen als sexuelles Traumsymbol angesehen. Ich glaube jedoch, daß sie im heutigen Traum eher auf vergangene, computerfreie Zeiten verweist.

**Telefon:** Das Telefon stellt eines der verbreitetsten Kommunikationssymbole im Traum dar. Es möchte den Träumer oder die Träumerin zur Kommunikation anregen.

**Werkzeuge:** Werkzeuge wie Hammer, Zange Brecheisen und ähnliche Traumsymbole verweisen auf das Handwerk. Damit wird der Träumerin oder die Träumerin aufgefordert, nicht nur mit dem Kopf, sondern auch mit den Händen zu arbeiten. Allgemein könnte man sagen, daß dieses Traumsymbol zunächst einmal so zu deuten ist, daß der Träumer oder die Träumerin etwas Praktisches tun sollte. Zur genaueren Deutung ist die Funktion des betreffenden Werkzeugs zu betrachten.

## Arbeitsumstände und -situationen

Wie die Arbeitsgegenstände treten auch die Arbeitsumstände häufig im Traum auf. Manchmal müssen wir im Traum ein schwieriges Problem lösen, manchmal fällt uns der Erfolg zu. Wie diese Arbeitsumstände und Arbeitssituationen konkret zu deuten sind, finden sind Sie in der folgenden Aufstellung als Anregung wiedergegeben.

**Arbeiter/Arbeiterin:** Dieses Traumsymbol verweist unter anderem sehr häufig Intellektuelle darauf, daß sie mehr praktisch arbeiten sollten.

**Arbeitslosigkeit:** Die Arbeitslosigkeit tritt im Traum fast immer nur dann auf, wenn sie entweder befürchtet wird, oder wenn man sich von seiner Arbeit gestreßt fühlt.

**Auszeichnung:** Im Sinne Freuds träumt man von einer Auszeichnung, wenn man sich nach dieser sehnt. Eine Auszeichnung im Traum hat auch häufig die Funktion, Sie als Träumer oder Träumerin aufzubauen und Ihr Selbstbewußtsein zu stärken.

**Baustelle:** Siehe auch weiter vorne in diesem Kapitel im Abschnitt »Haus und Wohnung«, wo dieses Traumsymbol ausführlich beschrieben wird. Die Baustelle verweist, was nahe liegt, stets auf einen Neuanfang oder auf eine Veränderung hin.

**Büro:** Das Büro ist der Ort der Schreibtischarbeit und Organisation. Im Traum verweist es meistens auf die Organisation des Alltagslebens.

**Chef/Chefin:** Siehe auch Vorgesetzter/Vorgesetzte. Das Traumsymbol des Chefs oder Chefin ist letztendlich auf die Einstellung zum Vater oder auch zur Mutter zurückzuführen. Bei Autoritätskonflikten treten Traumbilder aus diesem Bereich gehäuft auf. Fragen Sie sich, wie Sie selbst mit der Autorität umgehen? Dabei spielt es keine Rolle, ob Sie selbst Chef oder Chefin im Traum sind, oder ob Sie mit Chef oder Chefin konfrontiert werden.

**Fabrik:** Das Traumsymbol Fabrik weist stets daraufhin, daß etwas fabriziert – im Sinne von produziert – werden sollte. Wie sieht es mit Ihrer Produktivität aus? Ferner wird mit diesem Traumsymbol auf entfremdete Arbeit verwiesen.

**Fließband:** Mehr noch als das Traumsymbol Fabrik verweist das Traumsymbol Fließband auf entfremdete Arbeit und ungünstige Arbeitsbedingungen hin. In selteneren Fällen kann es auch als Hinweis gedeutet werden, daß man zügig und im Fluß arbeiten sollte.

**Gewerkschaft:** Wird die Gewerkschaft in irgendeiner Weise im Traum angesprochen, sehen Sie das als Hinweis darauf, für Ihre eigenen Rechte einzustehen.

**Kündigung:** Die Kündigung im Traum kann zum einen auf reale Kündigungsängste rückführbar sein und zum anderen im übertragenen Sinn zur Beendigung einer untragbaren Situation auffordern. Es muß sich dabei keineswegs um ein Arbeitsverhältnis handeln. Es kann auch eine Beziehung oder Freundschaft gekündigt werden.

**Lob:** Nach Freud handelt es sich bei diesem Traumsymbol um einen Hinweis auf einen Wunsch, gelobt zu werden. Traumsituationen, in denen man gelobt wird, haben nicht selten die Funktion, den Träumerin oder die Träumerin aufzubauen und deren Selbstbewußtsein in schwierigen Zeiten zu unterstützen.

**Montage:** Das Traumsymbol Montage möchte fast immer darauf hinweisen, daß etwas Neues aufgebaut werden sollte. Es sagt, daß jetzt die Zeit dafür reif ist. Häufig handelt es sich bei diesem Traumbild um die Nutzung bestehender konkreter Möglichkeiten und Fähigkeiten.

**Sitzung:** Die Sitzung tritt im Traum vorzüglich dann auf, wenn man sich mit anderen zusammensetzen sollte, um ein Vorhaben genauer zu planen. Allerdings kann das Traumsymbol Sitzung auch auf Langeweile und Unproduktivität verweisen. Die konkrete Deutung ergibt sich aus dem Traum- und Lebenszusammenhang des Träumers oder der Träumerin.

**Unternehmer/Unternehmerin:** Wie das Wort schon sagt, weist das Auftreten dieses Traumsymbols darauf hin, daß etwas unternommen werden sollte.

**Verhandlung:** Die Verhandlung verweist im Traum oft direkt darauf, daß man etwas aushandeln sollte, was auch oftmals bedeutet, daß man Kompromisse einzugehen hat. Verhandlung kann als Traumsymbol auch als einen Hinweis angesehen werden, daß man handeln muß.

**Verkaufsgespräch:** Bei dieser Traumsituation sollten Sie sich zunächst einmal fragen, wie Sie sich selbst verkaufen. Das kann in zweierlei Hinsicht verstanden werden: Wie stellen Sie sich selbst dar, oder im Sinne vom faustischen Verkauf der Seele.

**Vorstellungsgespräch:** Das Vorstellungsgespräch zeigt im Traum wie im Alltagsleben an, daß man eine neue Stellung annehmen möchte. Man möchte sich also verändern und muß nun einen guten Eindruck machen. Achten besonders bei der Deutung dieses Traumbildes darauf, wie Sie in diesem Vorstellungsgespräch auftreten und wofür Sie sich vorstellen.

**Team:** Tritt ein Team – meist ein Arbeitsteam, manchmal auch ein Sportteam – im Traum auf, dann verweist das darauf, daß mit gemeinsamen Kräften etwas erreicht werden kann. Es ist der Gegensatz zum individualistischen Einzelkämpfer. Die konkrete Deutung ergibt sich daraus, was das Team erreichen möchte, wie es zusammengesetzt ist und wie die Stimmung im Team aussieht.

**Vorgesetzter/Vorgesetzte:** Siehe auch Chef/Chefin. Wie beim Traumsymbol Chef/Chefin wird hier auf Autoritätskonflikte angespielt, die letztlich auf die verinnerlichte Autorität der Eltern zurückzuführen sind.

## Zahlungen, Schulden, Reichtum

Finanzfragen, Schulden und Reichtum werden im Traum immer als Energiesymbole verwandt, die letztendlich alle auf das allgemeine Traumsymbol Geld zurückzuführen sind. Geld stellt das allgemeinste Energiesymbol im Traum dar, das sowohl auf Macht, als auch auf sexuelle und erotische Energien zu beziehen ist.
Treten Symbole aus diesem Symbolbereich auf, sollten Sie

prinzipiell zuerst einmal darauf achten, wohin die Energie fließt und woher sie kommt. Was wird vermindert und was wird vergrößert? Versuchen Sie diesen Energiefluß auf sich zu beziehen, zum Beispiel auf Ihre emotionale, Ihre sexuelle und intellektuelle Energie. Jede Anstrengung und Arbeit kann ebenfalls unter diesem Aspekt gesehen werden.

**Aktie:** Bei der Aktie als Traumsymbol wird auf eine Fähigkeit oder Eigenschaft des Träumers oder der Träumerin verwiesen, die ihnen einen Vorteil bringt. Ferner kann die Aktie auch als Traumsymbol für Reichtum auftreten.

**Bankrott** (Pleite): Dieses Traumsymbol warnt Sie häufig davor, daß Sie – wenn Sie so weitermachen – alles verlieren werden. Wenn dieses Traumsymbol auftritt, dann ist es noch nicht zu spät für eine Veränderung, das heißt der persönliche oder ökonomische Bankrott kann noch abgewandt werden.

**Erbe:** Das verbreitete Traumsymbol Erbe verweist stets auf die Anteile, die man von seinen Vorfahren mitbekommen hat. Es kann sich beispielsweise beim Erbe um verinnerlichte Wertungen der Eltern oder Großeltern handeln, um eine bestimmte Familienideologie und ähnliches. Ob das nun positiv oder negativ zu bewerten ist, zeigt der Zusammenhang des Traums.

**Finanzamt:** Das Finanzamt ist immer ein beängstigendes Traumsymbol. Es deutet an, daß man befürchtet, daß einem Energien entzogen werden. Symbol des *Zensors* und der Zensur in der oder dem Träumenden selber!

**Gehalt:** Gehalt ist im Traum wie Geld ein Energiesymbol. Es fließt einem Energie zu, weil man etwas Bestimmtes geleistet hat.

**Geldanlage:** Bei der Geldanlage im Traum ist der Energiefluß ins Stocken geraten. Man könnte Sie, um im Bild zu bleiben, mit einem Damm vergleichen. Die Energie fließt nicht mehr, sondern wird konzentriert und gestoppt. Auf der anderen Seite kann das Traumsymbol Geldanlage auch als ein Symbol für Reichtum gedeutet werden.

**Gewinn:** Hat man einen Gewinn im Traum, dann fließen einem Energien zu, meist handelt es sich um Lebensenergien wie die emotionale Energie. Zum Beispiel ist in diesem Sinne geliebt zu werden eine Form von Gewinn.

**Kaufen:** Beim Traumsymbol Kaufen kommt es weitgehend darauf an, was gekauft wird. Es stellt sich die Frage, wofür man seine Energien einsetzt.

**Konto:** Sieht man sein Konto beziehungsweise seinen Kontostand im Traum, dann wird damit stets die Balance von Geben und Nehmen angesprochen.
*Haben:* Haben hängt mit Nehmen und Anziehung, aber auch eventuell mit Blockade von Energien zusammen.
*Soll:* Hängt mit Geben zusammen und eventuell auch mit dem Loch, daß durch das Geben entstehen kann.

**Mahnung:** Mit dem Traumsymbol Mahnung ist eine Ermahnung verbunden, bewußter und verantwortlicher mit seinen Energien umzugehen.

**Schulden:** Das Traumsymbol Schulden verweist oft auf eine *Schuld*, die man auf sich geladen hat. Wo und wie haben Sie sich schuldig gemacht?

**Scheck:** Der Scheck ist ähnlich wie Geld als allgemeines Energiesymbol im Traum zu werten.

**Sparbuch:** Das Sparbuch mahnt Sie im Traum, Ihre Energien frei fließen zu lassen und sie nicht zurückzuhalten. Energie möchte fließen und nicht blockiert werden. Auf der anderen Seite kann es ein Bild des Reichtums darstellen.

**Steuern:** Mit Steuern wird fast ausnahmslos ein unberechtigter Energieabzug verbunden. Häufig wird auch in diesem Traumsymbol ein schlechtes Gewissen verarbeitet. – Als Traumsymbol jedoch Spiegel der Fähigkeit oder Bereitschaft, etwas beizusteuern und das Gemeinwesen mitzusteuern!

**Überweisung:** Die Überweisung zeigt im Traum an, daß Energien abgegeben werden müssen. Wohin geht die Überweisung?

**Verkaufen:** Verkaufen Sie etwas im Traum oder sind Sie Zeuge eines Verkaufs, dann sollten Sie speziell auf den verkauften Gegenstand oder die verkaufte Dienstleistung achten. Sie symbolisieren nämlich, was Sie loswerden sollten – es sind meistens Eigenschaften oder Gefühle.

**Verlust:** Es wird Ihnen Energie entzogen. Im Traum tritt diese Situation meist bei realen Verlustängsten auf.

**Wechsel:** Der Wechsel als Traumbild deutet daraufhin, daß Sie etwas verändern sollten. Sie sollten eben wechseln, beispielsweise in ein anderes Projekt in Zukunft investieren.

# Abenteuer und Gipfelerlebnisse

Abenteuer und Gipfelerlebnisse, die im Traum auftreten, hängen letztendlich mit Suchen und Finden zusammen. Eines der klassischen Abenteuer ist die Schatzsuche, ein Symbol dafür, den inneren Schatz zu suchen. Es ist das sogenannte Seelengold, das lockt.

Das Gipfelerlebnis drückt die Ekstase aus, die – wie alle Mystiker betonen – in der Vereinigung mit »Gott« zu finden ist. Man könnte auch mit Rudolf Steiner sagen, daß es bei dem Gipfelerlebnissen um die Erfahrung der höheren Welten oder der Anderswelt geht.

## Archetypische Bilder

Im Traum sehen wir bekanntlich teilweise Bilder, die aus dem kollektiven Unbewußten stammen. Die Essenz dieser Bilder nennt Jung *Archetyp*. Der Archetyp ist kollektiv und nicht individuell ausgerichtet. Das ist der wichtige Unterschied zwischen dem objektiven Archetyp und dem subjektiven archetypischen Bild, daß der Archetyp kollektiv beziehungsweise überpersönlich ausgerichtet ist, das archetypische Bild dagegen individuell. *Wie* wir die Hexe sehen, ist individuell von uns abhängig, *daß* wir die Hexe sehen, ist vom Archetyp bedingt. Da nun der Archetyp überpersönlich ausgerichtet ist, sollte eine Traumdeutung niemals mit der Betrachtung der archetypischen Dynamik begonnen werden. Das führt nämlich unweigerlich von Ihrer Selbstbetroffenheit weg und hilft Ihnen nicht in Ihrer persönlichen Entwicklung weiter. Ein Grundgesetz der Traumdeutung lautet:

Erst muß die individuelle, persönliche Ebene des Traums geklärt werden, ehe man zur überpersönlichen, objektiven Ebene übergehen kann.

Im folgenden finden Sie eine kleine Auswahl der häufigsten archetypischen Bilder im Traum:

**Der weise Mann und die weise Frau:** Weise Menschen im Traum sollten vom Träumer stets als Traumführer angesehen werden. Wenn ein weiser Mann oder eine weise Frau im Traum auftreten, sollte man versuchen, sie anzusprechen. Sie können einem wichtige Hinweise geben. Wer das luzide Träumen nicht beherrscht, der sollte mit Hilfe der Tagtraumtechnik seine weise Traumperson visualisieren und ihr dann die Fragen stellen, die einem auf dem Herzen liegen.

Versuchen Sie in Ihren nächsten Träumen Ihren weisen Führer wieder zu treffen. Das können Sie dadurch erreichen, indem Sie sich häufig im Tagtraum, wie gerade beschrieben, mit diesem Traumführer unterhalten oder indem Sie mit Affirmationen arbeiten. Eine Affirmation ist ein einfacher Satz, der das, was geschehen soll, so ausdrückt, als sei es bereits geschehen. In unserem Fall können Sie sich beispielsweise die Affirmation bilden: »Diese Nacht unterhalte ich mich mit meinem Traumführer im Traum«. Man trifft sozusagen eine Verabredung mit seinem Traumführer im Traum.

Achten Sie darauf, inwieweit der weise Mann oder die weise Frau Ihrer Vorstellung vom besseren Vater beziehungsweise der idealen Mutter ähnelt.

**Der Trickster** (der Narr): Im Gewandt des Tricksters tritt unsere clevere Seite im Traum auf. Der Trickster ist der kluge Narr, der im islamischen Bereich als Mullah Nasrudin, bei uns zum Beispiel als Till Eulenspiegel auftritt. Wir identifizieren uns dann mit dem Trickster im Traum, wenn wir unsere Starrheit überwinden sollten. Er regt uns an, beweglich zu bleiben und nicht unseren Humor zu verlieren.

**Die große Mutter:** Alle mächtigen Frauen im Männer- wie im Frauentraum sind ein Abbild der Großen Mutter. Sie ist unter anderem die Gestaltwandlerin, die in vielen Gesichtern auftritt. Grundsätzlich kann man jedoch zwei Pole beim archetypischen Bild der Großen Mutter unterscheiden, und zwar die furchtbare und die fruchtbare Mutter. Die furchtbare Mutter begegnet uns im Traum im verschlingenden Tier, wie der Wolf im Märchen »Rotkäppchen«, und verbildlicht so die kindliche Angst, von der Mutter vereinnahmt und verschlungen zu werden. Diese Angst gerinnt dann im Mann häufig zur Angst, von jedem Weiblichen verschlungen zu werden. Diese Angst zeigen gierige Raubtiere im männlichen Traum an. Die fruchtbare Mutter ist der eher liebliche Aspekt der Großen Mutter, dessen Abglanz wir in Maria und jedem schönen Mädchen finden.

**Der Held:** Der Held ist einmal der Mensch und zum anderen der Mann. Der Held als Mensch gesehen, gibt mit seinen Abenteuern, die er zu bestehen hat, den Entwicklungsweg eines jeden Individuums an. Zugleich symbolisiert der Held aber auch das idealisierte Männerbild in unserer Gesellschaft. Wenn Männer vom Helden träumen, weist das auf eine »unheldische« Zeit im Alltagsleben hin. Es ist ein Hinweis darauf, kühner und tatkräftiger zu sein. Wenn Frauen vom Helden träumen, drückt sich darin die Sehnsucht nach dem glänzenden Männlichen aus, das man im alltäglichen Leben nicht findet. Für Männer wie für Frauen gilt, daß der strahlendste Held in ihrem Inneren wohnt.

**Die Schlange:** Das Schlangensymbol kann weiblich oder männlich sein. Ich möchte besonders hier die weibliche Seite dieses Symbols ausführlicher betrachten, da meiner Beobachtung nach die Schlange häufiger das Weibliche als das Männliche symbolisiert.
Fast jeder Mensch hat schon einmal von dem archetypischen Bild der Schlange geträumt. Es ist der Jungschen Schule zufolge dasjenige Bild, in dem sich dem Menschen das Geistige und zugleich Sexuelle im Traum am häufigsten zeigt.
Die Theologin Jutta Voss sieht das Schlangensymbol im Energiefeld von Ei und Blut stehen. Die Schlange zieht sich als der »rote Faden« durch die weibliche Mythologie, wo sie die Menstruation bezeichnet. In Persien stellt man sich vor, daß die Menarche, wie die erste Menstruation eines Mädchens genannt wird, durch den Biß einer Schlange hervorgerufen wird. Damit spielt sich im Mädchen das ab, was sich im Kosmos zwischen der Großen Mutter Jahi und der großen Schlange Ahriman bei ihrer Vereinigung abspielte: Der Biß der Schlange Ahriman ließ Jahi bluten. Ähnliche Vorstellungen gibt es in Ägypten, zur matriarchalen Zeit auf Kreta (um 1600 vor unserer Zeitrechnung) und in vielen griechischen Kulten. So erzählte man sich zum Beispiel, daß die Jungfrau Hera ihre Kinder von der Orakelschlange Python des Tempels zu Delphi empfangen habe.
Medusa mit ihrem Schlangenhaupt wird zuerst als Zyklusgöttin verehrt, um dann im Patriarchat dämonisiert zu werden. Noch in heutigen Frauenträumen stellt die Schlange ein

mächtiges Symbol der eigenen Weiblichkeit dar, und sie tritt oft gerade dann im Frauentraum auf, wenn die weibliche Kraft der Träumerin gekränkt oder geschädigt wurde.
Im Männertraum deutet die Schlange häufig auf ein negatives Bild des Weiblichen hin, das der Träumer als falsch, giftig, unverständlich und unberechenbar empfindet. Meistens wird das Traumbild der Schlange von der unterdrückten Aggression auf die Mutter gespeist. Die Schlange kann auch verschlingen, womit wieder die Angst des Männlichen vor der Verschlingung durch das Weibliche angesprochen wird.

**Der Oroboros:** Der Oroboros oder Uroboros ist der Schwanzfresser, jene Schlange die sich in den eigenen Schwanz beißt und damit einen Kreis bildet. Der Oroboros ist ein erstaunlich häufig auftretendes archetypisches Bild der Schlange, das sich von der mittelalterlichen Alchimie bis heute großer Beliebtheit erfreut. In Ägypten war der Oroboros das Symbol der Großen Göttin, die wie der Kreis ohne Anfang und Ende ist. Das ist auch der sogenannte *Shen*-Ring, den die sumerische Göttin Inanna und die babylonische Göttin Ishtar tragen. Die feministische Theologin Jutta Voss hält das Oroboros-Symbol für eine Verbildlichung des weiblichen Zyklus, der eine der ursprünglichen Erfahrungen jeder Frau darstellt und deswegen zu einem archetypischen Bild gerann.

## Streß

**Verfolgungsträume:** Verfolgungsträume können sowohl als Abenteuerträume als auch als Angstträume angesehen werden. Da Abenteuer und Angst eng zusammengehören, kommt es weitgehend auf den Charakter des Träumers oder der Träumerin an, welche Seite hier mehr betont wird. Ein kühner und mutiger Mensch wird den Verfolgungstraum eher als Abenteuertraum erleben, ein eher ängstlicher und vorsichtiger Mensch wird ihn als reinen Angsttraum bewerten. Warum träumt fast jeder irgendwann einmal, verfolgt zu werden?
Eine typische Art des Angst- oder Alptraums beziehungsweise des Abenteuertraums ist der Verfolgungstraum. Ein Monster oder ein aggressiver, ekelhafter Mensch verfolgt Sie und plötzlich finden Sie sich in einer Sackgasse oder schlimmer noch am Abgrund wieder. Das ist die Art des Angsttraums, die

der Statistik und auch meiner Beobachtung zufolge fast neunzig Prozent der Träumer schon einmal in ihrem Leben gehabt haben.
Gehen Sie davon aus, daß das, was Sie verfolgt, eine von Ihnen ablehnte Eigenschaft symbolisiert, die wahrgenommen werden möchte. Der Verfolger verfolgt Sie, um endlich von Ihnen nicht nur beachtet, sondern auch erkannt und aufgenommen zu werden. Es zeigt sich beispielsweise, daß luzide Träumer solche Verfolgungsträume ein für alle Mal auflösen können, indem Sie sich umdrehen, den Verfolger ansehen oder gar umarmen. Das ist die gleiche Situation wie im Märchen »Der Froschkönig«, in dem das Mädchen das Ekelhafte und Abgelehnte in ihr Bett nehmen muß, um es zu erlösen.
Man kann allgemein sagen, daß Angst- und Alpträume dadurch aufgelöst werden, daß der Träumer sich überwindet und sich offen mit der Angst konfrontiert.

**Mord und Tod:** Mord und Totschlag kommen wie das Sterben und der Tod relativ häufig im Traum vor. Unter anderem wird bei diesen Träumen immer die Frage nach Ihrer Opfer- oder Täterrolle im Alltagsleben gestellt. Wie gehen Sie mit Ihrer Aggression um? Beim Traumsymbol Tod handelt es sich immer um den Tod eines alten, bisherigen Zustands oder Ego (Ich-Vorstellung). Was bedeutet der Traum vom Tod?
Erstaunlich ist das Phänomen von Träumen, die den Tod eines Angehörigen, Geliebten oder manchmal auch nur entfernt bekannter Personen voraussagen. Solche Träume kommen immer wieder vor und jagen dem Träumer häufig einen großen Schrekken ein, da er fälschlicherweise meint, den Tod dieser Person herhorgerufen zu haben. Grundsätzlich ist zunächst einmal zu sagen, daß sich die meisten Träume vom Tod nicht auf den physischen Tod der entsprechenden Person beziehen, sondern auf eine Art psychischen Tod. Das bedeutet, daß eine bestimmte Lebensweise oder eine spezielle Eigenschaft aufgegeben werden muß. Stirbt im Traum ein Verwandter oder Freund, dann sind damit die Eigenschaften gemeint, die wir lieben. – Häufige Symbole des Todes sind außer dem Tod des Traum-Ichs:

***Beerdigung:*** Achten Sie bei diesem Traumsymbol besonders darauf, wer zu Grabe getragen wird. Was symbolisiert er für Sie? Wie gestaltet sich die Trauerfeier und welche Stimmung herrscht vor?

*Friedhof:* Der Friedhof wird im Traum oft als Ort der Ruhe eingeführt. Häufig erzeugt die Sehnsucht nach Ruhe und Harmonie das Bild des Friedhofes als jenen Ort, an dem man seinen Frieden findet.

*Grab:* Um das Grab im Traum zu deuten, kommt es auf den Zustand des Grabes an. Ein offenes Grab zeigt an, daß bald etwas aufgegeben werden muß, ein frisch zugeschüttetes Grab, daß eigentlich schon etwas aufgegeben ist. Ein altes Grab verweist häufig auf etwas vor langer Zeit Verdrängtes.

*Grabstein:* Der Grabstein findet seine konkrete Deutung fast immer durch seine Inschrift. Die Daten sind auf das Leben des Träumers oder der Träumerin zu beziehen oder man bildet ihre Quersumme solange, bis sich eine einstellige Zahl ergibt, die gemäß der Zahlensymbolik (siehe weiter hinten in diesem Kapitel) zu deuten ist.

*Knochen:* Knochen verweisen im Traum außer auf den Tod auch auf Verknöcherung im Sinne von Starrheit und Erstarrung.

*Leichenhalle:* Die Leichenhalle zeigt im Traum an, daß viele Eigenschaften abgelegt werden müssen.

*Leichenträger:* Der Leichenträger trägt das Tote und symbolisiert, daß der Träumer oder die Träumerin toten Ballast mit sich herumtragen.

*Sarg:* Der Sarg symbolisiert den Kasten, in dem das Tote weggesteckt wird. Damit kann er als Verdrängungssymbol angesehen werden.

*schwarze Trauerkleidung:* Die schwarze Trauerkleidung deutet an, daß man seine Trauer nicht verdrängen, sondern zeigen sollte. Dieses Traumsymbol ist als Hinweis auf Trauerarbeit zu deuten.

*Stundenglas:* Das Stundenglas zeigt an, wie die Zeit verrinnt und war ein beliebtes Barocksymbol für den Tod. Unter dem Stundenglas fand man meistens den lateinischen Spruch »Carpe diem« (nutze den Tag) oder »Memento mori« (gedenke des Todes). In Sinne dieser beiden Sprüche ist auch heute noch dieses Traumsymbol zu deuten.

*Trauergemeinde:* Die Trauergemeinde als Traumsymbol möchte sagen, daß es leichter ist, mit vertrauten Menschen sein Leid zu teilen, als es alleine zu tragen. Zur weiteren Deutung kommt es darauf an, wie Sie als Träumer oder Träumerin diese Trauergemeinde charakterisieren und empfinden.

*Totenkopf:* Der Totenkopf teilt uns im Traum mit, daß wir unseren Intellekt abstellen sollen, weil wir ihm zu einseitig frönen.

*Trauerfeier:* Träumen Sie von einer Trauerfeier sollten Sie zunächst darauf achten, wer gestorben ist. Danach betrachten Sie die einzelnen Teilnehmer und die Speisen, die gegessen werden, beziehungsweise die Musik, die gespielt wird. Wie ist die Stimmung?
***verwelkte Blumen:*** Verwelkte Blumen sind oft ein Traumsymbol für ein Festhalten an alten, schönen Erfahrungen. Eine genauere Deutung ist möglich, wenn Sie die Symbolik der Blumen betrachten. Dazu finden Sie Hinweise weiter vorne in diesem Kapitel im Abschnitt »Natur und Garten«.
*Witwe/Witwer:* Diese Traumsymbole zeigen an, daß man sich von etwas Geliebtem trennen muß. Meistens handelt es sich um eine Eigenschaft oder Verhaltensweise, bei der man fälschlich meint, daß sie für die eigene Identität notwendig ist.

## Wandel, Veränderung

Es tritt bei der Traumarbeit ein Selbstverstärkungseffekt auf: Wenn man erste Veränderung bei sich bemerkt, verstärkt deren bewußte Wahrnehmung weitere und eventuell tiefgreifendere Veränderungen.
Um solche gewünschten Änderungen bei sich festzustellen, kann man wiederum auf seine Träume zurückgreifen. Unsere Träume bilden jegliche psychische Veränderung des Träumers ab, man muß sie nur genau daraufhin betrachten.
Persönlichkeits- oder Verhaltensveränderungen im alltäglichen Leben zeigen sich zunächst im Traum häufig durch ein Auftreten neuer und bislang unbekannter Symbole. Da treten beispielsweise typische Wandlungssymbole auf oder wiederkehrende Symbole, die man vorher jedoch nicht in seinen Träumen fand.
Zu den charakteristischen *Wandlungssymbolen* gehören folgende Bilder:
das Überschreiten einer Brücke und jede Situation, in der man ans andere Ufer oder in ein neues Land gelangt,
das Betreten von Neuland, Konfrontation mit dem Unbekannten oder das Finden eines bislang unbekannten Zimmers in einem Haus,
die Raupe und der Schmetterling, die Häutung der Schlange oder
der Vogel als Bild der Verbindung von Himmel und Erde.
Natürlich gibt es noch viel mehr solcher Wandlungssymbole, aber nach meiner Erfahrung lassen sich die meisten dieser Symbole auf die angeführten vier

Symbolgruppen zurückführen, die ich jetzt genauer betrachten werde.

*Das Erreichen des anderen Ufers*

Immer, wenn wir im Traum von einem Ort zu einem neuen Ort wechseln, entspricht das einer inneren Veränderung. Wir verlassen unseren alten Standpunkt, der durch den Ort, an dem wir uns im Traum befinden, symbolisiert wird, um zu einem neuen Standpunkt zu gelangen, der den inneren Ort charakterisiert, auf den wir uns hinbewegen möchten. Betrachten Sie den neuen Ort genau, denn er zeigt Ihnen symbolisch, wohin Sie sich entwickeln.
Ein archetypisches Bild dieser Situation stellt die Brücke dar, über die man die Schlucht oder das wilde Wasser überquert, um zum anderen Ufer zu gelangen. Dieses Bild finden wir in Sagen und der Mythologie, wenn beispielsweise der Lanzelot – ein Ritter von König Arturs Tafelrunde – die Schwertbrücke überqueren muß, um Meliagaunce – den Verführer seiner geliebten Guinevra – zu finden, um mit ihm zu kämpfen. Damit setzt sich Lanzelot mit seinem Schatten auseinander, denn er selbst hat ebenfalls Guinevra verführt, obwohl sie die Frau seines Königs ist. Mit der Konfrontation mit dem eigenen Schatten beginnt stets eine Neuorientierung und Veränderung.
Wir kennen das Bild der Brücke auch aus dem *Koran*, der die Brücke über die Hölle schildert. Jene Brücke ist so schmal wie ein Haar und nur der Gerechte kann sie überschreiten, um in einen neuen, paradiesischen Zustand zu gelangen.
C.G. Jung bezieht das Symbol der Brücke auf die unsicheren Stellen in unserem Bewußtsein, das wieder und wieder von den Einbrüchen unseres Unbewußten bedroht wird. Wichtig ist, die Brücke zu überqueren und auf der anderen Seite anzukommen. Egal wie schwierig das auch sein mag, versuchen Sie auf jeden Fall bei solch einem Traum, das andere Ufer zu erreichen. Gelingt Ihnen das nicht im Traum selbst, dann nutzen Sie die Kraft der Tagtraumtechnik aus, indem Sie sich diesen Traum noch einmal so genau wie möglich vorstellen, ihn aber positiv mit dem Erreichen des anderen Ufers enden lassen. Nehmen Sie sich vor – vielleicht in Form einer Affirmation –, wenn dieses Traumbild wieder auftritt, die Brücke wirklich zu überqueren und auf der anderen Seite anzukommen.
Das gilt nicht nur für das Traumbild Brücke, sondern für jede Situation im Traum, bei

der Sie von einem bekannten Ort zu einem neuen Ort gehen. Wichtig ist das Ankommen.

Ob der Übergang zum Neuen durch eine Brücke, eine Straße oder eine Reise mit irgendeinem Verkehrsmittel geschildert wird, achten Sie stets genau auf den Zustand der Brücke oder Straße beziehungsweise des gewählten Verkehrsmittels. Zu Beginn einer psychischen Veränderung mag die Brücke noch schmal wie im Koran oder bei Lanzelots Schwertbrücke sein, die Brücke mag auch ausbesserungsbedürftig oder schwankend sein. Das liegt daran, daß der Traum Bewußtseinsveränderungen voraussehen kann, das jetzige Bewußtsein des Träumers aber noch nicht derart gestärkt ist, diese Veränderung ohne Probleme zu durchlaufen. Nehmen Sie sich in Ihren Tagträumen vor, die Brücke sicherer, stabiler und breiter werden zu lassen.

Am liebsten bleiben wir, wie wir sind, und jede persönliche Veränderung wird von uns als bedrohlich empfunden. Auf jeden Fall sind Brücken wie alle Übergänge Orte der Gefahr. Achten Sie also auf Symbole, die Übergänge zu etwas anderem und Neuem symbolisieren und versuchen Sie mit Affirmationen und der Tagtraumtechnik diese Übergänge zu stabilisieren und zu festigen, womit Sie auch in Ihrem Inneren den Übergang zu Neuem einen Weg bereiten.

*Der unbekannte Raum oder das unbekannte Land im Traum*

Jedes Neuland, das wir im Traum betreten, ist ein Symbol für neue Möglichkeiten. Sehr häufig finden wir ein neues Zimmer in einem uns bekannten oder unbekannten Haus oder wir reisen in ein uns unbekanntes Land. Sei es nun das unbekannte Zimmer oder Land, immer ist darauf zu achten, wie dieses Land oder Zimmer charakterisiert werden kann. Erinnern Sie einen solchen Traum, empfiehlt es sich, den neuen Ort genau zu betrachten. Wer bewußt träumen kann, der sollte erst einmal seinen inneren Film anhalten und schauen, wie das neue Zimmer eingerichtet ist und welche Atmosphäre es ausstrahlt. Handelt es sich um ein unbekanntes Land, sollte jede Einzelheit, die dieses Land charakterisiert, als symbolischer Hinweis auf neue Lebensmöglichkeiten gesehen werden.

Begeben Sie sich noch einmal in diesen Traum und schauen sich nun das Zimmer oder Land genau an. Es kommt nicht darauf an, daß Sie sich so genau wie möglich an Ihren Traum halten, sondern sie können Ihrer Phantasie folgend das Zimmer oder das Land ausgestalten. Wichtig ist jedoch, daß dies nicht von Ihrem Kopf her und Ihren Wünschen her geschieht, sondern daß Sie das Traumbild Ihrer Phantasie übergeben und schauen, wie sich das Bild für Sie weiterentwickelt.

*Raupe, Schmetterling und Schlange*

Die Raupe wird zum Schmetterling, die Schlange häutet sich. Damit stellen Raupe, Schmetterling und Schlange verbreitete archetypische Bilder des persönlichen Transformationsprozesses dar.

Tritt die Raupe in unseren Träumen auf, so deutet das auf einen gerade erst begonnenen Veränderungsprozeß hin und möchte uns vielleicht sagen, daß wir uns erst einmal einspinnen, das heißt zurückziehen müssen, um zum leichten Schmetterling zu werden. Wer von einer Raupe träumt, sollte mit der Tagtraumtechnik versuchen, aus dieser Raupe einen Schmetterling werden zu lassen und sich dann mit dem Schmetterling identifizieren. Damit hat der Träumer auf der symbolischen Ebene die Verwandlung vollzogen – und was wir auf der symbolischen Ebene vollziehen, das können wir auch im Alltagsleben leichter umsetzen.

Sehen wir einen Schmetterling im Traum, scheint der persönliche Transformationsprozeß schon weiter fortgeschritten zu sein. Aus der häßlichen und gierigen Raupe ist der Schmetterling geworden, der sich frei und leicht bewegen kann. Genauso fühlen wir uns nach unserer Veränderung leicht, beweglich und schön. Wir mögen noch nicht an diesem Punkt angekommen sein, aber der Traum gibt uns immerhin schon einen Ausblick, wohin die Entwicklung geht. Dieser positive Ausblick auf unsere Zukunft ist oftmals als Verstärkung nötig, denn wenn wir einen Geschmack von der Schönheit und Freiheit unseres Ziels bekommen haben, stärkt das unser Durchhaltevermögen auf dem Weg dorthin.

Die Schlange ist sicherlich eines der komplexesten Symbole im Traum westlicher Menschen. Sie mag weiblich oder männlich erscheinen, giftig oder heilbringend sein. Für unsere Betrachtung hier ist es von besonderer Bedeutung, daß die Schlange sozusagen aus ihrer alten Haut schlüpfen kann und sich eine neue Haut bildet. Genau das kennzeichnet menschliche Veränderung, bei der man häufig das Gefühl hat, aus seiner alten Haut zu schlüpfen.

Schauen Sie sich die Schlangenhaut genau an.

Welche Farbe hat sie beispielsweise?
Sehen Sie die neue oder die alte Schlangenhaut?
Der Symbolwert der Farbe der Schlangenhaut vermag Ihnen einen Hinweis zu geben, von wo Sie kommen oder wohin Sie sich begeben werden. Werden Sie sich darüber bewußt, von wo die Schlange kam, und wohin sie wieder verschwunden ist.
Anders als der Schmetterling steht die Schlange für die menschlichen Triebe. Die Häutung der Schlange ist also eine Veränderung in der Triebstruktur.
Ein männlicher Klient von mir, der durch seine leichte Verführbarkeit zunehmend in Konflikte geriet, begann von Schlangen zu träumen, als er versuchte, nicht mehr jede Verliebtheit ernst zu nehmen und jeder Verführung zu erliegen. Seine Triebstruktur war sozusagen in eine neue Haut geschlüpft.
Gleichzeitig stellt die Schlange einen dem Menschen sehr entfernten Kaltblütler dar, mit dem der Mensch nur sehr schwer kommunizieren kann. Damit wird unter anderem ausgedrückt, daß unsere Veränderungsprozesse für uns unverständlich ablaufen. Wir können Sie erkennen, aber nicht verstehen.

*Weitere Wandlungssymbole*
Jedes Symbol besitzt also eine Vielfalt von Möglichkeiten, Veränderungen im Leben darzustellen. Ich habe diese Symbole deswegen ausführlicher betrachtet, um Ihnen zu zeigen, daß Sie genau hinschauen müssen, um zu verstehen, was dieses Symbol Ihnen konkret sagt. Es ist kein Zufall, daß Sie gerade dieses und kein anderes Symbol geträumt haben. Fällt Ihnen rein gar nichts zu Ihrem Traumsymbol ein, dann überlegen Sie sich drei Eigenschaften, die dieses Symbol treffend charakterisieren. Nun beziehen Sie diese Eigenschaften auf sich – das wird Ihnen sicherlich weiterhelfen.

Veränderungen machen sich auch dadurch bemerkbar, *daß sich die Art der Symbolik ändert* – und zwar häufig bevor einem bewußt Veränderungen bei sich deutlich werden.
Eine Klientin von mir, die sehr im negativen Denken verhaftet war und bei der jede körperliche Berührung Abwehr erzeugte, hatte vor der Therapie und zu Beginn der Therapie auffallend häufig von Autos geträumt. Das Traumbild »Auto« charakterisiert sehr treffend ihre Situation, da es sich um einen PKW handelte, in dem Sie immer allein saß. Besser kann

die Isolation von der übrigen Welt nicht in Szene gesetzt werden. Trotz aller Isolation – und das macht dieses Bild auch deutlich – blieb jedoch diese Frau beweglich. Als die Therapie erfolgreich zu wirken begann, machte sich eine Veränderung in ihrer Traumsymbolik bemerkbar. Jetzt war es an Stelle der Autos das Wasser, das gehäuft als See, als Fluß, als Meer oder nur in der Badewanne in ihren Träumen in den Vordergrund trat. Wasser als archetypisches Bild für das Gefühl deutete in diesem Fall eine emotionale Öffnung der Träumerin an, die Sie selbst noch gar nicht wahrgenommen hatte.

## Geburt, Neubeginn

Symbole für Geburt und Neuanfang sind sehr häufig im Traum. Alle Streß- und Wandlungs-Symbole, die auf den hier vorausgehenden Seiten behandelt werden, beziehen ihre Dynamik, ihre Spanung und ihren Sinn aus dem erstrebten und erreichten Neuanfang – aus der Wiedergeburt, nicht nach diesem Leben, sondern *in* diesem Leben.
Zu erwähnen sind hier auch die zahlreichen Heilungssymbole, die im Kapitel »Gesundheit und Wohlbefinden« gesammelt sind.
Hier zusätzlich folgende »klassische« Symbole des neuen Starts:

**Baby:** Das Traumsymbol verweist wie auch das Traumsymbol Kind auf neue Möglichkeiten und Chancen. Es betont dabei, daß sie diese neuen Möglichkeiten mit großem persönlichen Einsatz stärken müssen. Sie müssen etwas von sich selbst geben . . .

**Kind:** Das Kind verweist im Traum auf neue Möglichkeiten und Chancen. In diesem Fall sind diese Möglichkeiten jedoch schon ansatzweise entwickelt, dennoch brauchen sie noch sorgfältige Zuwendung. – Unabhängig davon und unabhängig von allen Fragen, die Sie gegebenenfalls mit Ihren Eltern und/oder Ihren Kindern zu klären haben, bedeuten Kind und Kinder die *Erneuerung des Lebens*, ein möglicher Beitrag zur Verewigung der Früchte des eigenen Daseins.

**Pflügen:** Beim Traumsymbol Pflügen sind sich erstaunlicherweise die Traumdeuter aller Schulen einig, daß es sich um ein Symbol des Beischlafs handelt. Dieser Beischlaf steht im engen Zusammenhang mit der

Befruchtung, denn nach dem Pflügen wird gesät. Das alte Land wird umgebrochen und damit werden günstige Verhältnisse geschaffen, die Raum für Neues bieten.

**Säen:** Das Säen ist im Traum ein verbreitetes Befruchtungssymbol und verweist damit auf die ersten Anfänge von etwas Neuem.

**Schwangere Frau:** Schwangere Frauen deuten im Traum darauf hin, daß sich etwas Neues ankündigt. Ihre weibliche Seite bringt etwas Neues hervor. Wahrscheinlich gibt Ihnen die übrige Symbolik des Traums Hinweise darauf, was dieses Neue sein könnte.

## Lebensträume und Traumziele

Traumsymbole aus dem Bereich von Lebensträumen und Traumzielen sind häufig im Sinne von Sigmund Freud als Wünsche zu deuten, die sich im Traum deutlich zu Wort melden und teilweise konkret gestalten. Lebensträume und Traumziele sollte der Träumer oder die Träumerin nicht gleich als illusorisch ablehnen, sondern als Ansporn nehmen, sie umzusetzen und verwirklichen. Gerade bei diesem Symbolfeld liegt es an, seine Träume zu benutzen, um seine konkrete Alltagswirklichkeit zu verändern. Das Motto lautet hier: Gelebte Träume sind die besten Träume.

**Abenteuer:** Wer von Abenteuern träumt, der empfindet sein Leben oftmals als zu begrenzt und langweilig und kompensiert dieses Gefühl im nächtlichen Traum. Achten Sie darauf, welchen Symbolwert Ihre nächtlichen Abenteuer besitzen und was von diesem Traum umsetzbar ist.

**Alter:** Das Alter wird oft mit Weisheit und Ruhe verbunden. Man hat sich mit dem Leben ausgesöhnt und seinen Frieden gefunden. In diesem Sinne kann auch das Alter im Traum gedeutet werden. Dazu kommt noch der Wunsch, sehr alt zu werden, der aber – wie der griechische Mythos schon zeigt – nur dann sinnvoll ist, wenn er auch mit Gesundheit verbunden wird.
Wird das Alter negativ im Traum dargestellt, dann verbirgt sich dahinter ein Problem mit dem Älterwerden, das behoben werden sollte. Befreien Sie sich von dem Jugendkult in unserer Gesellschaft.

**Anerkennung:** Jeder braucht Anerkennung und dieses Bedürfnis nach Anerkennung zeigt sich besonders dann im Traum, wenn Sie einem im Alltagsleben versagt bleibt.

**Angstfreiheit:** Agiert das Traum-Ich im Traum völlig ohne Angst, dann ist damit ein idealer Freiheitszustand bezeichnet, den es anzustreben gilt. Angstfreiheit bedeutet immer, aus einer Enge in die Weite zu gelangen, denn Angst macht eng, Freiheit macht weit.

**Berühmtwerden:** Das Berühmtwerden tritt häufig als Traumsymbol auf. Man möchte im Mittelpunkt der Aufmerksamkeit stehen und wahrgenommen werden. Es ist zu fragen, ob nicht bei diesem Traumsymbol sich das Ich mit seinen Bedürfnissen übermäßig durchsetzt. Auf der anderen Seite wird mit der Berühmtheit (oft fälschlicherweise) auch Freiheit und Unabhängigkeit verbunden, auf die dieses Traumsymbol ebenfalls verweist.

**Eigenheim:** Der Traum vom Eigenheim ist wohl einer der verbreitetsten in unserer Gesellschaft. Er symbolisiert wie kein anderer Unabhängigkeit und Selbständigkeit. Ferner drückt sich hierin Geborgenheit und oftmals auch der Wunsch nach einer Familie aus. Achten Sie darauf, wie das Haus aussieht. Wie das konkret zu deuten ist, finden Sie weiter vorne im Kapitel »Haus und Wohnung«.

**Erleuchtung:** Beim Traum von der Erleuchtung muß man zwischen naiven und regressiven Wunderglauben und der Sehnsucht nach Klarheit, Freiheit und Erlösung unterscheiden. Es ist bei diesem Traumsymbol zunächst zu fragen, ob sich das Ich hier nicht zu wichtig nimmt. Was tun Sie denn für die Erleuchtung? Betrachtet man jedoch den Bewußtseinsaspekt der Erleuchtung und sieht sie als Bemühung um Klarheit, größere Freiheit und Erlösung von hinderlichen Automatismen an, dann sollte man das Auftreten dieses Traumsymbols als Ansporn für eine Bewußtseinserweiterung werten. Dabei ist jedoch die Demut nicht zu vergessen.

**Friede:** Der Friede im Traum kann immer als Hinweis auf den inneren Frieden gedeutet werden. Mit diesem Traumsymbol wird oft geistige Ruhe verbunden.
Ferner kann dieses Traumsymbol auch dann auftreten, wenn Kriegserfahrungen beim Träumer oder der Träumerin vor-

herrschen. Diese Kriegserfahrungen brauchen sich nicht unbedingt auf einen Völker- oder Religionskrieg zu beziehen, sondern es kann auch der Beziehungskrieg oder der Arbeitskampf gemeint sein.

**Freiheit:** Die Freiheit im Traum kann immer als Hinweis auf die innere Freiheit gedeutet werden.

**Glück:** Jeder wünscht sich Glück, und so kommen natürlich Glückszustände nicht selten im Traum vor. Sie zeigen uns, zu welchem Glück wir fähig sind – wenn wir es nur zulassen.

**Gold:** Das Traumsymbol ist einmal im Sinne von Geld zu werten. Ausführungen darüber finden Sie weiter vorne im Kapitel »Beruf und Finanzen«. Zum anderen stellt das Gold ein archetypisches Symbol für die Seele und die Harmonie der Seele dar.

**Harmonie:** Harmonische Träume treten besonders dann auf, wenn man eine bestimmte Geistesklarheit erreicht hat. Solche Träume zeigen Ihnen, zu welcher inneren Harmonie Sie fähig sind.

**Reichtum:** Siehe dazu auch den Abschnitt »Beruf und Finanzen«. Das Traumsymbol Reichtum ist als ein Hinweis auf den inneren Reichtum zu werten.

**Schatz:** Der Schatz symbolisiert im Traum unsere inneren Fähigkeiten, die im Verborgenen schlummern und die ans Tageslicht gebracht werden wollen. In selteneren Fällen kann dieses Traumsymbol auch auf den (inneren) Geliebten oder die (innere) Geliebte verweisen.

**Weisheit:** Wer von der Weisheit träumt, der sollte das als Ansporn werten, sich mit all seiner Kraft um die Weisheit zu bemühen.

# Liebe, Lust und Zärtlichkeit

Bei diesem Symbolfeld handelt es sich immer um Symbole des Männlichen und des Weiblichen, um die Unterscheidung und die Verbindung zwischen beiden, die Hochzeit und die Hoch-Zeiten!
Um diese Traumsymbolik zu verstehen, müssen wir zunächst das Konzept des Weiblichen, der Anima, und das Konzept des Männlichen, des Animus, verdeutlichen.

**Animus:** Der Animus bringt die Bilder unserer männlichen Seite hervor. Der männliche Archetyp drückt sich in all dem aus, was in den ostasiatischen Weisheitslehren und Philosophien mit *Yang* bezeichnet wird. Das sind im Freudschen Sinn alle phallischen Symbole, das Harte und Eckige genauso wie Eigenschaften, die wir »als typisch männlich« einstufen würden. Dazu gehört beispielsweise Durchsetzungskraft, Intellektualität und Berechnung, Aggressivität (Mars-Qualität, aber auch das Väterliche und der Liebhaber.

Wie Ihnen an den Beispielen schon aufgefallen ist, tritt der Animus in einer befreiten und geschädigten Form auf. In der geschädigten Form kann er dem Schatten gleichen. Zu der befreiten Form gehören zum Beispiel Zielgerichtetheit und Klarheit, Stärke und Bewußtheit. Zu der geschädigten Form gehören die zerstörerische Aggressivität, die Unterdrückung und die Starrheit.

Verbreitete typische Animussymbole im Traum:
der König und Herrscher
der starke Mann
alle männlichen Autoritätspersonen
der Intellektuelle
der Uniformträger
der Abenteurer
der Krieger
der Engel
der Held
Pferd
Bulle
Hahn

**Anima:** Die Anima bringt die Bilder unserer weiblichen Seite

hervor. Der weibliche Archetyp drückt sich in all dem aus, was in den ostasiatischen Weisheitslehren und Philosophien mit *Yin* bezeichnet wird. Das sind die Symbole des Weiblichen und Mütterlichen wie das Weiche und Runde, alle Gebärmutter(Uterus)-Symbole wie die Höhle und die Muschel und alle Traumpersonen, die Sie spontan »als typisch weiblich« einstufen würden. Dazu kommen alle Symbole, die Schutz und Nahrung, Vervielfältigung und Fruchtbarkeit ausdrücken. In der Mythologie entspricht der Anima die Aphrodite/Venus-Energie.
Auch der weibliche Archetyp bringt zwei gegensätzliche Bildergruppen hervor und zwar die befreite und die geschädigte Anima. Die geschädigte Anima entspricht dem Bild des Patriarchats von der griechischen Göttin Hera oder deren Gegenstück auf der Erde – Xanthippe, die sagenhafte Frau Platons. Das ist die unzufriedene Frau, die »meckert«, intrigiert und launisch ist. Die befreite Anima stellt demgegenüber die weise Frau dar, wie sie von den Griechen in Sophia, der Göttin der Weisheit, verehrt wurde.

Verbreitete Animasymbole:
die Mutter und Herrscherin
die Hexe und weise Frau
die Königin oder Prinzessin
die Priesterin
die Verführerin
die unabhängige Frau
die Jungfrau
die Nixe
die Fee
Katze
Schlange
Tiger

Sie können davon ausgehen, daß jedes männliche und jedes weibliche Wesen im Traum einen Aspekt Ihres Animus und Ihrer Anima ausdrückt.

## Liebesobjekte

Aber nicht nur Traumpersonen können unter dem Aspekt des Männlichen und Weiblichen gesehen werden, sondern alle Dinge, die im Traum auftreten und die Sie als Träumer oder Träumerin positiv oder negativ emotional besetzen. Zum Beispiel Gegenstände, die Sie sammeln – im wachen Leben oder im Traum – sind unter diesem Aspekt zu betrachten. Vom Bierdeckel bis zur Sammeltasse, von den Briefmarken bis zu Kunstgegenständen kann alles als ein Verweis auf Ihre männliche beziehungsweise weibliche Seite angesehen werden.

## Liebesszenen, Liebes- und Sexualsymbole

Treten Liebesszenen und Liebessymbole im Traum auf, ist das seltener im Sinne Sigmund Freuds als Hinweis auf einen verdrängten sexuellen Wunsch anzusehen, sondern eher als ein Bedürfnis nach Ganzheit. Animus und Anima wollen sich in Ihrem Inneren verbinden. Erst wenn diese Verbindung stattgefunden hat, sind Sie beziehungsfähig.

Sigmund Freud, der Vater der Psychoanalyse, sah überall penisartige und vaginale Symbole. Diese Wahrnehmungsausrichtung war von der Unterdrückung der Sexualität in seiner Zeit geprägt. Heutzutage ist die Sexualität weniger unterdrückt und jeder Mensch wird in der Werbung, im Film und im Fernsehen immer wieder mit dem nackten menschlichen Körper und mit sexuellen Anspielungen bis hin zur offenen Darstellung des Beischlafs konfrontiert. Das hat natürlich unsere Wahrnehmungsausrichtung verändert. Der heutige Mensch sieht nicht mehr sogleich im Schornstein oder im Zwiebelturm einer Barockkirche ein phallisches Symbol, und wenn man aus einer Tasse trinkt, ruft das höchst selten sexuelle Assoziationen hervor.

Ich führe hier beispielhaft einige wenige Sexualsymbole an, um Ihnen einen Geschmack von der Deutung solcher Symbole zu geben. Denn entweder kann man fast alles unter dem Aspekt des Sexualsymbols betrachten, oder es gibt hauptsächlich Symbole, die in bestimmten Situationen auch als Sexualsymbole angesehen werden können.

**Brust:** Die weibliche Brust stellt ein Traumsymbol für Erotik und Sexualität dar – sowohl im männlichen als auch im weiblichen Traum. Zugleich ist sie aber auch ein Symbol für das Nährende und Mütterliche. Große Brüste sind im Männertraum als große Begierde oder Angst vor der Weiblichkeit zu deuten. Im Frauentraum drükken sie oft eine Sehnsucht nach mehr Weiblichkeit aus. Kleine Brüste sind im Frauentraum als das Knabenhafte oder Mädchenhafte in der Frau zu deuten (das archetypische Bild der Artemis) und häufig auch als Ablehnung der Weiblichkeit. Im Männertraum weisen flache und kleine Brüste entweder auf Ablehnung des Weiblichen hin oder bisweilen auch auf (latente) homosexuelle Wünsche.

**Dessous:** Das Traumsymbol Dessous kann im Traum von Männern wie auch in dem von Frauen als eines der wenigen eindeutigen Sexualsymbole angesehen werden. Bei Dessous im Traum ist auf die Symbolik deren Farbe zu achten.
*rote Dessous:* Rote Dessous drücken den Wunsch nach heißer Liebe aus.
*schwarze Dessous:* Schwarze Dessous betonen das Geheimnis, das gelüftet werden möchte.
*weiße Dessous:* Weiße Dessous deuten auf Unschuld und Verführung hin.

**fallen:** Dieses Traumsymbol deutet auf Hingabe hin. Man möchte oder sollte sich fallen lassen.

**fliegen:** Flugträume lassen mehrere Deutungen zu
Flugträume sind als sexuelle Träume zu werten, die an die Erfahrung des Orgasmus anknüpfen. Sie treten gehäuft bei Orgasmusschwierigkeiten auf. Oder bei Orgasmusbereitschaft.
Flugträume verweisen darauf, daß der Träumer sich einen Überblick über seine Situation verschaffen sollte, da man von oben einen besseren Überblick hat und Dinge und Situationen im Zusammenhang sieht.
Flugträume deuten auf eine Fluchttendenz hin, da der Träumer oder die Träumerin sich aus der Situation durch Fliegen entzieht. Flugträume sind auch als spontanes Aufsteigen der Kundalini (Lebensenergie) anzusehen.
Bei Flugträumen hat sich der Träumer oder die Träumerin auf alte Erinnerungen eingeschwungen, die aus der Vogelphase in der Evolution stammen (das ist die Ansicht einiger amerikanischer Biologen).
Welche dieser Bedeutungen nun zutreffen, kann nur die Betrachtung des Traums im Zusammenhang klären. Es ist auch möglich, daß mehrere Bedeutungen zugleich zutreffen.

**fummeln:** Unter »Fummeln« versteht man eine Vorform der genitalen Sexualität, die typisch für das Stadium Jugendlicher ist. Dieses Traumsymbol ist regressiv zu deuten, da eine erwachsene genitale Sexualität nicht stattfindet. Auf der anderen Seite kann dieses Traumsymbol auch als Sehnsucht nach Romantik und Zärtlichkeit angesehen werden.

**Geschlechtsverkehr:** Der Geschlechtsverkehr im Traum ist meiner Erfahrung nach viel häufiger als Integrationssymbol zu deuten, als als Wunsch nach Sexualität. Man möchte etwas anderes integrieren. Achten Sie speziell darauf, wie Sie die Partner charakterisieren würden. Wie ist die Stimmung beim Geschlechtsverkehr?

**Filmstars/Idole:** Treten in Ihren Träumen Filmstars auf, die bekannte Sexsymbole sind, dann kommt es darauf an, wie Sie sich als Träumer oder Träumerin in dieser Situation fühlen. Lehnen Sie das provokante Auftreten ab, kann das als Ablehnung Ihrer sexuellen Bedürfnisse gedeutet werden. Fühlen Sie sich von Ihnen angezogen und machen einen Kontakt, dann mag das als Sehnsucht nach sexuellen Abenteuern angesehen werden.

**Herz:** Das Herz ist ein allgemein verbreitetes Traumsymbol für die Liebe. Es geht um die Herzkraft oder das Herz-Chakra, die jede Art der zwischenmenschlichen Liebe und der positiven zwischenmenschlichen Gefühle ausdrückt.

**küssen:** Der Kuß als Traumsymbol verweist auf die Bedeutungsfelder Nähe, Intimität und Vertrautheit.

**Lippen:** In vielen Fällen können die Lippen im Traum auch als ein Verweis auf die Schamlippen der Frau gedeutet werden. Um so offener und stärker rot die Lippen sind, um so stärker ist auch das Begehren.

**Orgasmus:** Der Orgasmus tritt als Traumerfahrung häufiger im Traum von Frauen als von Männern auf. Dahinter verbirgt sich fast immer der Wunsch nach Gipfelerlebnissen. Man möchte seine enge und begrenzte (sinnliche) Erfahrungswelt überwinden und sich neue Erfahrungs- und Erlebnisräume erschließen.

**rote Rose:** Das Traumsymbol rote Rose verweist immer – zumindest unter anderem – auf die Liebe. Damit ist der Doppelaspekt der Liebe angesprochen: Ihre Schönheit und Harmonie wird von dem Duft, der Farbe und der Form der Rose symbolisiert, die schmerzliche Seite der Liebe wird von den Dornen verdeutlicht.
Vergleiche genauere Angaben zum Traumsymbol Rose weiter vorne im Abschnitt »Natur und Garten«.

**Schloß:** Das Schloß, das auf- oder abgeschlossen wird, und besonders das Schlüsselloch verweist auf das weibliche Geschlecht, wobei der Vorgang des Aufschließens mehr als der des Abschließens auf den Geschlechtsverkehr hinweist.

Ferner kann dieses Traumsymbol auch dahingehend gedeutet werden, daß man sich öffnet oder öffnen soll, oder daß man zu verschlossen ist beziehungsweise sich eher verschließen sollte.

**Schlüssel:** Der Schlüssel deutet als Traumsymbol auf das männliche Geschlecht hin. Er stellt ein verbreitetes phallisches Symbol dar.

**Spritze:** Wie das Traumsymbol Schlüssel verweist auch das Traumsymbol Spritze auf die penetrierende Sexualität. Alle Traumsymbole, deren Funktion das Eindringen ist, können unter anderem als phallische Symbole gedeutet werden. Diese Verschlüsselung kommt dadurch zustande, daß der Träumer oder die Träumerin es sich aus verinnerlichter Moral versagen, direkt vom männlichen Glied zu träumen.
Mit der Spritze werden die Körpergrenzen durchstoßen und verweist damit auch auf Offenheit im emotionalen Sinn hin.

**Treppensteigen:** Nach Sigmund Freud stellt das Treppensteigen ein klassisches Sexualsymbol dar. Der Rhythmus beim Treppensteigen – so Freud – ist dem Rhythmus beim Beischlaf vergleichbar.
Meiner Erfahrung nach ist es jedoch viel wichtiger, beim Treppensteigen zu beachten, ob man nach oben oder nach unten geht. Geht man nach oben, sollte man sich mehr dem Geistigen zuwenden, steigt man die Treppe hinab, sollte man sich mehr dem Gefühl und den Welten des Unbewußten zuwenden.

**umarmen:** Das Traumsymbol Umarmen deutet immer auf körperliche Nähe, auf Zärtlichkeit und auf Sicherheit hin. Man möchte nämlich gehalten werden.

## Früchte der Liebe

Nicht die Sexualität, sondern die Beziehung ist *das* Thema und die Herausforderung des ausgehenden 20. Jahrhunderts – davon bin ich überzeugt. Offenbar entwickeln wir – nicht unbedingt bewußt – neue Beziehungsmuster. Die Suche nach der »besseren Hälfte«, von der einst Plato schwärmte, ist ebenso wenig erfolgversprechend wie ein unbewußtes oder automatisiertes Familienleben. Wenn der Partner nicht zur »Ich-Abrundung« gebraucht wird, weil jede/r der Partner sich um seine Ganzheit und Vollständigkeit selber küm-

mert, dann braucht man größere, gemeinsame Ziele – und hat auch glücklicherweise die Kraft und die Energie für solche Zwecke frei.
Eine Beziehung – und das gilt für alle menschlichen Verhältnisse, auch für Verwandschafts- und Geschäftsbeziehungen usw. – *lebt*, wenn sie ein »Baby« hat. Das *können* tatsächlich Kinder sein, aber es gibt viele weitere *Früchte der Liebe*.
Jede der Überschriften, mit denen wir in diesem Ratgeber die wichtigsten Themenbereiche der Traum-Symbolik bezeichnet haben, bezieht sich auf solche Früchte der Liebe, auf die Gemeinsamkeiten und die Ziele einer Liebesbeziehung:

**Sie und Ihre Mitmenschen**

**Haus und Wohnung**

**Wege und Reisen**

**Natur und Garten**

**Gesundheit und Wohlbefinden**

**Beruf und Finanzen**

**Abenteuer und Gipfelerlebnisse**

**Liebe, Lust und Zärtlichkeit.**

Mögen Ihnen und uns allen die Träume als Wegbegleiter helfen, viele Früchte zu ernten.

*Schöne Träume!*